DAS TEUBNER

Food-Lexikon

**Von Artischocke
bis Zucchiniblüte**

Teubner – Für Köche, die es wissen wollen

DAS TEUBNER

Food-Lexikon

Von Artischocke bis Zucchiniblüte

Fotografie: Teubner Foodfoto und
Dorothee Gödert
Text: Claudia Schmidt

Inhalt

Alle wichtigen Produkte sind in diesem Lexikon in alphabetischer Reihenfolge zu finden.
Zusammengesetzte Hauptwörter (z. B. Sushi-Reis) werden unter dem Hauptbegriff (Reis) beschrieben. Sortennamen (z. B. die Birnensorte 'Williams Christ') sind unter dem entsprechenden Hauptstichwort (Birne) aufgeführt und auch über das Register zu finden.
Innerhalb der alphabetischen Ordnung gibt es zudem zahlreiche ausführliche Informationen zu Produktgruppen (z. B. Öl, Käsegruppen). Verweise stehen gebündelt am Ende jeder Seite und sind mit einem Pfeil (→) gekennzeichnet.

6 **Produkte von A bis Z**
Stichwortseiten

Von Abalone über Kiwi, Meeräsche, Okra oder Pecorino bis zur Zwiebel werden in diesem Teil des Buches Lebensmittel und Produkte in Bild und Text vorgestellt.
Neben einer Beschreibung des Produktes gibt es auch informative Tipps zur Verwendung oder Zubereitung. In der Überschrift am äußeren Rand einer jeden Seite wird der erste und letzte Begriff einer Doppelseite aufgeführt, so dass man einzelne Begriffe schon beim Durchblättern des Buches schnell findet.

Produktinformationsseiten

Wichtige Produktgruppen, etwa Getreide, Wild oder Zitrusfrüchte, werden innerhalb der alphabetischen Reihenfolge auf speziellen Informationsseiten noch etwas ausführlicher beschrieben. Ein Verzeichnis dieser Produktinformationsseiten steht auf Seite 472.

448 ## Küchenbegriffe von A bis Z

In diesem 20-seitigen Anhang werden wichtige Begriffe aus der Küchentechnik von »à point« bis »ziselieren« erklärt. Einzelne Arbeitsgänge in der Küche oder beim Zubereiten werden zudem in Arbeitsszenen bildlich dargestellt.

470 ## Register

Das Register beginnt mit einem Verzeichnis der Produktinformationsseiten. Es schließt sich ein ausführliches alphabetisches Sachregister an mit allen Produktnamen inklusive regionalspezifischer Bezeichnungen sowie allen im Buch vorkommenden Sortennamen. Außerdem finden sich hier relevante Begriffe aus den Produktinformationsseiten.

480 **Impressum**

Produkte von A bis Z

Aal

Flussaal

Der Edelfisch ist mit 16 Arten an allen Küsten der Welt – mit Ausnahme der Westküste Amerikas und der des Südatlantiks – vertreten.
Vor der Zubereitung wird ein Aal grundsätzlich gehäutet. Sein festes Fleisch eignet sich zum Kochen, Schmoren, Braten und auch zum Grillen. Größere Aale werden vorzugsweise geräuchert.

Glasaal

Die in der Sargassosee im Westatlantik geschlüpften, bei der Ankunft in Europa etwa dreijährigen Jungtiere des Flussaals (siehe oben) fischt man vor allem im Brackwasser vor Flussmündungen. Sie kommen in vielen Mittelmeerländern bereits gekocht und mit einer Marinade aus Öl und Zitronensaft angemacht auf den Markt, in Italien etwa unter dem Namen »Cieche«.

Meeraal

Beim Meeraal, der sich im Gegensatz zum Flussaal (siehe oben) ausschließlich im Meerwasser aufhält, setzt der Flossensaum nur kurz hinter den Brustflossen an, dadurch kann man ihn vom Flussaal unterscheiden. Er kann genauso vielseitig zubereitet werden wie der Flussaal, steht diesem in der Qualität allerdings nach.

→ **Aalrutte** siehe bei **Trüsche**
  Abalone siehe bei **Seeohr**

AAL – AHORNSIRUP

Adlerfisch

Der im Ostatlantik, Mittelmeer sowie im Schwarzen Meer lebende Fisch genießt als »Maigre« in Frankreich einen hervorragenden Ruf. Sein Fleisch ist frisch und tiefgefroren im Handel.

Agar-Agar

Das pflanzliche Geliermittel, das aus Meeresalgen gewonnen wird, ist in Form von Fäden oder gemahlen im Handel.
Verwendung: als pflanzliche Alternative zu → Gelatine zur Zubereitung von Aspik, Gelees, Pudding, Saucen, Cremes

Ahornsirup

Auch unter dem englischen Namen »Maple Sirup« angebotene kanadische Spezialität. Ahornsirup wird aus dem Saft des nordamerikanischen Zuckerahorns hergestellt. Er hat ein karamellartiges Aroma.
Verwendung: klassisch zu Pancakes (Pfannkuchen), Pudding, Eis, als Brotaufstrich, zum Süßen von Teigen und Cremes

→ Aceto balsamico siehe bei **Essig**
Ackersalat siehe bei **Feldsalat**

Ährenfisch

Die winzigen, im flachen Küstenwasser lebenden Meeresfische sind ihres Geschmacks wegen überaus geschätzt.
Zubereitung: Ährenfische werden meist im Ganzen zubereitet, in Portugal und Spanien beispielsweise knusprig frittiert als Imbiss an Straßenständen verkauft. In Italien liebt man die Fische mariniert und gebraten. In Asien werden sie auch im Ganzen getrocknet und als »Silver fishes« unter anderem als Suppeneinlage gereicht.

Aisy

Im Burgund versteht man sich auf die Zubereitung einer besonderen Gruppe von → Weichkäsen mit Rotflora: Der hier vorgestellte Aisy, unter anderem aber auch → Epoisses oder → Soumaintrain werden vor allem mit Milchsäure, unter Verwendung von nur relativ wenig Lab dickgelegt. Das wirkt sich auf die Konsistenz der reifen Käse aus: Sie sind extrem weich und verlaufen leicht. Der hier abgebildete »Aisy cendré« wird zusätzlich während der 2-monatigen Reifezeit mit Marc de Bourgogne abgerieben, dann in Asche gewendet.

Ajowan

Die Gewürzsamen, auch Ammei genannt, ähneln Kümmelsamen. Sie besitzen ein kräftiges thymianähnliches Aroma.
Verwendung: Ganz und gemahlen ist Ajowan in Indien beliebt zum Würzen von Brot, Pasteten und Hülsenfruchtgerichten. Sparsam verwenden!

Aland

Der auch Orfe oder Nerfling genannte Karpfenfisch kommt in Europa nördlich der Alpen vom Rhein bis zum Ural sowie in Sibirien vor.
Zubereitung: Am besten schmeckt er gebraten.

Alfalfa

Die im Geschmack leicht nussigen Samen der Luzerne werden gekeimt (wie im Bild) zu Salaten gereicht. Sie benötigen 4–5 Tage zum Auskeimen, müssen vorher nicht eingeweicht werden, sollten aber 1–2 Mal täglich befeuchtet werden.

Alfoncino

Der barschähnliche hochrückige Fisch lebt in den wärmeren Teilen aller Meere. Sein Fleisch ist weiß und von fester Konsistenz, es eignet sich für alle Zubereitungsarten.
Im Bild ein Fisch, bei dem sich die nach dem Tod eintretende tiefrote Färbung auch des Bauches noch nicht eingestellt hat.

→ Albacore siehe bei **Tunfisch**

Algen

Aus botanischer Sicht gehören die unter dem Oberbegriff Algen zusammengefassten Meerespflanzen – der Begriff leitet sich übrigens von »alga«, lateinisch für Seegras, ab – ganz verschiedenen Familien an. Vor allem drei davon, Grün-, Braun- und Rotalgen, sind als Lebensmittel von Bedeutung.

Algenvielfalt aus der japanischen Küche: Ganz oben grüne und schwarze gepresste und getrocknete Blätter aus → Nori, darunter Arame, ganz unten grüne und helle Kombublätter.

ALGEN

Bunt und vielfältig in der Form

Algen gehören wie die Pilze zu den so genannten Lagerpflanzen, bei denen Wurzel, Stamm und Blätter nicht deutlich unterschieden werden können. Sie enthalten Blattgrün, was sie zur Photosynthese befähigt. Hinzu kommen bei vielen der über 5.000 Arten noch braune, rote oder blaue Farbstoffe. Algen sind in allen Meeren der Welt verbreitet und außerordentlich vielgestaltig: Manche erinnern an Salatblätter, etwa der → Meeressalat, andere sind bandförmig schmal wie die Meerbohnen. Große Algen, die eine Länge von bis zu 15 Metern erreichen, bezeichnet man als Tang.

Algenvielfalt auf einem japanischen Markt.
Weil sie in der Regel vor dem Transport gesalzen werden, muss man Algen vor ihrer Verwendung wässern.

Hochwertige Pflanzennahrung

Während unsere Vorfahren Algen als protein- und mineralstoffreiche Alltagsnahrung kannten, sind sie dies heute nur für einen recht kleinen Teil der Bevölkerung: In Ostasien, Indien, der ehemaligen Sowjetunion oder an den Küsten Nord- und Südamerikas verwendet man die Meeresgewächse als Suppeneinlage, Gemüse und Würzmittel. Auch an der europäischen Atlantikküste werden zunehmend Algen kultiviert und finden Abnehmer.

Wichtige Algenarten

Die im Westen wohl bekannteste japanische Algenart ist → Nori, die zu Blättern gepresst als Hülle für Sushi verwendet wird (im Bild links). Auch links abgebildet: eine weitere in der japanischen Küche beliebte Alge, Kombu oder auf Deutsch Seekohl. Diese Braunalgenart entwickelt große glatte lange Blätter. Sie findet gekocht, sautiert oder frittiert Verwendung und ist neben Bonitoflocken die Basis für Dashi-Brühe. Ebenfalls zu den Braunalgen gehört die fadenförmige Arame – mit ihrem angenehm zarten Aroma wird sie in Japan für Suppen, Salate und Eintöpfe verwendet. Von ähnlichem Aussehen, nur etwas grober, ist Hijiki, eine Alge mit intensivem Meeresaroma. Sie wird für Suppen, Tofu- oder Gemüsegerichte verwendet. Weitere Algenarten werden im Lexikon alphabetisch eingeordnet vorgestellt (→ Nori frisch, → Dulse, → Meeressalat, → Wakame).

A

Amaranth

Amaranth oder Inkaweizen heißen die kleinen, mild nussigen Körnerfrüchte des Gartenfuchsschwanzes, die sich gemahlen zum Backen von Brot sowie herzhaftem und süßem Gebäck und im Ganzen als Suppeneinlage verwenden lassen.

Ananas

Reife Ananas erkennt man an ihrem angenehmen Duft, die Farbe der Schale ist dagegen kein Indiz. Das Fruchtfleisch sollte fest und ohne weiche Stellen sein, die kleinen Blättchen, die aus den Augen ragen, sollten braun gefärbt sein.
Verwendung: in Desserts, Kuchen, auch in Fleisch-, Fisch-, und Currygerichten
Achtung, das in frischer (unerhitzter) Ananas enthaltene Enzym Bromelin verhindert das Erstarren von Gelatine.

Anatto

Der fettlösliche rote Farbstoff der Samenschalen des Orleansstrauchs färbt beispielsweise Öl, Reisgerichte und → Cheddar.
Zubereitung von Anattoöl: In einer schweren Pfanne Öl erhitzen, Anattosamen einige Minuten darin braten, dabei die Pfanne schwenken, das Öl durch ein Sieb gießen.

Anis

Das Gewürz wie alle Gewürzsamen am besten im Ganzen kaufen und bei Bedarf frisch vermahlen, denn Anis verliert gemahlen schnell sein lakritzartiges Aroma.
Verwendung: Anis passt zu süßen und pikanten Speisen, beispielsweise in Suppen, zu Möhren und Rotkohl, zu grünen Salaten und Obstsalaten, es würzt Gebäck und Brot.

Annone, Cherimoya

Annonen (Netz-, Schuppen-, Stachelannone und Cherimoya) werden heute überall in den Tropen angebaut. Ihr Fruchtfleisch ist süß und sahnig, mit einem feinen Aroma, das an Erdbeeren und Zimt erinnert. Da insbesondere die Cherimoya (im Bild) jedoch recht säurearm ist, beträufelt man das Fruchtfleisch vor der Zubereitung gern mit Zitrussaft; das verhindert darüber hinaus eine unangenehme bräunliche Verfärbung.

Annone, Schuppenannone

Die Schuppenannone schmeckt ähnlich wie die Cherimoya (siehe oben), ist jedoch süßer. Ihr Fruchtfleisch besitzt eine cremige Konsistenz und wird überwiegend für die Saftgewinnung oder, püriert, für Desserts verwendet. Zuvor sollte man jedoch die ungenießbaren schwarzen Kerne aus dem Fruchtfleisch herauslösen.

→ Almkäse/Alpkäse siehe bei **Bergkäse**
Alse siehe bei **Maifisch**
Anchovis siehe bei **Sprotte**

Apfel

Golden Delicious

Lagersorte. Knackig, später schwach mürbe, süß-aromatisch. Häufig verwendet für Kreuzungen, etwa für 'Elstar' ('Golden Delicious' x 'Ingrid Marie') und 'Jonagold' ('Golden Delicious' x 'Jonathan').

Gloster

Kreuzung aus 'Glockenapfel' und 'Richard Delicious'. Lagersorte, lockeres Fruchtfleisch, dezente Säure.

Weltweit bekannt

Wildformen des Apfels haben sich von Mittelasien aus über alle Kontinente verbreitet. Im Laufe der Zeit entstand durch Zufallsselektion eine Vielzahl an Sorten; ab dem 19. Jahrhundert wurde gezielt gezüchtet. Von den heute über 20.000 Sorten sind nur wenige von wirtschaftlicher Bedeutung.

Royal Gala

Neuseeländische Zufallsmutante von 'Gala'. Süß, saftig, aromatisch. Schmeckt nach Säureabbau allerdings rasch fade.

Cox Orange

Würziger Herbstapfel. Festes Fruchtfleisch mit feiner Säure, saftig und aromatisch. Eine in Europa verbreitete Kreuzung mit 'Cox Orange' ist 'Alkmene', eine leuchtend rote aromatische Frühherbstsorte.

Apfel

James Grieve

Aus Schottland stammende saftig-süße und aromatische Frühsorte mit feiner Säure.

Gravensteiner

Rot geflammte alte Sorte aus Nordschleswig oder Dänemark. Einzigartig in Duft und Aroma.

Lagerung

Kühl und bei sehr hoher Luftfeuchtigkeit gelagert halten sich Äpfel mehrere Monate lang perfekt. Zu Hause sollten Äpfel gesondert aufbewahrt werden, denn sie scheiden während des Weiterreifens Ethylen aus, ein Gas, das anderes Obst und Gemüse schneller reifen bzw. verwelken lässt.

Boskoop

Lagersorte. Im Bild der 'Gelbe Boskoop'. Kräftiger, fruchtig säuerlicher Geschmack. Ähnlich schmeckt auch der 'Rote Boskoop', eine Farbmutante. Hervorragend zum Backen.

Braeburn

Aus Neuseeland stammender Zufallssämling. Sehr guter Tafelapfel, knackig süß. In Europa von Mai bis September auf dem Markt.

Apfel

Weißer Klarapfel

Ein beliebter säuerlicher Frühapfel mit gelber bis weißlich grüner Schale. Druckempfindlich, nur kurz haltbar.
Verwendung: zum Kochen nicht geeignet; zum sofortigen Verzehr bestimmt; nur bei kühler Lagerung ca. 2 Wochen haltbar.

Glockenapfel

Sehr guter, fruchtiger Tafelapfel, fest und wenig saftig, erfrischend herbsäuerlich. Grünlich gelbe Schale, sonnenseits mit rötlichem Anflug.
Verwendung: eignet sich gut zum Kochen, zum Backen, als Bratapfel, im Salat oder für Apfelmus

Goldparmäne

Gelbe, sehr alte Wintersorte mit hohem Wärmebedarf. Feiner, süßsäuerlicher Geschmack, knackig fest und saftig.
Verwendung: Der Apfel eignet sich zum Kochen, Dünsten, Braten, Backen, auch zur Herstellung von Most. Hält sich bei mittelkühler Lagerung ca. 8 Wochen.

APFEL – ARAME

Appenzeller

Er ist eine Schweizer Rohmilchkäse-Spezialität von Weltruhm. Sein Teig ist ziemlich fest und hat haselnussgroße Löcher. Den → Schnittkäse gibt es in zwei Fettstufen: mit mind. 50 % und – eine magere Variante – mit nur 20 % F. i. Tr. Letzterer kommt als »Appenzeller 1/4 fett räss« auf den Markt. Zum typischen Aroma trägt das Einreiben mit »Sulz« bei, einer Mischung aus Wein, Hefen, Salz und Gewürzen.

Aprikose, frisch

Das Steinobst, in Österreich Marille genannt, stammt ursprünglich aus China. Es gibt heute eine große Sortenvielfalt, mit frühen, mittelfrühen/-späten und späten Sorten. Im Bild 'Tyrinthos', eine wichtige Frühaprikosensorte aus Griechenland mit zartem, süßsäuerlichem Fleisch.
Verwendung: zum Rohessen, Backen, Dünsten, Kochen, vor allem auch zum Einkochen für Marmeladen und Gelees

Aprikose, getrocknet

Im Bild getrocknete, geschwefelte Aprikosen aus der Türkei. Ungeschwefelte Früchte sind dunkler und damit zwar etwas unansehnlicher, dafür aber aromatischer und gesünder.
Verwendung: zum Rohessen, im Müsli, zum Kochen (auch für pikante Speisen) und Backen

→ Apfelsine siehe bei **Orange**
Arame siehe bei **Algen**

Artischocke

Camus de Bretagne

Große kugelige Artischocke aus Frankreich, dort die wichtigste Sorte. Wird aufgrund ihrer stumpfkugeligen Form auch »Stupsnase« genannt.

Violetto di Toscana

Außen violett und innen grün gefärbt sind die Blüten dieser kleinköpfigen Sorte aus der Toskana. Sie sind in Italien sehr begehrt.

Blütengemüse

Mit ihrem leicht herbbitteren Geschmack gilt die Artischocke – die Blüte eines Distelgewächses – seit jeher als besonderes Gemüse. Außer bei ganz jung geernteten kleinköpfigen Sorten, die im Ganzen verzehrt werden können, isst man nur die fleischig verdickten Hüllblätter und den Blütenboden.

Romanesco

Eine mittelgroße italienische Sorte, wird in großen Mengen exportiert. Hier zu Lande kommt sie von März bis Juni auf den Markt.

Tudela

Eine kleinköpfige grüne, längliche Artischocke. Sie wird vorwiegend in Spanien angebaut. Jung kann man sie im Ganzen zubereiten.

ARTISCHOCKE – ASIAGO

Asant

In Europa seit der Antike bekannt ist Asant, auch Stinkasant oder Teufelsdreck genannt, das in Pulverform angebotene Harz eines Doldengewächses. Sein strenger Geruch verschwindet beim Erhitzen, der bitterscharfe Geschmack ist jedoch nicht jedermanns Sache.
Verwendung: Asant wird in winzigen Mengen Hülsenfruchtgerichten, Pickles und Saucen der asiatischen und orientalischen Küche zugesetzt.

Äsche

Der Fisch gehört zum Feinsten, was die Flüsse bieten: Das feste, magere weiße Fleisch der Äsche duftet und schmeckt nach frischem Thymian. Es eignet sich für alle Garmethoden und für Fischfarcen.

Asiago

Asiago d'Allevo ist ein → Schnittkäse aus dem Veneto mit einem Fettgehalt von mind. 34, oft aber über 40 % F. i. Tr.; mit glatter gelbrötlicher Rinde und hell strohfarbenem Teig, der mit zunehmender Lagerung dunkler wird. Jung schmeckt der Käse mildwürzig, länger gereift kräftig pikant. Man genießt Asiago meist im Alter von 3–6 Monaten.

21

Aubergine

Die Stammform der Auberginenpflanze brachte nur kleine weiße oder gelbe eiförmige Früchte hervor. Diese kleinen Auberginensorten (unten im Bild) sind in Asien bis heute beliebt. Ovale dunkelviolette Auberginen (mittleres Bild) sind auf dem mitteleuropäischen Markt am häufigsten anzutreffen, in Südeuropa dagegen bevorzugt man längliche schlanke Auberginen (unterstes Bild).

Aufgrund des in unreifen Früchten enthaltenen giftigen Solanins, zum andern wegen der Bitterstoffe im Fruchtfleisch werden Auberginen ausschließlich gegart verzehrt. Das Einsalzen vor der Weiterverarbeitung entzieht nicht nur eventuell vorhandene Bitterstoffe, sondern auch das im Fruchtfleisch reichlich enthaltene Wasser.

Verwendung: Auberginen – welcher Sorte, Farbe und Form auch immer – werden gekocht, gebraten, gedünstet, geschmort oder überbacken. Sie sind klassischer Bestandteil vieler asiatischer und mediterraner Gerichte.

AUBERGINE – AUSTERN

Austern

Belon

Die Belon ist eine beliebte Europäische Auster aus Frankreich. Ihre besonderen Eigenschaften: bräunliches Fleisch und kräftiger Geschmack.

Imperiale

Sie gehört ebenfalls zur Art der Europäischen Auster. Imperialen werden vor allem in der niederländischen Oosterschelde gezüchtet.

Austernarten

Vor allem vier Austernarten spielen auf dem Weltmarkt eine Rolle: die Europäische Auster, die Portugiesische Auster bzw. Felsenauster, die noch größere und recht ergiebige Pazifische Felsenauster sowie die Amerikanische (Felsen-)Auster.

Limfjord

Diese Europäische Auster aus Dänemark zählt (wie z. B. auch die englische Colchester) zu den Nordsee-Austern. Die optimalen Bedingungen des Limfjords ermöglichen Zuchten von guter Qualität.

Galway

Die dickschalige Europäische Auster kommt ursprünglich von der Westküste Irlands. Ihr Geschmack entspricht in etwa dem der französischen → Belon (siehe links oben).

23

Austern

Fines de Claires

So heißen die begehrten Felsenaustern aus den Zuchtbecken um das französische Marennes. Sie werden nach der klassischen Zuchtphase in nährstoffreiches, weniger salzhaltiges Wasser umgesetzt, in dem sie zu optimaler Qualität heranreifen.

Sylt Spezial

Bei der Sylt Spezial handelt es sich um eine Pazifische Felsenauster. Die kommerziellen Austernkulturen aus dem Wattenmeer an der deutschen Nordseeküste beschränken sich auf diese Art.

Blue Point

Unter dem Handelsnamen Blue Point werden die Amerikanischen Felsenaustern von Long Island in den USA angeboten. Sie sind rundlich in der Form.

AUSTERN – AUSTRALKREBS

Austernpilz

Der auch Austernseitling genannte Pilz wird heute in großen Mengen auf Strohballen gezüchtet und gehört zum Standardangebot der Gemüsetheke. Hervorragender Speisepilz, im Alter jedoch zäh.
Verwendung: Zum Braten, Dünsten, Frittieren, Kochen, Grillen, Panieren – in Salaten und Saucen oder in Essig eingelegt. Nicht roh essen!

Australkrebs, Großer

Wird auch Marron genannt. Der Flusskrebs wird in Westaustralien und Queensland gefarmt. Hier zu Lande eine seltene und kostspielige Delikatesse.

Australkrebs, Kleiner

Wird auch Yabbie genannt. Diese Flusskrebsart wird in Australien stark befischt; sie ist von sehr guter Fleischqualität.

Avocado

Die exotischen Steinfrüchte überraschen durch sehr hohen Fettgehalt ihres Fruchtfleischs (bis zu 30 %). Sie sind das ganze Jahr über erhältlich, können im Kühlschrank 2 bis 3 Tage aufbewahrt, püriert 3 Monate eingefroren werden. Im Bild die Sorte 'Fuerte', die am häufigsten kultiviert wird. Eine birnenförmige Avocado mit dünner, glatter grüner Schale und aromatischem Fruchtfleisch.

Avocados werden meist nicht ganz ausgereift angeboten, weshalb man die Früchte zu Hause nachreifen lassen sollte, am besten in Zeitungspapier eingeschlagen. Wenn sie sich weich anfühlen und die Schale auf leichten Fingerdruck nachgibt, sind Avocados vollreif, das cremige Fruchtfleisch hat ein feines Aroma entwickelt.
Im Bild die Sorte 'Hass' mit ihrer charakteristischen runzeligen Schale. Das Fruchtfleisch hat exzellentes Aroma.

Verwendung: Avocados werden überwiegend roh verzehrt, sie schmecken pur, auf Brot oder in Salaten, mit Schinken, Garnelen- oder Geflügelfleisch. International bekannt ist auch die mexikanische Guacamole, eine pikante Avocadocreme. Wenn überhaupt, sollte man Avocados nur ganz kurz erhitzen, das Fruchtfleisch wird sonst bitter.
Im Bild die kleinen gurkenförmigen, steinlosen Mini- oder Cocktail-Avocados.

AVOCADO – BAMBUSSPROSSEN

Babaco

Die mit der → Papaya verwandte, bis zu 30 cm lange Frucht stammt aus den Andentälern Ecuadors. Sie ist kernlos, mit Schale essbar und besitzt ein wunderbar erfrischendes Aroma. Grüne, das heißt unreif geerntete Babacos werden manchmal als »Zitronenbabaco« angeboten.
Verwendung: für Kompott, Cremedesserts, Eis und Konfitüre; noch grün und fast unreif als Gemüse sowie in Kombination mit Fleisch (Das in den Früchten enthaltene Enzym Papain wirkt als Zartmacher für Fleisch.)

Backpulver

Das aus → Natron, einer Säure und Mineralsalzen bestehende Backtriebmittel setzt nach Kontakt mit Feuchtigkeit in Kombination mit Hitze Kohlendioxid frei und bewirkt damit eine Teiglockerung. Kühl und trocken aufbewahrt hält es sich 6–8 Monate.
Verwendung: Backpulver unter das trockene Mehl mischen, den Teig nicht zu lange rühren und rasch abbacken, sonst verliert das Pulver seine Wirkung. Überdosierung kann zum Zusammenfallen des fertig gebackenen Gebäcks führen.

Bambussprossen

Sie sind ein in Asien sehr beliebtes Gemüse, das allerdings seinen Preis hat. Am zartesten ist »Winter bamboo«, der geerntet wird, sobald sich die Spitzen der Sprosse durch die Erde ans Tageslicht schieben.
Zubereitung: Bambussprossen werden stets gegart verzehrt, denn nur das Erhitzen zerstört die in ihnen enthaltene giftige Blausäureverbindung.

Banane

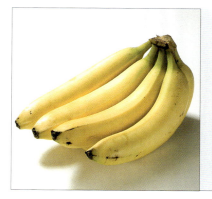

Gelbe Obstbanane

Ursprünglich aus Südostasien stammend, wird die Banane heute überall in den Tropen und Subtropen angebaut und in alle Welt exportiert. Man unterscheidet für den Verbrauch grundsätzlich zwischen → Koch- oder Gemüsebananen und Obstbananen. Bei Obstbananen wandelt sich im Verlauf der Reifung die in den Früchten vorhandene Stärke in Zucker um.

Rote Obstbanane

Diese Bananen besitzen unter der dunklen rötlichen Schale ein goldgelbes bis orangefarbenes Fruchtfleisch, das süßer und aromatischer schmeckt als das der meisten gelben Obstbananen-Sorten.

Kochbanane

Weil die Stärke in Kochbananen während der Reifung nur zu einem geringen Teil in Zucker umgewandelt wird, schmecken sie mehlig und werden stets gegart verzehrt. Sie sind in vielen afrikanischen Ländern ein Grundnahrungsmittel. Es gibt grün-, gelb- und rotschalige Varietäten.
Verwendung: Außer zum Kochen auch zum Braten, Dämpfen, Backen, Frittieren. Mancherorts werden Kochbananen getrocknet und vermahlen, das Mehl wird zum Backen verwendet.

BANANE – BANDNUDELN

Bandnudeln

Fettuccine

Die mittelbreiten Bandnudeln stammen aus Mittelitalien. Sie werden getrocknet meist zu Nestern aufgewickelt angeboten. Die Nudelnester verhindern, dass die Nudeln zusammenkleben. Beim Kochen lösen sie sich voneinander.
Verwendung: Fettuccine eignen sich wie alle Bandnudeln gut für Gerichte mit sahnigen Saucen.

Lasagne(tte)

Lasagne (beziehungsweise Lasagnette) werden in Italien nicht nur die bekannten Nudelplatten, sondern auch breite Bandnudeln genannt. Oft sind sie auch am Rand gewellt (siehe auch das Bild beim Stichwort »Reginette« auf der folgenden Seite).
Verwendung: wie andere Bandnudeln, siehe oben

Pappardelle

Diese breiten Bandnudeln passen hervorragend zu kräftigen Fleischsaucen – in der Toscana serviert man sie am liebsten zu Wildragouts, etwa vom Hasen, oder zu Ente. Gut auch zu Sahnesaucen mit Steinpilzen.

Bandnudeln

Linguine

Sie sind die feinsten und dünnsten Bandnudeln. Übersetzt heißt Linguine »kleine Zungen«, obwohl die Nudeln eher den bekannten → Spaghetti ähneln.
Verwendung: Linguine eignen sich vor allem für feine, leichte Saucen – am besten serviert man sie schlicht, etwa mit Butter, geriebenem Käse oder Öl und Knoblauch.

Reginette

Bandnudeln mit gewelltem Rand aus Hartweizengrieß; es gibt sie auch in noch etwas breiterer Form, in der sie auch Lasagne genannt werden.
Verwendung: wie andere breite Bandnudeln, etwa Lasagnette oder Pappardelle (siehe vorige Seite), meist zu Hase, Wild, auch zu Steinpilzen in Sauce

Tagliatelle

Dünne Bandnudeln von mittlerer Breite. Sie werden, ähnlich wie Fettuccine (siehe vorige Seite), auch zu Nudelnestern aufgerollt angeboten.
Verwendung: Tagliatelle passen gut zu etwas dickeren Saucen, zu Fleisch-, Fisch- und Wildragouts sowie zu Meeresfrüchten.

BANDNUDELN – BÄRENKREBS

Barbe

Der im fließenden Süßwasser lebende, heute seltene Fisch entfaltet sein besonderes Aroma am besten in Butter gebraten. Vorsicht während der Laichzeit: Der Rogen von Barben kann Vergiftungserscheinungen hervorrufen.

Bärenkrebs, Kleiner Bärenkrebs

Der feine Geschmack der Bärenkrebse ähnelt dem des Hummers: fest in der Konsistenz und zart im Aroma. Allerdings liefern die Tiere im Verhältnis zur Körpergröße nur wenig Fleisch. Zudem haben sie überwiegend nur in ihren Fanggebieten Bedeutung, so auch der im Mittelmeer verbreitete Kleine Bärenkrebs (im Bild).
Zubereitung: siehe unten

Bärenkrebs, Breitkopf-Bärenkrebs

Zubereitung aller Bärenkrebse: wie Hummer und Languste, gekocht und gebraten
Im Bild der Breitkopf-Bärenkrebs aus dem tropischen Indopazifik. Wird in Australien sehr geschätzt.

Bärlauch

Das in schattigen feuchten Wäldern wild wachsende, inzwischen aber auch kultivierte Kraut mit den langen lanzettlichen Blättern besitzt einen intensiven knoblauchartigen Geruch. Es wird vor der Blüte gesammelt.
Verwendung: nur frisch, da die Blätter beim Erhitzen stark an Aroma verlieren

Barramundi

Australiens beliebtester Meerbarsch, dort »Giant Perch« genannt, ist ein ausgesprochen hochwertiger Speisefisch, der auch gezüchtet wird.

Bartumber

Der zu den → Umberfischen gehörende Bartumber mit seinem mageren, festen, ausgezeichneten Fleisch ist von der Biskaya bis zum Senegal sowie im Mittelmeer und im Schwarzen Meer zu finden.
Verwendung: Am besten schmeckt der Fisch gedünstet oder im Ofen gegart.

Basilikum

Neapolitanisches Basilikum

Vom Aroma her eine der besten Sorten (pfeffrig-würzig, leicht kühlend). Die Blätter können handgroß werden.

Rotes Basilikum

Im Bild die Variante 'Dark Opal'. Besitzt ein leicht an Nelken erinnerndes Aroma.

In der Küche

Basilikum verwendet man am besten frisch; bei längerem Erhitzen wie auch beim Trocknen verfliegt ein Gutteil des charakteristischen Aromas. Es bleibt besser erhalten, wenn man die Blätter, mit etwas Salz bestreut und mit hochwertigem Olivenöl bedeckt, in verschlossenen Gläsern aufbewahrt.

Buschbasilikum

Im Bild Grünes Buschbasilikum aus Griechenland. Kleine Blätter, kräftiges Aroma.

Thai-Basilikum

Wie 'Dark Opal' (siehe oben) mit Nelkenaroma; wird als Würzkraut in asiatischen Gerichten verwendet.

B

Bastardzunge

Der Plattfisch, der maximal eine Länge von etwa 20 cm erreicht, wird vorwiegend im Mittelmeergebiet gefangen. Das Fleisch der Bastardzunge ist wegen seines feinen Geschmacks sehr geschätzt.

Batavia-Salat

Der kopfbildende, zum Eissalattyp gehörende Blattsalat liegt sowohl in Geschmack und Konsistenz als auch in der Haltbarkeit und Lagerfähigkeit zwischen → Kopfsalat und → Eissalat.

Bavaria blu

Der in Bayern hergestellte → Weichkäse zählt zu den milden → Blauschimmelkäsen. Außen präsentiert er sich mit weißem Camembertschimmel, innen ist er mit Blauschimmel durchsetzt (70 % F. i. Tr.).

→ Basmati siehe bei **Reis**
Bastardmakrele siehe bei **Stöcker**
Batate siehe bei **Süßkartoffel**

Beaufort

Einer der besten französischen → Hartkäse, ursprungsgeschützt, aus Rohmilch von der Kuh, benannt nach einem Dorf in Savoyen, seinem Herkunftsort. Mit 48–55 % F. i. Tr., geschmeidigem Teig und rahmigem, leicht nussigem Aroma.

Beifuß

Wird auch Wilder Wermut oder Gänsekraut genannt. Beifuß besitzt ein feinherbes Aroma, das an Minze und Wacholder erinnert. Es werden nur die Rispen genommen, ganz oder gemahlen, frisch oder getrocknet; die Blätter sind ungenießbar.
Verwendung: frisch und getrocknet; passt gut zu Gänse-, Enten- oder Schweinefleisch

Bel Paese

Ein Halbfester → Schnittkäse mit 50 % F. i. Tr. Er gehört zu den berühmten italienischen Käsesorten. Mit weichem, strohfarbenem Teig und eigenem, zartsäuerlichem Geschmack.

→ **Bauchfleisch** siehe bei **Speck**
Baumstachelbeere siehe bei **Karambole**
Baumtomate siehe bei **Tamarillo**

B

Bergkäse

Bergkäse sind in verschiedenen Regionen der Alpenländer aus Rohmilch von der Kuh hergestellte → Hartkäse. Im Bild stellvertretend für die vielen verschiedenen Sorten ein Allgäuer Bergkäse: mild aromatisch bis kräftig herb im Geschmack, 45 % F. i. Tr. Hergestellt nach Art des → Emmentalers, aber kühler und länger gereift. Ein bekannter österreichischer Bergkäse ist der würzig-herbe Tiroler Alpkäse/Almkäse.

Bernsteinmakrele

Wird auch Gelbschwanzmakrele genannt. Ihr weißes, festes Fleisch mit nur wenigen Gräten ist von ganz hervorragender Qualität.

Bierschinken

Diese → Brühwurst wird mit einem Brät aus fein gemahlenem Rind-, Schweine-, auch Geflügelfleisch sowie Speck und gleichmäßig verteilten größeren Schinkenstücken hergestellt.

→ Bindenfleisch siehe bei **Bündnerfleisch**

Birne

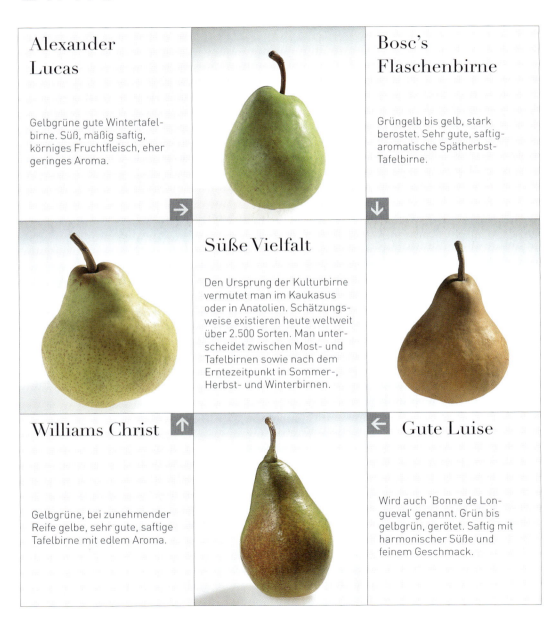

Alexander Lucas

Gelbgrüne gute Wintertafelbirne. Süß, mäßig saftig, körniges Fruchtfleisch, eher geringes Aroma.

Bosc's Flaschenbirne

Grüngelb bis gelb, stark berostet. Sehr gute, saftig-aromatische Spätherbst-Tafelbirne.

Süße Vielfalt

Den Ursprung der Kulturbirne vermutet man im Kaukasus oder in Anatolien. Schätzungsweise existieren heute weltweit über 2.500 Sorten. Man unterscheidet zwischen Most- und Tafelbirnen sowie nach dem Erntezeitpunkt in Sommer-, Herbst- und Winterbirnen.

Williams Christ

Gelbgrüne, bei zunehmender Reife gelbe, sehr gute, saftige Tafelbirne mit edlem Aroma.

Gute Luise

Wird auch 'Bonne de Longueval' genannt. Grün bis gelbgrün, gerötet. Saftig mit harmonischer Süße und feinem Geschmack.

B

Birne

Abate Fetel

Auch Abbé Fetel und Abbate Fetel. Kommt ursprünglich aus Frankreich. Flaschenförmige, berostete, bräunlich-grüne, gelbgrüne oder gelbe sehr gute Tafelbirne. Saftig, mildes Aroma. Hauptlieferländer sind Italien, Argentinien und Chile.

Dr. Jules Guyot

Auch als Guyot oder Limonera bekannt; ursprünglich aus Frankreich. Hellgrüne bis gelbe süße Tafelbirne mit braunen Punkten. Aus Spanien, Italien, Frankreich.

Gellerts Butterbirne

Grünlich berostet mit gutem Aroma und harter Schale; weinsäuerlich süß und sehr saftig.
Auch Tafelbirnen anderer Sorten – mit gutem Geschmack und schmelzendem Fleisch – werden als Butterbirnen bezeichnet.

Blaufelchen

Der mit dem Lachs verwandte Süßwasserfisch ist auch unter dem Namen Große Schwebrenke (→ Renke) bekannt.
Verwendung: meist gebraten und geräuchert, auch gegrillt oder gedünstet

Blaufisch

Der Meeresfisch ist fast weltweit vertreten und wird kommerziell gefangen. Größere Exemplare sind ziemlich fetthaltig.
Verwendung: gut geeignet zum Grillen sowie zum Räuchern

Blaukrabbe

Blaukrabben spielen an der amerikanischen Ostküste kulinarisch eine wichtige Rolle. Eine Spezialität sind sie dort als »Softshell crabs«, auf Deutsch Butterkrebse. So nennt man die unmittelbar nach dem Panzerwechsel (im Mai/Juni) gefangenen Krabben. Ihr neuer Panzer ist noch »butterweich«, so dass er mitverzehrt werden kann. Die bevorzugte Zubereitungsart ist das Braten in der Pfanne.

→ **Blattsenf** siehe bei **Senfkohl**
Blaukraut siehe bei **Rotkohl**

Blauschimmelkäse

Blauschimmelkäse gelten als besondere Delikatesse. Diese Käse werden auf spezielle Weise mit Schimmelkulturen geimpft: Man sticht dafür mit langen Nadeln in den Käse, der Fachmann spricht von »Pikieren«. Dadurch kann in den Stichkanälen Sauerstoff zirkulieren, der bei den Schimmelkulturen für ein gleichmäßiges Wachstum sorgt.

Ein Klassiker unter den Blauschimmelkäsen ist der → Gorgonzola, benannt nach der gleichnamigen Stadt in Norditalien. Hier die milde, 2–3 Monate gereifte Variante: »Gorgonzola dolce«.

BLAUSCHIMMELKÄSE

Blau, blue, bleu

Im Englischen nennt man die Blauschimmelkäse »blue veined cheese« oder auch einfach nur »blue«; in Frankreich spricht man von »fromage persillé«, von »fromage bleu« oder nur von »bleu«.

Edelschimmel bringt Aroma

Der Blauschimmel verbreitet sich im Käseteig von innen nach außen. Gut sichtbar wächst er in den je nach Konsistenz des Teigs mehr oder weniger großen Bruchlöchern sowie entlang der Stichkanäle. Bei den Schimmelkulturen, mit denen der Teig pikiert wird, handelt es sich um spezielle Penicillium-Stämme (etwa Penicillium roqueforti). Ihnen verdanken so große Käse wie → Roquefort, → Cabrales, → Stilton oder → Gorgonzola (siehe auch das Bild links) ihren besonderen, jeweils unverwechselbaren Geschmack. Die Konsistenz von Blauschimmelkäsen liegt meist zwischen Halbfestem → Schnittkäse und → Weichkäse.

Von außen vielgestaltig

Gemeinsam ist allen Blauschimmelkäsen der Schimmel im Innern, nach außen hin können sie aber ganz verschiedene Oberflächen aufweisen. So gibt es Käse mit weicher und heller Oberfläche (etwa Deutschen Edelpilzkäse oder → Danablu), Käse mit Rotschmiere (Bleu de Causses, → Cabrales) und solche mit Weißschimmel (→ Bavaria

Pikanter Stilton mit Portwein, Kräutern und Chili harmoniert ausgezeichnet mit der marinierten Rosmarinfeige.

blu). Letztere werden auch als Blauweißschimmelkäse bezeichnet. Sie sind außen von einem mehr oder weniger dichten weißen Schimmelrasen überzogen und entwickeln mit zunehmender Reife vom Rand her eine leichte Käserotflora.

Vielseitig in der Küche

Blauschimmelkäse eignen sich gut für ein Käsebuffet. In der warmen Käseküche verleihen sie vielen Gerichten, seien es Pasta, Gemüse, Saucen oder auch Überbackenes, eine pikante, würzige Note. Aufbewahren kann man die Käse je nach Reifegrad in der Originalverpackung im Gemüsefach des Kühlschranks etwa 1 Woche.

Blumenkohl

Bei dieser Kohlart handelt es sich um den noch nicht voll entwickelten Blütenstand der Pflanze. Weiß bleibt er dadurch, dass die großen grünen Hüllblätter über dem Kopf zusammengebunden oder -geknickt werden.
Zubereitung: roh als Salat oder Rohkost, gedünstet, gekocht, frittiert oder überbacken als Gemüse – oft gemischt mit anderem farbigem Gemüse, Zutat für Saucen und Suppen

Blumenkohl, farbiger

Bei Blumenkohl mit farbigen Blüten ist der Blütenstand während des Wachstums der Sonne ausgesetzt, was unter anderem ein kräftigeres Aroma sowie einen höheren Vitamin-C-Gehalt bewirkt. Im Bild 'Romanesco', eine grüne Blumenkohlsorte mit türmchenartiger Struktur des Blütenstands. Es gibt auch violetten Blumenkohl, der ebenfalls reicher an Vitamin C ist als der weiße.
Verwendung: wie weißer Blumenkohl (siehe oben)

Blutwurst

Basisprodukt für Blutwurst ist Schweineblut und meist Speck. Dazu kommen je nach Sorte Fleischeinlagen. Das Brät kann mit Grütze (z. B. beim nordenglischen »Black Pudding«), Brot oder Reis gelockert sein und wird unterschiedlichst gewürzt und gegart. Als Hüllen dienen Därme, auch Schweinemägen (Schwarzer Presssack, Roter Schwartenmagen). Manche Sorte wird in Gläsern oder Dosen konserviert.
Im Bild französische »Boudin noir«, die man auch nicht abgebunden als so genannte Meterwurst kaufen kann.

 Blei siehe bei **Brachsen**

BLEI – BOCKWURST

Blutwurst, spanische

Im Bild »Morcilla jabugo«, eine Spezialität aus Andalusien. Sie ist scharf mit Paprika gewürzt, schwach geräuchert.
Solche Blutwürste werden in ganz Spanien hergestellt, etwa in Asturien oder in Valencia – je nach Region mehr oder weniger stark geräuchert, mehr oder weniger scharf gewürzt, mehr oder weniger stark getrocknet, mal mit gröberem, mal mit feinerem Brät, mit mehr oder weniger großen Speckstücken.
Verwendung: Gebraten und in Eintöpfen. Manche Sorten werden auch kalt verzehrt.

Bockshornklee(samen)

Die in den Küchen des Nahen Ostens und Indiens gebräuchlichen Samen des Bockshornklees, eines Hülsenfruchtgewächses, sollten vor der Verwendung geröstet werden, da sie roh sehr bitter sind.
Verwendung: Bockshornklee ist beispielsweise Bestandteil von manchen Currymischungen, wird aber auch solo zum Würzen von Gemüse, Eintöpfen und Suppen verwendet.

Bockwurst

Bockwürste sind relativ große → Brühwürste aus Rind-, Schweine- und Kalbfleisch. Rosafarbenes, feines Brät.
Zubereitung: Bockwurst wird einfach kurz in heißem, nicht kochendem Wasser erhitzt und mit Senf und Brot gegessen.

43

Bohnen

Buschbohnen

Bohnen dieses Typs gibt es in vielen Formen und Farben. Sie sind die Basis für die im Handel erhältliche Tiefkühlware.

Breite Bohnen

Stangenbohnen mit flachen breiten Hülsen werden als Breite Bohnen oder auch als Coco-Bohnen gehandelt.

Im Garten

Wie bei den → Erbsen unterscheidet man auch bei Bohnen nach Wuchs zwei Typen: den niedrig wachsenden Buschbohnen- und den hoch rankenden Stangenbohnentyp.

Goabohnen

Diese Bohnen – auch Flügelbohnen genannt – sind in Ostasien und Afrika eine wichtige Eiweißquelle.

Dicke Bohnen

Botanisch zählt diese Varietät zur Familie der Wicken. Gegessen werden nicht die Hülsen, sondern nur die Samen.

BOHNEN

Bohnen

Keniabohnen

Als Keniabohnen bezeichnet man Sorten mit fast stricknadeldünnen, zarten, samenlosen Hülsen. Relativ teuer.

Sojabohnen

Sojabohnenkerne isst man in Ostasien nicht nur getrocknet (siehe Seite 47), sondern auch frisch ausgepalt.

In der Küche

Bei jungen und zarten Bohnen genügt es, die Enden abzuschneiden. Später geerntete Bohnen haben eventuell zähe Fäden, die man entfernen sollte. Vor dem Verzehr frische Bohnen mindestens 10 Minuten kochen, damit das giftige Phasin abgebaut wird – Kochwasser wegschütten.

Wachsbohnen

Als Wachs- oder auch Butterbohnen werden gelbe Busch- oder Stangenbohnen bezeichnet. Die Farbintensität kann jedoch variieren.

Spargelbohnen

Bei dieser Bohnenvarietät können die Schoten eine Länge von bis zu 90 cm erreichen.

45

Bohnenkerne

Borlotti-Bohnen

Unter den Hülsenfrüchten spielen getrocknete Bohnenkerne weltweit die größte Rolle, sind sie doch in Afrika, Asien und in Südamerika der wichtigste Eiweißlieferant – zumindest für die ärmeren Bevölkerungsschichten.
Im Bild die großen bräunlich roten Borlotti-Bohnen, die in viele italienische Gerichte gehören, etwa in die »Minestrone«.

Perlbohnen

Gerichte mit getrockneten Bohnenkernen aus der internationalen Küche liefern aus ernährungswissenschaftlicher Sicht meist eine geradezu ideale Nährstoffkombination.
Im Bild Perlbohnen, in Frankreich für »Cassoulet«, in den USA für »Baked beans« verwendet. Mehlig kochend.

Cannellini-Bohnen

Gehandelt werden getrocknete Bohnenkerne auf allen Kontinenten in unzähligen Sorten, in verschiedenen Größen und Farben. Sie unterscheiden sich auch in den Kocheigenschaften (Konsistenz) sowie im Geschmack.
Im Bild Cannellini-Bohnen, weich kochend. In Italien (speziell in der Toskana) eine überaus beliebte Sorte.

Bohnenkerne

Kidneybohnen

Gemeinsam ist allen Bohnenkernen, dass sie vor dem Kochen in aller Regel eingeweicht werden müssen, am besten einfach über Nacht. Erst wenn sie weich sind, darf man salzen.
Im Bild Kidneybohnen, in Afrika und Amerika angebaut, dunkelrot, mehlig und süßlich. Speziell für »Chili con carne«.

Schwarze Bohnen

Verwendung aller getrockneten Bohnenkerne: für Eintöpfe, Suppen oder Pürees, aber auch für Salate, als Beilage oder Hauptzutat von Currys
Im Bild Schwarze Bohnen, in Mittel- und Südamerika ein wichtiges Nahrungsmittel. Zart und süß im Geschmack.

Sojabohnen

Sojabohnenkerne sind – ursprünglich in Asien, inzwischen rund um die Welt – eine hochwertige Eiweißquelle. Aus ihnen hergestellte Produkte sind etwa Sojamehl, Sojaflocken, → Tofu oder Tempeh, aber auch Sojapasten (→ Miso) und -saucen (siehe auch die Information zu Sojaprodukten, Seite 376).
Im Bild helle, kugelige Sojabohnen, es gibt auch dunkle Sorten.

Bohnenkraut

Das stark aromatische Kraut mit seinem pfeffrig-würzigen Geschmack erinnert an Thymian und Oregano. Es macht schwere Speisen leichter verdaulich.
Verwendung: Bohnenkraut eignet sich für Gerichte mit Hülsenfrüchten, Fleisch und Fisch, Gemüse und Teigwaren; immer erst kurz vor Ende der Garzeit zugeben.

Borretsch

Die frischen Blätter werden jung im Ganzen, ausgewachsen (mit Aromaverlust) gehackt oder in Streifen verwendet. Sie haben einen gurkenähnlichen würzigen Geschmack.
Verwendung: Borretsch schmeckt in Suppen, Saucen, Frischkäse, Salaten, kalten Gemüsegerichten. Die lila Blüten eignen sich als Garnitur sowie als Würz- und Färbemittel für Essig.

Brachsen

Der auch Blei genannte Süßwasserfisch taugt trotz seiner vielen, teilweise starken Gräten gut als Brat- oder Grillfisch. Er eignet sich auch zum Räuchern, vor allem mit Wacholder.

Brachsenmakrele

Als Speisefische weltweit beliebt sind die Brachsenmakrelen mit ihrem schmackhaften, festen Fleisch. Trotz ihres Namens gehören sie allerdings nicht zu den »echten« Makrelen.
Im Bild die Pazifische Brachsenmakrele. Weitere Vertreter aus dieser Familie sind die → Sichel-Brachsenmakrele und der Silberne → Pampel.

Brandhorn

Die Meeresschnecke ist leicht am ausgefallenen stacheligen Gehäuse mit der langen Spitze zu erkennen. Sie wird im westlichen Mittelmeerraum und an der Adria häufig angeboten.

Bratwurst, grobe

Bei dieser groben Schweinsbratwurst handelt es sich um eine frische (d. h. ungeräucherte) → Rohwurstsorte. Manchmal wird sie vor dem Braten kurz gebrüht. Wegen des ungegarten Bräts sind solche Würste selbst gekühlt nicht lange haltbar.

Bratwurst, Nürnberger

Diese → Brühwurstspezialität, auch (Nürnberger) Rostbratwurst genannt, wird zumeist aus Schweinefleisch hergestellt. Sie ist höchstens 10 cm lang, dünn und kräftig gewürzt – unter anderem mit Ingwer, Kardamom, Majoran, Muskat.
Verwendung: gebraten oder gebrüht mit Sauerkraut

Bresaola

Eine delikate Bindenfleisch-Spezialität (→ Bündnerfleisch), die im Schweizer Bergell und im Veltlin hergestellt wird. Beide Täler haben günstige klimatische Verhältnisse zum Lufttrocknen. Im Gegensatz zum Schweizer Bündnerfleisch wird aber die Bresaola nicht gepresst, sondern nur gebunden – sie ist damit ist allerdings auch weniger lang haltbar.

Brie

Französischer → Weichkäse (von der Kuh) mit Oberflächenschimmel, mit mind. 40 % F.i.Tr. Die Laibe besitzen die Form einer flachen Torte. Brie hat einen weich-geschmeidigen Teig und das Pilzaroma des Camembert-Schimmels. Ursprungsgeschützt sind Brie de Meaux und Brie de Melun (im Bild). Bei Letzterem ist der Teig etwas krümeliger in der Struktur. Beide müssen mind. 4 Wochen reifen. Dabei wird der weiße Schimmelbelag allmählich von rötlicher Flora überwachsen, die für einen kräftigen Geschmack sorgt.

→ **Braunkappe** siehe bei **Riesenträuschling, Rotbrauner**
Braunkohl siehe bei **Grünkohl**

BRATWURST – BRÜHKÄSE   B

Brokkoli

Brokkoli ist mit dem → Blumenkohl verwandt, aber würziger und doch feiner im Geschmack. Es gibt neben grünem Brokkoli auch eine violette Varietät, die dem violetten Blumenkohl ähnelt. Jener ist in Italien beliebt, hier zu Lande jedoch kaum zu finden.
Zubereitung: wie → Blumenkohl, auch inklusive der Stiele und der feinen grünen Blätter

Brombeere

Die wild wachsenden und gerne auch kultivierten Beeren sind etwa ab Mitte Juli reif. Sie sind nur kurz haltbar, daher auch möglichst wenig bzw. behutsam waschen.
Im Bild Brombeeren der ertragreichen Sorte 'Black Satin' mit sehr großen, lang-ovalen, im Geschmack säuerlichen Früchten. Es gibt auch runde oder stumpfkegelige Sorten.
Verwendung: zum Rohessen, im Obstsalat, für Kuchen, Marmelade und Gelees, Saft

Brotfrucht

Botanisch ist die aus Polynesien stammende Brotfrucht eng verwandt mit der → Jackfrucht. Sie galt in ihrer Heimat schon lange als Grundnahrungsmittel, bevor sie sich in den Tropen rund um die Welt ausbreitete. Unter der grünen, noppigen Schale der bis zu 4 kg schweren Frucht verbirgt sich ein feinfaseriges, saftiges und nährstoffreiches Fruchtfleisch von mildem Geschmack, das sich wie Gemüse verwenden lässt.

→ Broiler siehe bei **Hähnchen**
Brühkäse siehe bei **Pasta-Filata-Käse**

Brühwurst

Zu den Brühwürsten gehören alle Wurstsorten, bei deren Herstellung dem Brät neben zerkleinertem Fleisch, Fettgewebe und anderen Zutaten Wasser zugegeben wird. Durch Erhitzen gerinnen die gelösten Muskeleiweiße, bilden eine feste Struktur, und die Wurst wird schnittfest. Dieser Zustand bleibt auch beim Wiedererwärmen erhalten.

»Coppa di testa«, »Kopfwurst«, eine Spezialität aus der Emilia Romagna, ist eine Art Presskopf aus dem gekochten Fleisch des Schweinskopfes und der Zunge, kräftig gewürzt.

BRÜHWURST

Einteilung

Brühwürste werden nach optischen Eigenschaften wie Größe, Schnittbild oder Körnung eingeteilt. Nach der Körnung bzw. Feinheit des Bräts unterschieden ergeben sich folgende Gruppen:

Brühwürste aus FEIN ZERKLEINERTEM BRÄT im Naturdarm (z. B. → Bockwurst, → Wiener Würstchen) oder im Kunstdarm (z. B. → Gelbwurst, → Lyoner, → Fleischkäse und → Fleischwurst)

Brühwürste aus fein zerkleinertem Brät MIT EINER EINLAGE (z. B. Presskopf, → Bierschinken oder Tiroler) – sie werden meist in größere Hüllen abgefüllt

Brühwürste aus GROB ZERKLEINERTEM BRÄT, frisch (etwa Göttinger) oder kalt geräuchert (etwa → Krakauer)

Qualitätskriterien

Wichtige Qualitätskriterien von Brühwürsten sind der kernige Biss, eine typische Knackigkeit, z. B. bei Wiener Würstchen, Saftigkeit, eine gute Konsistenz sowie die hellrosa Farbe des Bräts.

Rohstoffe

Für qualitativ hochwertige Brühwürste ist neben der sorgfältigen Verarbeitung die Auswahl der Rohstoffe wesentlich mitbe-

Wiener Würstchen, ob kalt oder heiß, mit Brot und Senf ein Wurstklassiker.

stimmend: Idealerweise werden Fleischteile vom Vorderviertel junger, nicht zu fetter Tiere verwendet, die viel und bindiges Muskeleiweiß enthalten, sowie frischer kernig-zäher Speck vorzugsweise aus dem Rücken, den Backen oder dem Kamm. Die richtige Menge an hochwertigem Speck ist für alle der oben genannten Qualitätskriterien und nicht zuletzt auch für das Aroma der Wurst mitbestimmend.

Brühwursthalbfabrikate

Brühwursthalbfabrikate nennt man Brühwürste, die roh in den Verkehr gebracht werden. Zu dieser Gruppe gehören beispielsweise rohe → Bratwürste und die berühmten Münchner Weißwürste.

Brunnenkresse

Das auch Wasserkresse genannte Kraut schmeckt herb und rettichartig. Wird es wild wachsend gesammelt, sollte man es nur aus sauberen Gewässern pflücken und gut waschen.
Verwendung: Für Suppen und Salate sowie als Würzkraut für Füllungen sparsam verwenden. In Asien bereitet man Brunnenkresse mitsamt den langen Wurzeln als Gemüse zu.

Buchweizen

Bei diesen wie Getreide verwendeten, jedoch botanisch nicht zu den Getreidepflanzen gehörenden Körnern handelt es sich um die aromatischen Samen eines Knöterichgewächses.
Verwendung: In Russland kocht man aus geröstetem Buchweizen traditionell »Kascha«, einen Grützbrei; hier zu Lande verwendet man ihn vor allem in der Vollwertküche, für Teigwaren, Aufläufe, Frikadellen (1 Teil Buchweizen, 2 Teile Wasser ca. 20 Minuten garen).

Bulgur

Bulgur mit seinem nussigen Geschmack ist ein arabisches Grundnahrungsmittel. Es handelt sich dabei um Parboiled-Weizen: vorgegarte Hartweizenkörner, die dann getrocknet, geschält und grob zerkleinert werden.
Verwendung: vor allem in orientalischen Gerichten wie in Gemüsesalaten (z. B. Tabbouleh), in Gerichten mit Geflügel oder Hammelfleisch, aber auch als Beilage zu süßen Speisen

 Bucatini siehe bei **Röhrennudeln**

BRUNNENKRESSE – BUTTERSCHMALZ **B**

Bündnerfleisch

Auch Bindenfleisch, Hobelfleisch; Ausgangsprodukt für die würzige Schweizer Spezialität ist mageres Rindfleisch. Es wird mit Salz, Salpeter, Zucker und Gewürzen eingerieben, in Salzlake gelegt, dann gepresst und getrocknet. Es ist ungekühlt sehr lange haltbar und wird hauchdünn aufgeschnitten.
Im Bild die drei klassischen Stücke aus der Rinderkeule. Links Runder Mocken (Schwanzrolle), in der Mitte das magere Eckstück (ein Teil aus der Oberschale), rechts die Unterschale

Buntbarsch

Fische aus der Familie der Buntbarsche sind ursprünglich Bewohner der Süßgewässer tropischer und subtropischer Zonen. Sie lassen sich aber jeglichenorts in warmen Süßgewässern gut züchten.
Zubereitung: Buntbarsche besitzen Fleisch von mittlerer Qualität, das am besten gebraten schmeckt.

Butter

Butter kommt bei uns meist in der charakteristischen Ziegelform oder aber, wie hier zu sehen, als Rolle ins Angebot. Sie kann mit oder ohne Salzzugabe, gesäuert oder ungesäuert hergestellt werden.
Verwendung: in der kalten und warmen Küche geschätzt wegen ihres feinen Geschmacks; nicht hocherhitzbar

→ Butterkrebs siehe bei **Krabben**
Butterschmalz siehe bei **Schmalz**

55

Cabanossi

Diese Würste werden zum Teil als → Rohwurst herstellt, teils gebrüht (→ Brühwurst), häufig werden sie auch geräuchert. Sie sind immer kräftig gewürzt und aus mittelfeinem Brät hergestellt. Gut beispielsweise in Eintöpfen.

Cabrales

Dieser spanische → Blauschimmelkäse (44 % F. i. Tr.), auch Cabraliego genannt, wird im Norden des Landes in der Gegend um die Picos de Europa hergestellt. Ausgangsprodukt ist meist reine Kuhmilch, teils mit Schaf- und Ziegenmilch gemischt.

Cacetti

Die kugeligen Mini-Käse nach → Provolone-Art sind benannt nach einem italienischen Dialektausdruck für »kleine Käse«. Sie werden geräuchert und ungeräuchert angeboten.

CABANOSSI – CAPITAINE

Caciocavallo

Italienischer → Pasta-Filata-Käse. Im Bild Ragusano, ein sizilianischer Caciocavallo (um 45 % F. i. Tr.). Er wird auch mit ganzen Pfefferkörnern im Teig angeboten, die in die Käsemasse eingeknetet sind. Gut gereift ist Ragusano ein geschätzter, recht würziger Reibkäse.

Camembert

Ursprünglich ein Rotschmierekäse mit grau-bläulichem Oberflächenschimmel, entstand Camembert mit weißem Schimmelrasen, wie wir ihn heute kennen, erst Anfang des 20. Jahrhunderts. Im Bild ein vollreifer Rohmilch-Camembert aus der Normandie mit leichter Rotflora – weich, aber gerade noch nicht verlaufend und mit kräftig würzigem Geschmack.
→ Weißschimmelkäse nach Camembertart werden inzwischen nahezu rund um die Welt hergestellt.

Cantal

Der nach → Cheddar-Art aus Kuhmilch hergestellte → Schnittkäse (45 % F. i. Tr.) ist einer der ältesten französischen Käse; er stammt aus dem Massif Central. Der Teig ist blassgelb bis strohgelb, hat eine gelbbraune bis gelbweiße Rinde mit mehliger Oberfläche und braunroten Flecken. In der Konsistenz ist Cantal jung geschmeidig, je älter, desto brüchiger. Er schmeckt leicht säuerlich, reif scharf-aromatisch.

→ **Cannelloni** siehe bei **Röhrennudeln**
Capellini siehe bei **Spaghetti**
Capitaine blanc/rouge siehe bei **Straßenkehrer**

Cardy

Das Stängelgemüse, auf Deutsch auch Karde, Distelkohl oder Spanische Artischocke genannt, ist nicht nur botanisch, sondern auch im Geschmack mit der Artischocke verwandt. Cardy kommt vor allem aus Italien auf den deutschen Markt. Er kann in ein feuchtes Tuch eingeschlagen an einem dunklen, kühlen Platz bis zu 1 Woche gelagert werden.
Zubereitung: als Rohkost mit einem würzigen Dip, gratiniert, in feinen Streifen gekocht oder lauwarm in Essig-Öl-Sauce

Cașcaval

Ein → Pasta-Filata-Käse aus Rumänien, hier geräuchert (45–50 % F.i.Tr.). Er schmeckt pikant und leicht salzig. Die bei der Herstellung entstehende Bruchmasse, Caș, wird auch frisch, also ungebrüht, verzehrt. Im Nachbarland Bulgarien wird diese Käsesorte Kaškaval genannt und dort meist aus roher Schaf- oder aus einer Mischung von Schaf- und Kuhmilch hergestellt. Nicht nur in der Herstellung, sondern auch vom Namen verwandt ist der italienische → Caciocavallo.

Cashewnuss

Cashewnüsse sind die Fruchtkerne des Nierenbaumes. Sie enthalten im Vergleich zu anderen Nussarten wenig Fett, sind dafür reich an Kohlenhydraten. Der braunen Samenhaut haftet ein toxisch wirkendes Öl an. Deshalb sind sie roh ungenießbar und kommen nur geschält und geröstet auf den Markt.
Verwendung: zum Knabbern, zu Teigwaren, in asiatischen Gerichten, in Desserts oder Obstsalaten

→ Cassia siehe bei **Zimt**
Catalogna siehe bei **Zichorie, Blattzichorie**

CARDY – CHAMPIGNON

Cervelatwurst

Diese schnittfeste Wurstsorte wird aus Rind- und Schweinefleisch sowie Speck hergestellt und roh oder gebrüht angeboten. Im Bild eine Sorte mit etwas weniger feinem Brät – es gibt aber auch feine Cervelatwurst.

Chabichou

Der Ziegenkäse wird in verschiedenen Regionen Frankreichs hergestellt. Nur Käse in der traditionellen schmalen zylindrischen Form darf den Namen Chabichou tragen. Der hier abgebildete Chabichou du Poitou aus roher Ziegenmilch ist ursprungsgeschützt und wird immer in Holzkohlepulver gewälzt. Andere Chabichou-Käse haben einen weißlichen oder bläulich grauen bis leicht roten Schimmelbelag.

Champignon

Frische Weiße Zuchtchampignons (im Bild) sind fest, glatt, haben eine fleckenlose Haut und eine weiße Schnittfläche. Cremechampignons oder Rosa Champignons sind hell rotbraun und schmecken etwas aromatischer. Ebenfalls mehr oder weniger intensiv braun ist der Braune Champignon oder Egerling. Zum Säubern die Pilze nur abbürsten oder abreiben.
Verwendung: sehr vielseitig, u. a. in Suppen, Salaten, Saucen, Gerichten mit Fleisch oder Geflügel, auch gefüllt oder als Beilage, z. B. mit Petersilie und Zwiebeln

→ Catfish siehe bei **Zwergwels**
Cayennepfeffer siehe bei **Chili, Chilipulver (S. 65)**

Chaource

Dieser aus der französischen Champagne stammende → Weichkäse mit Weißschimmel (50 % F. i. Tr.) wird aus Rohmilch von der Kuh hergestellt. Während der Reifung entwickelt sich vor allem an den Kanten zusätzlich eine Rotflora. Der Teig ist hellgelb bis bernsteinfarben, in der Konsistenz ist er frisch leicht bröckelig, mit zunehmender Reife wird er von außen nach innen geschmeidiger. Frisch schmeckt Chaource mildsäuerlich, reif fruchtig-nussig.

Chayote, Grüne

Das ursprünglich in Mittel- und Südamerika beheimatete Kürbisgewächs besitzt ein festes Fruchtfleisch von neutralem bis leicht süßlichem Geschmack mit essbarem nussigem Kern.
Verwendung: roh als Salat, gekocht als Suppeneinlage, als Gemüsebeilage, auch gefüllt und gebacken

Cheddar

In vielen Ländern werden → Schnittkäse nach Cheddar-Art produziert: Der Käsebruch durchläuft dabei einen zusätzlichen Säuerungsprozess, danach wird er zu Schnitzeln oder Körnern zerkleinert, die man salzt, in Formen füllt und presst. Käse von Cheddar-Art werden fast ausschließlich aus Kuhmilch hergestellt, haben knapp 50 % F. i. Tr. und gelangen in unterschiedlichen Reifegraden in den Handel (im Bild ein 16 Monate gereifter Cheddar). Die Farbe des Teigs reicht von Weiß bis zu kräftigem Orange (mit → Anatto gefärbt).

Chester

Deutscher → Schnittkäse, nach Art des → Cheddar, aus Kuhmilch hergestellt – hier in Blockform, es gibt ihn aber auch als runden Laib. Dieser Käse ist eine gute Grundlage für die Herstellung von → Schmelzkäse. Im Deutschen werden Chester und Cheddar übrigens meist synonym verwendet.

Chicorée

Die weißgelben bis hellgrünen Sprossen werden in abgedunkelten Treibräumen kultiviert. Das gilt auch für die relativ neue Züchtung des Roten Chicorée – eine Kreuzung aus Chicorée und → Radicchio. Chicorée auch im Haushalt lichtgeschützt aufbewahren, sonst wird er grün und bitter.
Zubereitung: roh als Salat oder in Kombination mit Früchten, geschmort, gedünstet oder überbacken

Chile-Langostino

Als Chile-Langostinos werden zwei Arten von Meereskrebsen vermarktet, die sich im Aussehen nur minimal unterscheiden. Sie zählen zu den Springkrebsen (→ Tiefwasser-Springkrebs) und liefern sehr feines, hochwertiges Fleisch. In Europa sind die Krebse gekocht und tiefgefroren sowie als Dosenware erhältlich.

→ **Cherimoya** siehe bei **Annone**

Chili, Peperoni & Co.

Chili

Frische Chilis, die Früchte der Gewürzpaprikapflanze, bieten eine Riesenauswahl unterschiedlicher Formen, Farben und Schärfegrade. Und obwohl sie botanisch fast ausnahmslos zu einer einzigen Art zählen, können Handelsbezeichnungen sowie die internationalen Namen der schlanken oder kugeligen Früchte ein wenig Verwirrung stiften.

Chilis in Hülle und Fülle, in allen Farben und Formen, findet man auf südostasiatischen Märkten, wie etwa hier in Tanjuung, Indonesien.

CHILI

Unter vielen Namen im Handel

Bei uns kommt es bei den Handelsbezeichnungen der scharfen Schoten auf das Herkunftsland an: Früchte aus Mittelamerika oder Asien werden als »Chilis« verkauft, solche aus Europa, insbesondere aus dem Mittelmeerraum, dagegen als »Peperoni«. In Italien wird mit »peperoni« allerdings die Gemüsepaprikaschote (→ Paprika) bezeichnet, die scharfen kleinen Gewürzpaprikaschoten heißen dort »peperoncini«. Im Englischen wird der Gewürzpaprika »(chilli) pepper« genannt, im Französischen »chile« oder »piment« und im Spanischen schließlich »chile« oder »pimiento«.

Von Lateinamerika um die Welt

Ursprünglich stammen alle Chilis aus Mittel- und Südamerika; erst mit den spanischen Eroberern wanderten sie auch in andere Teile der Welt und fassten vor allem in Ostasien Fuß. Schon die Mayas unterschieden klar zwischen einzelnen Sorten, und so ist es kein Wunder, dass heute noch in Mexiko jeder »chile« einen eigenen Namen trägt. Und das geht so weit, dass getrocknete und frische Chilis ein und derselben Sorte ohne Weiteres unterschiedlich heißen können.

Die Schärfe bändigen

Während das Pfefferkorn durch und durch gleich scharf schmeckt, sind bei Chilis und

Chilischarfer Tomatensugo zu Tortiglioni. Mit Pesto und gebratener Hähnchenbrust wird aus dem rustikalen Nudelgericht ein edles Essen.

Peperoni lediglich Samen und Scheidewände »gefährlich« – dort konzentriert sich das Capsaicin, der Stoff, aus dem die Schärfe ist. Vorsichtige befreien die Früchte daher besser von ihrem Innenleben und tragen dabei Handschuhe, denn gerät Capsaicin in die Augen, auf Schleimhäute oder auch nur auf die Haut, kann dies zu Reizungen führen.

Chilipulver

Wer nicht die ganzen Früchte verwenden möchte, kann stattdessen zu Chilipulver, auch Cayennepfeffer genannt, greifen. Es wird durch Vermahlen von ganzen getrockneten Schoten hergestellt. Die Farbe des Pulvers sagt allerdings nichts über den Schärfegrad aus, sondern nur etwas über die Farbe der verwendeten Schoten.

Chili

Bird green

Diese winzigen, länglich spitzen Chilis, auf Deutsch Grüne Vogelaugen-Chilis, werden in der Thai-Küche häufig verwendet. Es gibt sie auch in Orange und Rot, und alle Varianten sind höllisch scharf.

Chile serrano

Die glatten kompakten Früchte sind eine der am häufigsten verwendeten Chilisorten in Mexiko – vor allem für Salsas und Guacamole. Sie sind sehr scharf und werden auch ausgereift, also rot, angeboten.

Frische Chilis

Grüne und rote frische Chilis in den verschiedensten Größen und Formen sind vor allem in Mittel- und Südamerika sowie Südostasien unentbehrliche Kochzutat. Da sie in der Schärfe sehr unterschiedlich sein können, vor der Verwendung ein kleines Stück probieren.

Hot red Chili

Die sehr scharfen schmalen ausgereiften Früchte aus Thailand gehören bei uns zu den am häufigsten angebotenen Chilis. Sie sind universell verwendbar, etwa in Suppen, Saucen, Wokgerichten und Salaten.

Chile jalapeño

Diese Chilis werden in Mexiko gern mit Gemüse und Gewürzen in Öl eingelegt. Hier zu Lande kennt man sie vor allem als mexikanische Tapa: mit Frischkäse gefüllt und in Teighülle ausgebacken.

CHILI

Chili

Grüne Peperoni

Lange, leicht bis stark gefaltete Früchte aus dem Mittelmeerraum und dem Nahen Osten (wie hier aus Jordanien) sind fast immer recht scharf.

Helle Peperoni

Im Bild mittelscharfe Peperoni aus Ungarn. In unreifem Zustand sind die Schoten hellgrün, reif leuchtend orange und damit besonders dekorativ.

Rote Peperoni

Diese ausgereiften Gewürzpaprikaschoten aus Italien können in der Schärfe variieren, sind aber, an mitteleuropäischen Maßstäben gemessen, immer nur mäßig scharf.

67

Chili

Chile cascabel

Diese Chilisorte besitzt kugelige Früchte mit dünnen Wänden, in denen die Samen beim Schütteln rasseln – daher auch der Name, der übersetzt Rasselchili bedeutet.

Chile chipotle

So heißt der getrocknete, geräucherte → Chile jalapeño. Für die spätere Verwendung in mexikanischen Salsas wird der Chili chipotle häufig auch in Essig eingelegt.

Getrocknete Chilischoten

Je nach Reifezustand und Farbe der frischen Schoten sind getrocknete Chilischoten hellrot, rostrot, rotbraun oder sogar fast schwarz.

Chile pico de pájaro

Die etwa 3 cm großen länglichen, ausgesprochen scharfen »Vogelschnabel-Chilis« gibt es auch in Essig eingelegt. Verwendung in Saucen und Eintöpfen, gut geeignet zum Vermahlen in Gewürzmühlen.

Chile ancho

Auf Deutsch »Breiter Chili« wird der ausgereifte getrocknete »Chile poblano« genannt, eine etwa 10 cm lange, stark gefaltete Chilisorte mit dicken Fruchtwänden. Ideal zum Mitkochen in Saucen.

CHILI – CILANTRO

Chinakohl

Wird auch Japankohl genannt. Er ist eine Kreuzung aus → Senfkohl und → Speiserübe. Von anderen Kopfkohlarten unterscheidet sich der Chinakohl durch den fehlenden Strunk, seinen sehr milden Geschmack sowie seine gute Verdaulichkeit. Im Bild eine ovale Sorte; es gibt Chinakohl aber auch spitzoval bis länglich.
Zubereitung: roh als Salat, als Gemüse bissfest gegart

Choisum

Eine Blattkohlsorte aus Oststasien mit ovalen Blättern und kleinen gelben Blüten.
Verwendung: Triebspitzen, Blüten und Blätter werden als Gemüse zubereitet.

Chorizo

Spanische → Rohwurst-Spezialität mit grobem Brät aus magerem Schweinefleisch und Speck. Mit Paprika gewürzte und gefärbte Chorizos (»Chorizos rojos«) aber auch helle Sorten (»Chorizos blancos«) werden in vielen Regionen Spaniens hergestellt. Mehr oder weniger lange luftgetrocknet sind die Würste weicher oder härter und in letzterem Falle lange haltbar.

→ Cilantro siehe bei **Koriandergrün**

69

Cima di rapa

Wird auch Stängelkohl genannt, ähnelt im Aussehen sowohl der Speiserübe (→ Rübe) als auch dem → Brokkoli. Die Wildpflanze kommt aus dem Mittelmeerraum. Ihre kleinen, mild schmeckenden Blütenstände werden mitgegessen. Blätter und Stiele des Cima di rapa haben neben dem schwefeligen Kohlgeschmack auch eine leicht bittere Note.
Zubereitung: Am besten wird der Kohl im Ganzen gedünstet und eignet sich so als Gemüsebeilage.

Comté

Wird auch Gruyère de Comté genannt. Französischer → Hartkäse aus der Franche-Comté mit mind. 50 % F. i. Tr. Er gehört mit dem → Beaufort und dem aus der französischen Schweiz stammenden Gruyère (→ Greyerzer) zu den Rohmilch-Hartkäsen aus reiner Kuhmilch. Schmeckt nach 4- bis 5-monatiger Reifezeit kräftig-aromatisch und buttrig-fruchtig.

Coppa

Eine italienische Spezialität, für die Fleischstücke aus Schweinehals oder -nacken in der Regel 2–3 Wochen trocken gepökelt werden, bevor man sie einpackt und in Form bindet. Es schließen sich 6–12 Wochen Trocknen an der Luft an.
Im Bild links eine magere Coppa aus dem Nackenstück. In der Mitte eine Coppata – dazu wird der gut durchwachsene Schweinekamm zusätzlich in Speck ohne Schwarte gerollt –, rechts eine »Coppa stagionata«, die mind. 3 Monate reifen muss.
Verwendung: dünn aufgeschnitten als Antipasto

→ **Clam** siehe bei **Quahog-Muschel**
Conchiglie siehe bei **Nudeln, geformte**

CIMA DI RAPA – CRANBERRY

Coulommiers

Der französische → Weichkäse ist bereits nach dem ersten Erscheinen des Weißschimmels verzehrreif. Dieses Exemplar hier ist gut durchgereift, mit leichter rötlich-brauner Flora. Etwa 50 % F. i. Tr., briegartig, sahnig und haselnussig.
In Form und Geschmack ähnlich ist der Fougeru, der eine dekorative Farnauflage hat.

Couscous

Arabisches Grundnahrungsmittel, hergestellt aus Hartweizen oder Hirse. Die Körner werden gemahlen, zu Kügelchen gerollt und bei der Zubereitung gedämpft.
Verwendung: gekocht mit Fleisch, Gemüse und Würzsauce (z. B. Harissa) sowie in Kombination mit Rosinen, Datteln, Zimt als Salat, Beilage oder Hauptgericht

Cranberry

Cranberry wird die Kulturpreiselbeere aus dem Nordosten der USA und Kanada genannt.
Verwendung: wie die → Preiselbeere; in USA insbesondere mit wenig Wasser gekocht als Püree zu Wild, Fleisch und Geflügel, z. B. traditionell zu Truthahn

→ **Cornichon** siehe bei **Gurke**
Cottage cheese siehe bei **Frischkäse, körniger**

Cream cheese

Cream cheese ist ein mild-aromatischer → Frischkäse aus Nordamerika mit über 70 % F. i. Tr.; kompakt und feincremig in der Struktur. Er wird auch aufgeschäumt und mit aromatisierenden Zutaten (etwa Kräutern) angeboten.

Crème fraîche

Die leicht gesäuerte feste → Sahne mit mind. 30 % Fettgehalt hat einen sahnig milden Geschmack.
Verwendung: eignet sich gut zum Kochen, flockt wegen des hohen Fettgehalts im Gegensatz zu → Sauerrahm nicht aus, wenn sie erhitzt wird; in der feinen Küche zum Verfeinern von Saucen und als Ersatz für Sahne

Crottin de Chavignol

Dieser kurz auch Chavignol genannte ursprungsgeschützte französische Ziegenkäse schmeckt jung mild und cremig, ausgereift dagegen hat er eine trockenere Konsistenz sowie ein kräftiges Aroma.
Verwendung: wird oft gegrillt warm zu grünem Salat serviert

CREAM CHEESE – CURRYPULVER

Culentro

Die Blätter und Wurzeln des asiatischen Würzkrauts haben einen intensiven Koriandergeschmack.
Verwendung: in der lateinamerikanischen Küche von Bedeutung und in Thailand für die säuerliche Suppe »ton yum«

Curryblatt

Curryblätter entfalten nur frisch (bzw. frisch eingefroren) ihren vollen aromatisch-scharfen Geschmack. Bei uns sind Curryblätter allerdings meist nur getrocknet erhältlich. Sie sollten dann länger mitgekocht werden, wobei die doppelte Menge der im Rezept angegebenen frischen Curryblätter nötig ist.
Verwendung: ideal für Currygerichte und für Chutneys

Currypaste

Thailändische Paste auf Chilibasis aus verschiedensten frischen Zutaten und Gewürzen. Die ausgesprochen scharfe grüne Currypaste verdankt ihre Farbe frischen grünen Chilischoten. Auch gelbe Currypaste besteht vornehmlich aus frischen Zutaten, sie ist die mildeste. Rote Currypaste (im Bild) liegt in der Schärfe zwischen der grünen und der gelben.
Verwendung: für Seafood-, Geflügel- oder Rindfleischcurrys

→ Crème double siehe bei **Sahne**
  Culatello siehe bei **Schinken, luftgetrocknet**
  Cumin siehe bei **Kreuzkümmel**
  Currypulver siehe bei **Masala**

Danablu

Der aus Kuhmilch hergestellte dänische Käse gehört zu den am weitesten verbreiteten → Blauschimmelkäsen. Er wird mit 50 % F. i. Tr. hergestellt und schmeckt dann kräftig scharf, es gibt ihn aber auch mit 60 % F. i. Tr. als mildere Variante.

Dattel

Die nährstoffreichen Früchte der Dattelpalme kommen überwiegend getrocknet (im Bild) in den Handel. Beste Qualitäten sind süß, weich, saftig und hocharomatisch. Als »frische Datteln« werden Früchte angeboten, die direkt nach der Ernte schockgefroren und so lagerfähig gemacht wurden.
Verwendung: zum Rohverzehr – oft mit Schinken oder Käse –, in Obstsalaten, auch in der warmen Küche, etwa in orientalischen Gerichten, als Süßungsmittel in Backwaren

Debre(c)ziner

Die nach der ungarischen Stadt Debreczin benannten → Brühwürstchen im Saitling werden aus relativ grobem Brät aus Schweine- und Rindfleisch hergestellt. Sie sind schnittfest und werden oft geräuchert.
Verwendung: roh sowie in Suppen und Eintöpfen

→ Damwild siehe bei **Hirschwild**
Dauerwurst siehe bei **Rohwurst**

DAMWILD – DRACHENKOPF

Dill

Zarte Dillspitzen (im Bild), aber auch die Blütenstände und Samen haben ein erfrischend aromatisches, süßlich würziges Aroma. Man sollte Dillkraut nicht mitgaren. Das feine Grün lässt sich tiefgefrieren, aber nicht so gut trocknen.
Verwendung: Dill passt insbesondere zu Fisch und Meeresfrüchten, Gurken und Kartoffeln, in Sahnesaucen und -dips, in Mayonnaisen und Kräuterbutter.

Dinkel

Wird auch Spelz genannt. Robuste alte Getreideart, Vorgänger des → Weizens, im Geschmack würzig aromatisch. Die Mehltypen entsprechen denen des Weizenmehls.
Verwendung: eignet sich als Mehl hervorragend zum Backen, im Ganzen für Aufläufe und andere Gerichte aus der Vollwertküche; als Ersatz für Weizen bei Allergien gegen Weizeneiweiß

Drachenkopf

Der Große Rote Drachenkopf (im Bild) hat als »Rascasse rouge« in der französischen Küche einen festen Platz (etwa als Bestandteil der Bouillabaisse oder gedünstet). Sein naher Verwandter, der Braune Drachenkopf, lässt sich genauso verwenden. Weitere Vertreter der großen Familie der Drachenköpfe werden unter den Stichworten → Felsenfische, → Rotbarsch, → Vermilion und → Witwenfisch vorgestellt.

→ **Dorade** siehe bei **Goldbrassen**, siehe bei **Graubarsch**
Dorsch siehe bei **Kabeljau**

D

Dreiecksmuschel

Die Mittelmeer-Dreiecksmuschel (im Bild) ist die größte unter den Dreiecksmuschelarten. Sie erreicht eine Breite von bis zu 5 cm und schmeckt roh oder gedünstet sehr gut.

Dulse

Eine Rotalge, die in den kalten Küstengewässern des Atlantiks sowie des Pazifiks gedeiht. Sie wird an der bretonischen Küste mit Erfolg kultiviert.
Verwendung: Dulse wird in Gerichten der isländischen und nordamerikanischen Küche sowie rund ums Mittelmeer als spinatartiges Gemüse verwendet.

Durian

Die bis zu 10 kg schwere südostasiatische Baumfrucht ähnelt in Form und Größe einem Igel. Die Durian heißt nicht zu Unrecht auch Stinkfrucht, denn für »Westler« ist ihr bei Vollreife stark ausgeprägter Geruch gewöhnungsbedürftig. Er wird umso stärker, je länger das Fruchtfleisch offen an der Luft liegt. Daher am besten direkt nach dem Öffnen verzehren.
Verwendung: Die rahmgelben Samenmäntel im Inneren der Frucht können roh gegessen, gebraten oder gekocht werden, die Samen selbst kann man rösten und frittieren.

Edamer

Der → Schnittkäse mit mind. 40 % F. i. Tr. wird mit Naturrinde sowie mit gelbem oder rotem Wachsüberzug hergestellt. In den Niederlanden produziert man Edamer in der typischen Kugelform (siehe Bild) oder brikettförmig als so genannten Brot-Edamer. Der Käse hat einen festen, gut schnittfähigen Teig mit wenigen unregelmäßigen Löchern. Jung schmeckt er mild, länger gereift herzhaft und ausdrucksvoll.

Edelkrebs

Der Flusskrebs war früher in ganz Europa verbreitet, wurde aber durch die Krebspest so stark dezimiert, dass der Edelkrebs heute eine teure Delikatesse ist, die in geringem Maße in Teichwirtschaft gezüchtet wird. **Verwendung:** Nicht nur das Schwanzfleisch, sondern auch das in den massiven Scheren enthaltene Fleisch schmeckt vorzüglich; man gibt es etwa in Suppen, Saucen oder bereitet damit Aspik zu.

Edelpilzkäse, Deutscher

Der pikant-aromatische → Blauschimmelkäse gehört zu den Halbfesten → Schnittkäsen. Er hat für gewöhnlich keine Rinde und wird ähnlich wie → Roquefort hergestellt, allerdings aus Kuhmilch. Es gibt ihn mit 45, 50 und 60 % F. i. Tr.

→ **Egerling** siehe bei **Champignon**

Eier

Eier sind ein Nahrungsmittel, das in den verschiedensten Gerichten eine wichtige Rolle spielt, zumal neben Eierspeisen im engeren Sinne auch die Bestandteile des Eies – Eiweiß und Eigelb – für viele Speisen Bedeutung haben: Eigelb wird etwa zum Legieren von Suppen und Saucen verwendet, während zu Schnee geschlagenes Eiweiß zum Stabilisieren benötigt wird.

Frischetest beim aufgeschlagenen Ei: Bei einem sehr frischen Ei – wie im Bild – ist der Dotter hoch aufgewölbt, das Eiklar darum herum kompakt und nur ganz außen sehr flüssig.

Lagerung

Entscheidenden Einfluss auf die Qualität von Eiern hat die richtige Lagerung. Denn Eier sind empfindlich, da durch die poröse Schale Gerüche oder Bakterien ins Innere gelangen können. Grundsätzlich sollte man sie kühl (8–10 °C) und bei hoher Luftfeuchtigkeit aufbewahren, am besten in einem Spezialfach im Kühlschrank, weit entfernt von stark riechenden Lebensmitteln. Eier in der Schale halten sich so 3–4 Wochen. Aufgeschlagene ganze Eier sind 2 Tage, Eigelb mit Wasser bedeckt ebenfalls 2 Tage und Eiklar bis zu 14 Tage haltbar. Gefrorene Eimasse, egal in welcher Zusammensetzung, hält sich etwa 4 Monate.

Frischetests

Generell gilt, je älter ein Ei ist, umso mehr Luft verdunstet durch die poröse Schale. Dadurch wird die Luftkammer größer. Frische Eier mit einer dementsprechend noch relativ kleinen Luftkammer verursachen beim Schütteln kein Geräusch, ältere sehr wohl. Ebenfalls wegen der vergrößerten Luftkammer bleibt ein 2–3 Wochen altes Ei in einem mit Salzwasser gefüllten Glas am Boden liegen, später richtet es sich mit der Spitze nach unten auf. Und auch aufgeschlagen lässt sich eine Aussage über die Frische eines Eies machen: Mit zunehmendem Alter verliert das Eiklar an Spannung, fließt immer weiter auseinander und wird wässrig, der Dotter wird flacher.

Für marmorierte Eier von gekochten Eiern die Schale rundum vorsichtig anknacksen, die Eier dann 30–40 Minuten in einem würzigen Teesud kochen und 1 Tag darin ziehen lassen.

Eier kochen

Vor dem Kochen von Eiern in der Schale diese am stumpfen Ende anstechen; so kann die Luft entweichen, und die Schale platzt nicht während des Kochens. Die Kochzeit wird ab dem Moment gerechnet, wenn das Wasser nach dem Einlegen der Eier wieder aufwallt. Als Richtwerte gelten: Nach 5 bis 6 Minuten ist das Eiweiß fest, das Eigelb außen schon etwas fest, innen noch flüssig. Nach 10–12 Minuten sind Eiweiß und Eigelb schnittfest, das Eigelb ist von blasser Farbe. Eier nicht zu lange garen, sonst bilden sich Schwefelverbindungen, und die Eier riechen unangenehm. Nach dem Kochen die Eier kalt abschrecken: Sie lassen sich dann wesentlich leichter schälen.

E

Eichblattsalat

Eichblattsalat hat zarte, charakteristisch geschlitzte und krause Blätter. Er ist mild und nussig im Geschmack, jedoch nur sehr kurz haltbar: Man sollte ihn nicht länger als 1 Tag aufbewahren. Im Bild Roter Eichblattsalat; es gibt jedoch auch Sorten mit gelbgrünen Blättern.
Verwendung: wie Kopfsalat, ideal auch in gemischten Blattsalaten, für Dekorationen; mit Petersilie und Knoblauch würzen

Einsiedlerkrebs

Für Einsiedlerkrebse ist der weiche, ungepanzerte Hinterleib charakteristisch. Sie ziehen sich daher zum Schutz gern in leere Schneckenhäuser zurück (im Bild). Den Krustentieren kommt lediglich in ihren Fanggebieten Bedeutung zu: In der Bretagne etwa ist der Bernhards-Einsiedler besonders geschätzt, aus dem man köstliche Suppen zubereitet.

Eiskraut

Die ursprünglich aus Südafrika stammende Gemüsepflanze wird auch Eisblume und Kristallkraut genannt. Auf ihren Blättern entstehen durch Verdunstung Salzkristalle, wodurch jene aussehen, als wären sie von gefrorenen Tautropfen besetzt.
Verwendung: wie Spinat, auch roh als Salat, für Dekorationen

EICHBLATTSALAT – ELCH   E

Eissalat

Eissalat gehört zu den robusteren Sorten unter den Blattsalaten. Er kann gut einige Tage im Gemüsefach gelagert werden und behält wegen seiner festen, fleischigen und glänzenden Blätter auch mit Dresssing Form und »Biss«. Im Bild Eissalat, wie er bei uns inzwischen ganzjährig im Angebot ist: ohne Umblätter, fest und mit gelbgrünem Herz.

Von Mitte April bis Oktober ist Eissalat auch mit den dunkleren Umblättern im Angebot.
Verwendung: in Streifen geschnitten als Salat mit Kräutern wie Kerbel und Petersilie (Umblätter entfernen), auch gedünstet als Gemüse, dabei können die Umblätter mitverwendet werden

Roter Eissalat wird erst seit einiger Zeit vermehrt angeboten. Diese Züchtung kommt ausschließlich im Sommer und immer mit den Umblättern auf den Markt. Die rote Farbe ist lediglich eine optische Bereicherung auf dem Teller. Geschmack und Konsistenz wie auch Verwendung dieses Eissalats entsprechen den grünen Sorten.

→ Elch siehe bei **Hirschwild**

E

Emmentaler

Der grob gelochte → Hartkäse aus Rohmilch von der Kuh (45 % F. i. Tr.) wird in großen Laiben mit Naturrinde hergestellt. Im Bild ein Schweizer Emmentaler. Seinen festen und doch geschmeidigen Teig bekommt er dadurch, dass die dickgelegte Milch vor dem Pressen unter Rühren nochmals erhitzt wird. Nach 3 Monaten Reifung schmeckt Emmentaler mild, süßlich und nussartig, kräftig pikant wird er nach 4–5 Monaten Reife.

Emmentaler/nach Emmentaler Art

Die Bezeichnung »nach Emmentaler Art« tragen solche → Hartkäse, die zwar wie → Emmentaler hergestellt werden, bei denen aber pasteurisierte Milch verwendet wird. Sie werden in Deutschland und vielen anderen Ländern produziert, zumeist nicht in der klassischen Laibform. Käse nach Emmentaler Art sind milder im Geschmack als Emmentaler, haben aber einen genauso geschmeidigen Teig.

Endivie, Glatte

Der gut haltbare kopfbildende Salat mit den festen Blättern wird auch Winterendivie oder Escariol genannt. Die große Gruppe der Endivien, zu der auch → Frisée, → Romana-Salat und → Chicorée zählt, gehört botanisch zu den Zichoriengewächsen (→ Zichorie), daher weisen alle ihre Mitglieder eine zichorientypische, leicht bittere Note auf.

→ Eliche siehe bei **Spiralnudeln**
Endivie, Krause siehe bei **Friseée**
Engelhai siehe bei **Meerengel**

ELICHE – ENTE

Ente

Flugente

Körper und Schwanz sind bei Flugenten länger als bei Hausenten (siehe unten), und auch der Fleischanteil ist höher. Das Fleisch der Flugente ist saftig, enthält im Vergleich zu anderen Enten weniger Fett und ist von kräftigem Geschmack. Eine bekannte Flugentenart ist die französische Barbarie-Ente.
Zubereitung: wie Hausente (siehe unten)

Hausente

Hausenten stammen von der Stockente ab. Im Bild die Nantes- oder Nantaiser Ente. Sie ist sehr fleischig, aber relativ klein (bis zu 2 kg). Ebenfalls zu den Hausenten gehört die Bayerische Ente. Sie wird bis zu 3 kg schwer, ist ebenfalls fleischig und zart, aber etwas fetter als die Nantes-Ente.
Zubereitung: Die bevorzugten Zubereitungsarten für Enten aller Art sind Grillen oder Braten – am besten auf dem Rost, damit das unter der Haut reichlich vorhandene Fett ablaufen kann. Nantes-Ente kann auch rosa gebraten werden.

Wildente

Unter der Bezeichnung Wildente sind verschiedene Entenarten, etwa Stock-, Krick-, Löffel- oder Pfeifente im Angebot. Wildenten sind nicht so fleischig wie Hausenten, aber fettärmer und aromatischer.
Zubereitung: Wildenten werden immer blutig gebraten, nur die Keulen ganz durchbraten; junge Tiere bevorzugen.

Ente, Innereien

Im Bild Leber, Herz und Magen der Ente. Magen und Herz gehören zusammen mit dem Hals und den Flügeln zum »Entenklein« und eignen sich bestens für Eintöpfe. Die Entenleber (links im Bild) ist preiswerter als Gänseleber. Darüber hinaus gibt es auch von der Ente → Stopfleber.

Entenbrust, geräuchert

Im Bild geräucherte Pekingentenbrust. Sie ist relativ mager, da die Fettauflage recht dünn ist. Das Fleisch ist fest, so dass es dünn aufgeschnitten werden kann.
Verwendung: insbesondere in Kombination mit Orangen bzw. Orangensauce, mit Blattsalaten oder feinem Gemüse

Entenmuschel

Anders als der Name nahe legt, gehören Entenmuscheln zu den Krustentieren. Ihr flacher Körper sitzt in einem muschelähnlichen Kalkgehäuse, mit dem fleischigen Stiel heften sich die Tiere an schwimmende Gegenstände oder Felsen. Die Felsen-Entenmuschel (im Bild) wird regional in Frankreich, Italien und Spanien angeboten. Es gibt sie aber auch an der Pazifikküste. Sie ist in Nordspanien vor allem als »tapa« beliebt, als kleiner Leckerbissen zum Sherry.

ENTE – ERBSE

Epazote

Das aus Mexiko stammende Kraut besitzt ein zartes Zitrusaroma. In seinem Heimatland würzt das Kraut Eintopfgerichte mit schwarzen Bohnen und Quesadillas, mit Käse gefüllte Tortillas.

Epoisses

Der durch die Rotflora im Geschmack kräftige → Weichkäse wird wie → Aisy hergestellt und hat daher ebenfalls einen sehr weichen, zerfließenden Teig. Auch er wird während der Reifung mit Tresterbrand abgerieben, was ihm zusätzlich Aroma gibt.

Erbse, frisch

Es existieren unzählige Erbsensorten, die je nach Wuchshöhe zu den niedrig wachsenden Buscherbsen oder zu den bis zu 2 m hoch rankenden Reisererbsen gerechnet werden. Der Handel unterscheidet darüber hinaus Schal- und Markerbsen. Als frische Erbsen (mit noch unreifen, weichen grünen Samen) werden die zarteren Markerbsen angeboten, die Kohlenhydrate vorwiegend in Form von Zucker enthalten.
Verwendung: roh, gedünstet, gekocht oder sautiert als Gemüsebeilage, für Eintöpfe, Suppen und Pürees

85

Erbse, Zuckererbse

Zuckererbsen sind besonders zarte Markerbsen (→ Erbse, frisch, S. 85). Bei ihnen fehlt die dünne Pergamentschicht an der Innenseite der Hülse, daher können die zarten Hülsen mitsamt den unreifen Samen im Ganzen verzehrt werden.
Verwendung: blanchiert als Gemüsebeilage oder in Salaten

Erbsen, Trockenerbsen

Trockenerbsen enthalten Kohlenhydrate vor allem in Form von Stärke. Sie reifen an der Pflanze aus. Nach dem Auspalen werden die Samen geschliffen und poliert. Dabei zerfällt ein Teil der Samen, so dass im Handel ganze und – preiswerter – halbe Erbsensamen angeboten werden. Es gibt sie in unterschiedlichen Farben: weiß, gelb, grün, grau oder marmoriert.
Verwendung: mehrere Stunden oder über Nacht eingeweicht für Suppen, Eintöpfe und Pürees

Erdbeere

Reife Erdbeeren sind intensiv rot, ausgesprochen aromatisch und von einzigartigem Duft. Allerdings sind die Früchte dann auch sehr druckempfindlich und sollten nur sehr behutsam und kurz gewaschen werden.
Verwendung: frisch mit (Zucker und) Sahne, auf Kuchen oder Torten, in Bowle und Mixgetränken oder auch als Konfitüre
Im Bild Erdbeeren der Sorte 'Karina', mit mittelgroßen, rundkugeligen und wohlschmeckenden Früchten.

ERBSE – ESROM

Erdbeere, Walderdbeere

Walderdbeeren sind eine der Wildformen der Erdbeere und in der gesamten nördlichen Hemisphäre verbreitet. Ausgereift schmecken sie ausgezeichnet, haben ausreichend Süße und ein sehr feines Aroma.
Verwendung: für edle Desserts, als Garnitur

Erdnuss

Die Erdnuss gehört zwar botanisch zu den Hülsenfrüchten, wird aber aufgrund ihrer Verwendung zu den Nüssen gezählt. Im Handel wird wie auch bei Haselnüssen und Pistazien vor allem nach Herkunft unterschieden.
Verwendung: zum Knabbern, in pikanten asiatischen Gerichten, für Erdnussbutter und -mark als Brotaufstrich
Im Bild eine Erdnusstype mit 2–3 länglichen, rötlich braunen Kernen in großen Hülsen. Es gibt auch Typen mit 3–4 Kernen.

Esrom

Der dänische Esrom (45 und 60 % F. i. Tr.) gehört zur Gruppe der Halbfesten → Schnittkäse aus pasteurisierter Milch. Sein Teig ist von vielen unregelmäßigen Löchern durchsetzt. Im Geschmack ist der Käse mild-pikant und leicht säuerlich. Es gibt ihn mit Naturrinde und mit Wachsüberzug. Esrom wird auch mit Gewürzen im Teig, etwa mit Kümmel, Pfeffer, Paprika oder Kräutern, hergestellt.

→ **Escariol** siehe bei **Endivie, Glatte**

Essig

Essig zum Haltbarmachen und Aromatisieren von Speisen kannten schon Ägypter, Griechen und Römer. In der Küche verwendet man ihn bis heute nicht nur zum Säuern, etwa von Salaten, oder zum Konservieren, z. B. von Gemüse, sondern auch als Beizmittel sowie zum Verfeinern vieler Speisen, denen ein Schuss Essig erst den richtigen Pfiff gibt.

Grundsätzlich gilt bei allen Essigsorten. Für einen guten Essig braucht es auch gutes Ausgangsmaterial. Zudem müssen manche Essige sehr lange reifen. Kein Wunder, dass sich dies dann auch im Preis niederschlägt.

ESSIG

Die wichtigsten Essigarten

ROTWEIN- UND WEISSWEINESSIG werden ausschließlich aus reinem Traubenwein hergestellt. Viele Weingüter stellen mittlerweile auch feine Essige her, etwa aus der Riesling-, Muskat- oder Grauburgundertraube. Rotweinessig ist vom Geschmack her in der Regel noch kräftiger als Weißweinessig.

SHERRYESSIG, der feinste spanische Essig, wird wie Sherry hergestellt, das heißt, der Wein reift nach dem »Solera-System« in Eichenfässern von unterschiedlicher Größe.

ACETO BALSAMICO DI MODENA (TRADIZIONALE) wird aus dem eingekochen Most der Trebbiano-Traube hergestellt. Der kostbare »Tradizionale« reift Jahre bis Jahrzehnte lang in speziellen Holzfässern aus Eiche. Für die übrigen Balsamico-Sorten wird dem Most häufig Weinessig oder angegorener Traubenmost zugesetzt, außerdem reift er nicht so lange.

APFELESSIG zeichnet sich durch seinen mild-fruchtigen Geschmack sowie den hohen Gehalt an Mineralstoffen aus. Hergestellt aus vergorenem Apfelwein, eignet er sich zum Würzen von Schweinefleisch, Gemüse, Gurken und Krautsalat.

BEERENESSIGE, aus Himbeeren, Erdbeeren, Brombeeren oder Johannisbeeren hergestellt, schätzt man vor allem wegen ihres fruchtigen, leicht süßlichen Aromas.

Klassische Vinaigrette. 2 EL hellen Aceto balsamico mit Salz und Pfeffer verrühren. 4–5 EL Olivenöl unterrühren. Passt zu allen Blattsalaten.

BRANNTWEINESSIG oder Speiseessig bzw. Tafelessig hat wie auch seine Basis, der klare, aus Kartoffeln oder Getreide gewonnene Branntwein, kaum eigenes Aroma. Daher kann man ihn gut mit Kräutern und Gewürzen aromatisieren.

MALZESSIG wird aus Gerstenmalz hergestellt. Er ist vor allem in der englischen und nordamerikanischen Küche beliebt.

REISESSIG, essigsauer vergorener Reiswein, ist in den Küchen Chinas, Japans und Südostasiens unverzichtbar. Es gibt ihn mit unterschiedlichem Säuregehalt.

ZUCKERROHRESSIG wird in dunklen und hellen Sorten sowohl in der Karibik als auch in Südostasien produziert.

89

E

Esskastanie

Die Esskastanie bzw. Marone stammt aus dem Mittelmeergebiet. Die stachelige Hülle der Früchte platzt auf, sobald die 1–3 Nüsse im Inneren reif sind. Diese sind von einer ledrigen Samenschale umgeben, die beim Rösten aufspringt.
Verwendung: Die stärkehaltigen Früchte werden nur gegart verzehrt – entweder geröstet oder gekocht –, sie lassen sich zu süßen und pikanten Pürees verarbeiten und finden in Farcen und Füllungen Verwendung. In der Schweiz und in Italien werden Esskastanien mancherorts auch zu Mehl vermahlen.

Estragon

Das Kraut mit den schmalen langen Blättern hat einen markanten feinwürzigen, herben Geschmack. Sein volles Aroma entfaltet Estragon insbesondere, wenn er mitgekocht wird.
Verwendung: vor allem für Fischgerichte, aber auch für Buttermischungen, zum Aromatisieren von Senf und Essig

Evora

(Queijo de) Evora ist ein Halbfester → Schnittkäse aus Portugal, mit 45 % F. i. Tr. aus Schaf- und/oder Ziegenmilch. Ohne Rinde hergestellt und lediglich gesalzen, wird er oft in Öl aufbewahrt oder man lässt ihn (im Trockenen) zu Hartkäse reifen. Damit bekommt er einen scharfsalzigen Geschmack.

ESSKASTANIE – FELDSALAT

Fasan

Schon seit der Antike ist der Hühnervogel ein überaus begehrtes Wildgeflügel, das heute allerdings meist aus Zuchtbetrieben stammt. Das Brustfleisch des Fasans ist zart und hell, das Fleisch der Keulen dunkler und im Geschmack intensiver; alle Teile sind ausgesprochen fettarm.
Zubereitung: braten oder schmoren; das Fleisch zum Schutz vor Austrocknen mit Speck belegen

Feige

Vollreif – wenn die Früchte sich weich anfühlen – schmeckt das von zahlreichen kleinen Kernen durchsetzte Fruchtfleisch der Feige am besten. Im Bild eine grünviolette Sorte; es gibt aber auch dunkelgüne und gelbgrüne Feigen. Letztere werden überwiegend getrocknet.
Verwendung: frisch in Obstsalaten oder mit Käse, getrocknet z. B. im Müsli, zum Backen, in orientalischen Gerichten

Feldsalat

Wird auch Ackersalat, Rapunzel, in Österreich Vogerlsalat und in der Schweiz Nüsslisalat genannt. Erfreut sich wegen seines feinherben und nussigen Geschmacks großer Beliebtheit.
Zubereitung: mehrmals gut waschen, Wurzelenden entfernen, als Salat zubereiten oder dünsten und als Gemüse servieren

→ **Farfalle** siehe bei **Nudeln, geformte**
Felchen siehe bei **Renke**

91

Felsenfische

Dunkler Felsenfisch

Ist von der Beringsee bis nach British Columbia zu finden, vor allem aber im Flachwasser um die Aleuten.

Gelbbandfelsenfisch

Er gehört zu den am höchsten geschätzten Felsenfischen; sein Fleisch ist von exzellentem Geschmack.

Delikate Räuber

→ Drachenköpfe oder Felsenfische (»rockfishes«) sind Raubfische. Viele besitzen Giftdrüsen an der Rückenflosse, daher mit Vorsicht verarbeiten; das Gift wird erst durch Erhitzen unschädlich. (weitere Drachenköpfe: → Rotbarsch, → Vermilion, → Witwenfisch)

Grass Rockfish

Er bewohnt Flachwasser-Küstenstreifen von Oregon bis nach Kalifornien. Wird eifrig gefischt, da er sehr gute Fleischqualität liefert.

Schnabelfelsenfisch

Er ist der wirtschaftlich bedeutendste Felsenfisch. Sein Fleisch kommt auch tiefgefroren in den Handel.

FELSENFISCHE – FILATA-KÄSE

Fenchel

Gemüsefenchel kann – je nach Sorte – ganz unterschiedliche Formen annehmen: von schmal und lang über rund und eher flach (im Bild) bis breit und rund. Leuchtendes Grün der zarten dillartigen Blättchen signalisiert Frische. Diese Blättchen eignen sich ideal zum Aromatisieren des fertigen Gerichts.
Verwendung: Gut passt Fenchel zu Fisch, hellem Fleisch und Geflügel. Er kann roh als Salat zubereitet werden, aber auch geschmort, gedünstet oder überbacken.

Fenchelsamen

Die in den Dillblüten ähnelnden Blütenständen des Fenchels reifenden Samen haben eine intensive Anisnote.
Verwendung: Zutat in Gewürzsäckchen für Suppen und Eintöpfe, Brot- und Einmachgewürz. Gemahlen sind Fenchelsamen Bestandteil vieler Gewürzmischungen.

Feta

Der in Lake eingelegte Halbfeste → Schnittkäse ist ein traditioneller Hirtenkäse, wie er in vielen Mittelmeerländern hergestellt wird. Im Bild Griechischer Feta aus Schafmilch, mit 50 % F. i. Tr. Weißer Teig, halbfest bis weich in der Konsistenz.
Verwendung: Mit mediterranen Gewürzen, Oliven und Brot ist Feta eine Delikatesse für sich. Man kann ihn aber auch für Salate zum Überbacken sowie (zerdrückt) für Dips verwenden.

→ **Fettuccine** siehe bei **Bandnudeln**
Filata-Käse siehe bei **Pasta-Filata-Käse**

Fisch

Speisefische stammen aus Flüssen und Seen sowie aus dem Meer. Der weitaus größte Teil des verzehrten Fischs ist Salzwasserfisch – dank moderner Transport- und Kühlsysteme in großer Vielfalt auch in meerfernen Regionen. Und nur der Preis macht oftmals noch deutlich, dass es sich bei den meisten Fischen nach wie vor um »Wild« im eigentlichen Sinne handelt.

Der Fischfang ist in den Küstenregionen seit alters her ein wichtiger Erwerbszweig und erschließt noch immer eine bedeutende Nahrungsquelle – ganz gleich, ob mit High-Tech-Methoden oder traditionell mit Angel, Reuse oder Kescher gefangen wird.

FISCH

Fischfang und -zucht

Mit modernen Fangschiffen werden riesige Mengen Seefisch gefangen und bereits auf See verarbeitet. Manche Meeresgebiete sind daher überfischt. Viele Fischbestände sind auch durch Umweltverschmutzung bedroht. Das kann durch Fischzucht nur teilweise ausgeglichen werden und ist mit der Grund für den hohen Preis mancher Arten.

Aquakultur hat bei Süßwasserfisch eine alte Tradition: In China etwa werden seit Jahrtausenden Fische in Reisfeldern gehalten, wo sie gleichzeitig Schädlinge vernichten. In Europa wurde in Klöstern schon im Mittelalter Teichwirtschaft betrieben. Der größte Teil des verzehrten Süßwasserfischs stammt heute aus Zuchtteichen. Aquakultur von Meeresfischen wird noch nicht so lange betrieben. Sie ist schwieriger, bringt aber steigende Erträge. Diese Zuchtmethode eignet sich jedoch nicht für jede Fischart; darüber hinaus wird konventionelles Farming von Umwelt- und Tierschutzverbänden kritisiert. Fischzucht in Bio-Farmen ist daher ein wachsender Markt.

Fisch auf dem Markt

Unverarbeiteter Fisch kommt frisch und tiefgefroren in den Handel – im Ganzen, in Teilstücken, etwa Tranchen, und als Filets. Verarbeiteter Fisch wird in vielfältigen Formen angeboten: z. B. konserviert mit Salz, Essig oder Marinaden, durch das Einlegen in Öl, durch Räuchern. In einigen Ländern Nord- und Südeuropas schätzt man auch getrockneten Fisch (→ Klippfisch, Stockfisch). Hier zu Lande steigt insbesondere die Nachfrage nach Halbfertiggerichten für die Pfanne oder den Backofen (z. B. Fischfilets mit Auflage, in Panade).

Filet von weißfleischigem Fisch, hier Dorschfilet, schmeckt in Butter gebraten hervorragend.

Zubereitung von Fisch

Frischer Fisch wird meist ausgenommen (und falls nötig geschuppt) im Handel angeboten. Den Fisch dann vor der Zubereitung nochmals kalt abspülen und abtupfen. Säuern vor dem Garen ist nur nötig, wenn das Fischfleisch eine entsprechende Aromanote bekommen oder das Fleisch fester werden soll. Gesalzen wird Fisch frühestens kurz vor dem Garen/Braten, insbesondere beim Braten oft auch erst währenddessen.

F

Fleischkäse

Wird auch Leberkäse (ursprünglich Laib-Käse) genannt, was einen Hinweis auf die klassische Kastenform gibt. Fleischkäse gehört zu den → Brühwürsten. Er wird aus Rind- und/oder Schweinefleisch, aber auch aus Putenfleisch hergestellt und ohne Hülle in der Form gebacken. Im Bild ein Bayerischer Leberkäse, eine grobe Variante mit reiskorngroßen Fleischstückchen im Brät. Fleischkäse schmeckt warm, frisch aus dem Ofen in dicken Scheiben, oder kalt als Aufschnitt; dazu gehört in jedem Fall Senf und Brot.

Fleischwurst

Traditionell wird Fleischwurst als → Brühwurst aus Rind- und Schweinefleisch hergestellt. Im Bild Fleischwurst aus Geflügelfleisch, die sich nicht zuletzt wegen ihres geringeren Fettgehalts zunehmender Beliebtheit erfreut. Es gibt auch Sorten mit würzenden und farbgebenden Einlagen, etwa Paprikastückchen wie im Bild in der Mitte.

Fliegender Fisch

Die kleinen silbrig glänzenden Fische sind Hochseebewohner der tropischen Meere, man fängt sie aber auch in geringen Mengen im Mittelmeer.
Zubereitung: Fliegende Fische schmecken am besten frittiert. Auf Sizilien werden sie zuvor mit Weißbrotbröseln, gemahlenen Pinienkernen und Pecorino paniert.

FLEISCHKÄSE – FLUSSBARSCH F

Flügelbutt

Der Flügel- oder Glasbutt (im Bild) ist ein transparenter Plattfisch mit sandfarbener, gefleckter Oberseite. Er kommt, wie auch sein Verwandter, der noch hellere Gefleckte Flügelbutt, vom Nordostatlantik bis zum Mittelmeer vor. Beide Fischarten werden frisch und tiefgefroren angeboten.

Flunder

Der Plattfisch lebt im Nordostatlantik, in der Ostsee sowie im westlichen Mittelmeer und findet in den Anrainerländern für viele regionale Spezialitäten Verwendung. Mit ihrem besonders mageren, zarten Fleisch schmeckt die Flunder insbesondere in Butter gebraten sehr fein.

Flussbarsch

Der in Mitteleuropa häufig vorkommende Fisch, der leider nur selten im Handel angeboten wird, gehört zu den feinsten Süßwasserfischen. Er eignet sich für alle Garmethoden, doch besonders die Filets, mit Haut in Butter gebraten, sind eine Delikatesse.

F

Flusswels

Der Flusswels oder Waller hat ein fast grätenloses weißes Fleisch, das sich in der Konsistenz mit dem des → Seeteufels vergleichen lässt. Große Fische können jedoch sehr fett sein.
Zubereitung: im Ganzen oder als Filets gebraten, gebacken, gegrillt

Fontina/Fontal

Der im italienischen Aostatal hergestellte Kuh-Rohmilchkäse mit mind. 45 % F. i. Tr. schmeckt würzig und leicht süßlich. Er hat einen hellen und leicht schmelzenden Teig. Fontal nennt man Käse, die wie Fontina, jedoch aus pasteurisierter Milch hergestellt werden und damit milder im Geschmack sind.
Verwendung: Fontina und Fontal eignen sich besonders gut zum Kochen (für Käsesaucen, Käsesuppen), für Käsefondues sowie zum Überbacken.

Forelle

Von den zu den Lachsfischen gehörenden Forellen wird beiderseits des Atlantiks hauptsächlich die Regenbogenforelle (im Bild oben) gezüchtet. Erhält sie entsprechendes Futter, färbt sich ihr Fleisch lachsrosa, weshalb solche Exemplare hier zu Lande als »Lachsforelle« gehandelt werden. Im Bild außerdem die Goldforelle (Mitte) – eine besonders schön gefärbte Regenbogenforelle – sowie die Bachforelle (unten).
Zubereitung: im Ganzen gebraten oder blaugekocht

FLUSSWELS – FRANZOSENDORSCH

Fourme d'Ambert

Der ursprungsgeschützte → Blauschimmelkäse aus Kuhmilch (mind. 45 % F. i. Tr.) wird im nördlichen französischen Zentralmassiv produziert. Er hat einen ausgeprägt pikanten, leicht bitteren Geschmack.

Frankfurter (Würstchen)

Lang, dünn, würzig und leicht geräuchert sind diese beliebten → Brühwürstchen. Als »Frankfurter« dürfen rechtmäßig allerdings – zumindest in Deutschland – nur jene Würstchen bezeichnet werden, die auch tatsächlich in Frankfurt oder dem näheren Umland hergestellt werden. Andernorts produzierte müssen »nach Frankfurter Art« genannt werden.
Zubereitung: in heißem Wasser erhitzt, dazu Senf und Brot

Franzosendorsch

Der Franzosendorsch kommt an den europäischen Atlantikküsten sowie im westlichen Mittelmeer vor.
Zubereitung: im Ganzen gedämpft oder gedünstet, die Filets kurz in Butter gebraten

→ Foie gras siehe bei **Stopfleber**

Frischkäse

Als Frischkäse werden Käse bezeichnet, die unmittelbar nach der Herstellung – dem Säuern der Milch – verzehrt werden. Frischkäse durchlaufen also keine Reifungsphase, sind entsprechend wasserreich und besitzen keine Rinde. Daher sind sie ohne weitere Behandlung auch nicht lange lagerfähig.

Zu den bekanntesten Frischkäsen gehören Quark, die italienische Ricotta, der französische Fromage blanc oder der englische Cottage cheese. Das Angebot ist riesig – Frischkäse schmecken pur, aber auch mit Kräutern.

FRISCHKÄSE

Herstellung

Auch für die Herstellung jeglicher Art von Frischkäse muss die Milch zunächst dickgelegt werden (siehe auch Produktinformation Käse, S. 169). Das geschieht in diesem Fall – anders als bei gereiften Käsen – ausschließlich durch Milchsäurebakterien. Der entstehende Sauermilchquark wird je nach Sorte mehr oder minder fein zerkleinert, so dass die Molke ablaufen kann, und – ebenfalls je nach Sorte – weiterverarbeitet: beispielsweise gepresst oder zentrifugiert, was ihm noch weitere Molke entzieht, nochmals erhitzt (→ Frischkäse, körniger) oder mit Sahne versetzt (für Sahnequark, Doppelrahmfrischkäse u. Ä.).

Ziegenfrischkäse mit seinem milden, aber charakteristischen Geschmack in Form von Käsehäppchen – nach Belieben umhüllt von aromatisierenden Kräutern oder Gewürzen.

Besondere Arten von Frischkäse

Nicht aus Milch, sondern aus gesäuerter Sahne wird der italienische → Mascarpone hergestellt. Für eine weitere italienische Frischkäsespezialität, → Ricotta, ist die Molke, die bei der Herstellung von Käse anfällt, die Ausgangsbasis: Durch Erhitzen der Molke setzen sich Eiweiß und andere Inhaltsstoffe an der Oberfläche ab und können abgeschöpft werden.

In den jeweiligen Erzeugerländern werden als Frischkäse auch »Zwischenprodukte« bei der Herstellung von gereiftem Käse verzehrt, etwa → Zi(e)ger, Caš (der Bruch von → Caškaval) oder der Bruch, aus dem → Cheddar hergestellt wird.

Verwendung von Frischkäse

Frischkäse eignet sich in der kalten Küche gut als Brotbelag sowie als Beigabe zu Salaten, rohem Gemüse und Obst, aber auch als Basis oder Zutat zu Saucen, Dips und Cremes. Besonders die pikanten Ziegen- und Schafsfrischkäse bieten hier vielfältige Möglichkeiten für pikante Kreationen.

Zum Kochen eignen sich vor allem sehr fettreiche Frischkäse (Doppelrahmfrischkäse, »Cream cheese«, Mascarpone), etwa zum Verfeinern von Saucen. Zum Backen dagegen ist jede Art von Frischkäse geeignet, sei es als Hauptzutat von Teigen (Quark-Öl-Teig) oder auch als Basis von Füllungen und Belägen (Quarkkuchen).

101

Frischkäse, körniger

Er ist oft auch unter der Bezeichnung Hüttenkäse im Handel. Wegen der besonderen Art der Herstellung, das nochmalige Erhitzen des zerkleinerten Käsebruchs, besteht dieser Frischkäse aus kleinen weichen Körnchen. Im Bild oben im Sieb eine Sorte mit 20 % F. i. Tr., darunter ein amerikanischer »Creamed cottage cheese« mit Sahnezusatz.

Frisée

Wird auch Krause Endivie genannt, im Bild eine Mini-Sorte mit den charakteristischen gelben Innenblättern; wie alle Endivien leicht bitter im Geschmack, nicht so gut haltbar wie die Glatte → Endivie. Grüner Frisée, der durchgängig dunkelgrüne Blätter hat, ist vorwiegend im Winter auf dem Markt.

Frittierfett

Frittierfett ist hoch erhitzbares Fett (pflanzlichen und/oder tierischen Ursprungs) von neutralem Geschmack. Man bekommt es in Platten- und Riegelform, aber auch in Bechern. Obwohl es für sehr hohe Temperaturen geeignet ist, wird auch Frittierfett bei wiederholter Benutzung ranzig. Das erkennt man am intensiven, unangenehmen Geruch, aber auch an einer Dunkelfärbung des Fetts sowie einer Rauchentwicklung. Daher Frittierfett nicht öfter als 4–6 Mal verwenden.

FRISCHKÄSE – FUSILLI

Fuet

Diese salamiähnliche spanische → Rohwurstspezialität aus Schweinefleisch wird vor allem in der Provinz Barcelona hergestellt. Fuet hat einen milden Geschmack und wird vorzugsweise als Tapa verzehrt. Kühl und trocken gelagert hält sich die Wurst etwa 6 Monate.

Fünf-Gewürze-Pulver, Chinesisches

Chinesisches Fünf-Gewürze-Pulver besteht üblicherweise zu gleichen Teilen aus Sternanis, Zimtrinde, Szechuan-Pfeffer, Nelken und Fenchelsamen. Es hat einen würzig-blumigen Duft.
Verwendung: in fernöstlichen Reis- und Fleischgerichten, in Suppen und Eintöpfen mit Hülsenfrüchten

→ Fromage blanc siehe bei **Frischkäse**
Fructose siehe bei **Zucker**
Frühlingszwiebel siehe bei **Lauchzwiebel**
Fusilli siehe bei **Spiralnudeln**

G

Gabeldorsch

Obwohl er auch im Nordostatlantik vorkommt, ist der Fisch mit seinem wohlschmeckenden Fleisch nur im Mittelmeerraum als Speisefisch von Bedeutung und wird dort viel gefangen.
Zubereitung: als Filet oder Kotelett

Galgant, frisch

Von der zu den Ingwergewächsen gehörenden, in Asien heimischen Pflanze werden lediglich die verdickten Rhizome verwendet. Frischer Galgant erinnert im Aroma an → Ingwer, ist aber milder als dieser. Hier zu Lande ist er allerdings meist nur getrocknet (siehe das folgende Stichwort) erhältlich.
Verwendung: geschält oder gehackt und in Scheiben geschnitten wie → Ingwer

Galgant, getrocknet

Getrockneter gemahlener Galgant wird in der indonesischen und malaiischen Küche wie → Ingwer verwendet (z. B. bei der Reistafel, im Nasi Goreng). Er bringt aber auch in Fleisch- und Wildgerichte sowie in asiatische Desserts, hier zu Lande auch in Kräuterliköre und Lebkuchen einen frischen und zugleich pfeffrigen Geschmack.

→ **Galathée rouge** siehe bei **Tiefwasser-Springkrebs**
Galizier siehe bei **Sumpfkrebs**

GABELDORSCH – GÄNSEKRAUT

Gamalost

Norwegischer → Sauermilchkäse mit körnigem und durch das Karamellisieren der Milch braunem, körnigem Teig. Die Oberfläche dieses Käses wird mit speziellem Köpfchenschimmel versetzt. Dadurch ist er charakteristisch pikant im Geschmack.

Gans

Die zu den Entenvögeln gehörenden Gänse wiegen nach einer Intensivmast von etwa 15 Wochen 4,5–5,5 kg. Bei Weidehaltung dauert es etwa doppelt so lange, bis die Tiere dieses Gewicht erreicht haben, womit sie ausreichend sind für ein Gericht für 6–8 Personen. Das Fleisch von Gänsen ist fetter als das von → Enten und im Geschmack wildähnlicher.
Zubereitung: im Ganzen gebraten, seltener geschmort oder gegrillt, roh geräuchert (siehe unten)

Gänsebrust, geräuchert

Qualitativ sehr hochwertige geräucherte Gänsebrust kommt aus Mecklenburg, Pommern und dem angrenzenden Polen. Auf dem Bild zwei Gänsebrüste mit der Fleischseite aufeinander gelegt geräuchert – sie weisen daher einen fast umlaufenden Fettmantel auf.
Verwendung: in dünne Scheiben geschnitten als Brotbelag oder feine kalte Vorspeise

→ **Gänsekraut** siehe bei **Beifuß**

Garnele

Granat/Sandgarnele

Wird in den Häfen des Nordatlantiks bereits gekocht angelandet und als »Nordseekrabbe« gehandelt. Die kleine Garnele schmeckt am besten frisch aus der Schale gepult.

Grönland-Shrimp

Wird auch Tiefseegarnele genannt; eine kleine, im Nordatlantik und -pazifik verbreitete Kaltwasserart. Hohe Qualität, vorzüglicher Geschmack.

Klein, aber fein

Die wirtschaftlich wichtigsten Krustentiere werden auf allen Ozeanen in großen Mengen gefischt und in warmen Gewässern auch mit großem Erfolg gefarmt. Angeboten werden Garnelen frisch und tiefgefroren, roh oder gekocht, im Ganzen, ohne Kopf, ganz oder nur teilweise geschält.

Sägegarnele

Sie gehört zu den besonderen Delikatessen – intensiv befischt wird sie an den Küsten des Mittelmeers und an den südlichen Atlantikküsten Europas.

Ostseegarnele

Die feine Garnele – die auch im Mittelmeer und im Schwarzen Meer zu finden ist – gelangt hier zu Lande nur noch an der Ostseeküste ins Angebot.

GARNELE

Garnele

Hauptmannsgarnele

Diese Garnele ist eine der wirtschaftlich bedeutenden Garnelen Asiens; Hauptexporteur ist China. Sie besitzt ein ausgesprochen schmackhaftes Fleisch.

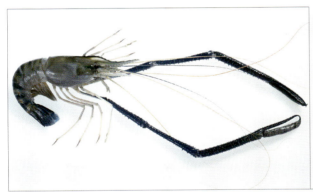

Rosenberggarnele

Die bis zu 32 cm lange Süßwassergarnele ist leicht an den langen Scheren zu erkennen. Allerdings wird sie selten im Ganzen angeboten; meist kommt sie als tiefgefrorener »Hummerkrabben-Schwanz« zum Verkauf.

Schiffskielgarnele

Sie zählt zu den größten auf dem Markt angebotenen Garnelen – wird zumeist als »Tiger Prawn« angeboten –, im Geschmack ist sie jedoch anderen Riesengarnelen unterlegen.

Geflügel

Hühner- und Entenvögel sind ideale Nutztiere: Sie brauchen wenig Platz und Pflege, geben Eier, Fleisch und Federn. Ihr Fleisch hat wenig Fett und viel Eiweiß; es ist vielseitig und rasch zuzubereiten, außerdem preiswert. Aus Geflügelfleisch werden Wurst, Schinken, geräucherte Brust von Pute, Gans und Ente sowie Schmalz und Confit hergestellt.

In Mexiko, ihrer ursprünglichen Heimat, kommen Truthühner vielfach aus Freilandhaltung auf den Markt. Sie haben ein muskulöseres, kernigeres Fleisch als die in Intensivbetrieben aufgezogenen Tiere.

GEFLÜGEL

Hühnervögel

HÄHNCHENFLEISCH wird ganz und in Teilen, frisch und tiefgefroren angeboten. Wegen der besonderen Fleischqualität sind Hühnerrassen aus Frankreich besonders beliebt. Die offizielle Verkaufsbezeichnung für ganze Tiere ist »Hähnchen«, Kann-Bezeichnungen sind Stubenküken (für junge Hähnchen), Junghuhn oder Poularde (für ältere, schwerere Hähnchen), daneben gibt es Suppenhühner (Leghennen) und Kapaun (kastrierte Junghähne, nur als Importware).

TRUTHÜHNER (→ Pute) sind die größten Hühnervögel: Ein Hahn kann über 18 kg wiegen. Meist kauft man Truthahn/Pute in Teilstücken (Schnitzel, Keule). Für einen Truthahnbraten nimmt man am besten eine Babypute, die nur etwa 3 kg wiegt.

Coq au vin. Für das klassische französische Schmorgericht wird Hähnchen in Wein mit reichlich Kräutern geschmort.

Ente und Gans

Sie haben als Wasservögel unter der Haut relativ viel Fett, die besten Zubereitungsarten sind daher Grillen und Braten – am besten auf dem Rost, damit das Fett ablaufen kann. Ihre Leber wird oft zur → Stopfleber gemästet, eine Spezialität, deren Herstellung im deutschsprachigen Raum aus Tierschutzgründen verboten ist.

Straußenvögel

Strauße werden vorwiegend in Südafrika, USA und in Israel, der nah verwandte Emu in Australien gezüchtet. Beide liefern sehr mageres und schmackhaftes Fleisch, das in Farbe und Konsistenz eher an Rindfleisch als an Geflügelfleisch erinnert.

Umgang mit Geflügelfleisch

Wegen der Salmonellengefahr ist Hygiene bei der Vor- und Zubereitung sehr wichtig. Aufgetaute TK-Ware darf nicht wieder eingefroren werden. TK-Ware beim Auftauen nicht mit anderen Lebensmitteln in Berührung bringen, Flüssigkeit abgießen. Arbeitsgerät und -flächen sowie Hände gründlich heiß waschen. Geflügelfleisch außerdem immer durchgaren.

Informationen zu Wildgeflügel unter den Stichworten → Perlhuhn, → Wild, → Wachtel.

109

Geflügelwurst

Beliebt ist aus Geflügelfleisch hergestellte → Brühwurst insbesondere wegen ihres geringen Fettgehalts. Im Bild eine Wurst mit einem Brät aus Hähnchenfleisch und Stücken von der Hähnchenbrust als Einlage, mit grünem Pfeffer kräftig gewürzt.

Gelatine

Ein aus tierischen Produkten gewonnenes Eiweiß, das zum Gelieren dient. Wird in Blattform oder gemahlen angeboten, beides in Weiß oder Rot.
Verwendung: in kaltem Wasser eingeweicht und in heißer, nicht kochender Flüssigkeit aufgelöst zum Andicken und Binden von Süßspeisen, Aspik, Gelee oder Sülze

Gelbwurst

Eine → Brühwurst mit sehr feinem, nicht umgeröteten und daher sehr hellem Brät aus Kalb-, Schweine- und manchmal auch Rindfleisch. Typisch ist die intensiv gelb gefärbte Hülle. Wird auch mit Petersilie im Brät angeboten.

→ Gelbschwanzmakrele siehe bei **Bernsteinmakrele**
Gelbwurz siehe bei **Kurkuma**

Gerste

Ganzes Korn

Gerste wird – wie Hafer und Roggen – traditionell in Gegenden angebaut, in denen Weizenanbau aus klimatischen Gründen oder wegen der schlechten Böden nicht möglich ist. Im Bild Saatgerste, bereits von den Spelzen befreit. Es gibt auch spelzfreie Sorten (Nacktgerste) mit kürzerer Garzeit.
Verwendung: für Vollwertgerichte, deftige Eintöpfe, gequollen im Müsli, zur Herstellung von Malz, Mehl, Flocken, Grütze und Graupen (siehe die Stichworte unten)

Mittelgroße Graupen

Graupen gewinnt man durch Polieren von entspelzten, geschälten, eventuell auch gebleichten Getreidekörnern. Sie werden nicht nur aus Gerste, wie im Bild, sondern auch aus → Weizenkörnern hergestellt. Graupen sind generell länger lagerfähig als die ganzen Körner.
Verwendung: für Eintöpfe, Aufläufe, Suppen

Perlgraupen

Sie sind die feinsten Graupen, die sowohl aus entspelzten, rund geschliffenen und polierten Gerstenkörnern (im Bild) als auch aus → Weizenkörnern hergestellt werden.
Verwendung: vor allem als Suppeneinlage

Getreide

Getreide gehört botanisch zu den Gräsern. Es wird seit frühester Zeit von Menschen kultiviert und erst sein Anbau ermöglichte ihnen die Sesshaftigkeit: Wegen der Lagerfähigkeit von Getreide konnte man Vorräte anlegen und Handel treiben. In den Entwicklungsländern deckt Getreide als Grundnahrungsmittel immer noch 90 % des täglichen Eiweiß-Bedarfs.

Klein, aber wertvoll: Getreidekörner sind ein lebensnotwendiges Nahrungsmittel, ohne das die Ernährung der Weltbevölkerung nicht möglich wäre.

GETREIDE

Getreidearten

Im Fernen Osten ist → Reis am weitesten verbreitet (zum Thema Reis siehe auch die Informationen auf Seite 298/299), im westlichen Asien und in Europa → Weizen, früher auch → Gerste, in Nordosteuropa → Roggen und → Hafer, in Nordamerika → Mais, in Afrika → Hirse. Alte Getreidearten, z. B. → Kamut und Dinkel hat man wiederentdeckt. → Quinoa, → Amaranth und → Buchweizen sind eigentlich keine Getreide, haben aber ähnliche Eigenschaften.

Inhaltsstoffe

Auch zum Füllen von Gemüse kann man gegartes Getreide, wie hier Couscous, gut verwenden.

Ein von der äußeren Hülle (Spelze) befreites Getreidekorn besteht aus Schale (Kleie), Mehlkörper und Keim. Die Kleie ist ballaststoff- und mineralstoffreich. Der Mehlkörper besteht im Wesentlichen aus Stärke, enthält aber auch (für die Teigbildung wichtige) Eiweiße. Der Keim besitzt einen hohen Fettanteil, weshalb man aus ihm Öl gewinnen kann (z. B. Maiskeimöl).

Mehl & Co.

Durch das Vermahlen von Getreidekörnern entstehen Schrot, Grieß, Dunst und Mehl. Man bezeichnet diese Mahlprodukte mit Typenzahlen, abhängig vom Ausmahlungsgrad, d. h. vom Anteil der mitvermahlenen Randschichten. Ungeschält und mit Keim vermahlenes Getreide ist ernährungsphysiologisch am wertvollsten.

Weitere Verarbeitungsprodukte

Grütze besteht aus geschälten, grob zerkleinerten Körnern von Hafer, Gerste und Buchweizen. → Bulgur ist vorgegarter, geschälter und zerkleinerter Hartweizen. Graupen entstehen durch Zerkleinern, Polieren und Schleifen von Gersten- oder Weizenkörnern. Flocken lassen sich aus allen Getreidesorten durch Pressen herstellen.

Verwendung

Getreide verwendet man zum Backen, für Nudelteige, für Suppen und Breie, geschrotet fürs Müsli; zur Herstellung von Cerealien wie Cornflakes oder Schnitten; die ganzen Körner für Getreidebeilagen oder gekeimt zum Rohessen (→ Sprossen).

113

Gewürznelke

Gewürznelken sind die getrockneten Blütenknospen des Nelkenbaums. Sie haben einen scharfen Geschmack und verströmen einen zartaromatischen, blumigen Duft.
Verwendung: gemahlen und ganz vielseitig verwendbar für Gebäck, Kompott und Desserts, für Suppen und Saucen, Wild-, Fisch-, Fleisch- und Gemüsegerichte

Gingkonuss

Als Gingkonüsse werden die hellbeigen bis grünen Keimlinge des in den kühlen Regionen der gemäßigten Breiten Asiens heimischen Gingkobaums bezeichnet. Sie sind im Geschmack am ehesten mit Pistazien vergleichbar.
Zubereitung: Gingkonüsse werden immer gegart verzehrt, in der chinesischen und japanischen Küche kennt man sie gekocht, geröstet oder gebraten.

Glasschmalz

Wird auch Salzkraut und Queller genannt. Den Namen Glasschmalz erhielt das Kraut, weil es früher bei der Glasherstellung der Glasmasse zur Herabsetzung des Schmelzpunktes beigesetzt wurde. Das Kraut kommt in Massenbeständen besonders an flachen Küsten der Nord- und Ostsee vor.
Verwendung: roh als Salat, gedünstet oder gekocht als Gemüse; ist nur jung essbar

GEWÜRZNELKE – GLOUCESTER

Glattbutt

Der Plattfisch wird sowohl frisch als auch tiefgefroren angeboten. Aufgrund seiner Größe wird der Glattbutt in der Regel filetiert oder in Tranchen geschnitten zubereitet. In dieser Form eignet er sich für alle Garmethoden, ideal ist er aber zum Dämpfen und Dünsten.

Gloucester, Double

Der englische Käse mit 48 % F. i. Tr. wird nach → Cheddar-Art hergestellt. Sein Teig hat eine feine, seidige Struktur und ist milder im Geschmack als Cheddar.
Im Bild ein naturfarbener Double Gloucester, es gibt ihn aber auch mit orange gefärbtem Teig.

→ Ghee siehe bei **Schmalz, Butterschmalz**
Giebel siehe bei **Silberkarausche**
Gjetost siehe bei **Molkenkäse**
Glasbutt siehe bei **Flügelbutt**

Glutamat

Natriumsalz eines pflanzlichen Eiweißbausteins, der nur in China noch aus Seetang hergestellt wird, ansonsten aus Getreide, Sojabohnen oder Zuckerrüben. Das feine weiße, geruchlose Pulver kann den salzigen oder süßen Eigengeschmack von Speisen verstärken; ist in vielen Fertigwürzprodukten bereits enthalten.
Verwendung: wie Kochsalz, aber sparsam dosieren

Goldbrassen

Der zur Famile der Meerbrassen gehörende Fisch, gut bekannt unter seinem französischen Namen »Dorade royale«, besitzt festes weißes und grätenarmes Fleisch und ist ausgesprochen schmackhaft.

Goldgelbe Koralle

Die Goldgelbe Koralle ist ein Vertreter der Gattung der Korallenpilze. Seine Astspitzen sind jung intensiver gelb, später gleichmäßig goldgelb gefärbt. Das Fleisch ist im Strunk weiß und schmeckt mild mit einer leicht bitteren Note. Nur junge Exemplare verwenden.

→ **Gnocchi** siehe bei **Nudeln, geformte,** siehe bei **Kartoffeln (S. 164)**
Goldbarsch siehe bei **Rotbarsch**

GLUTAMAT – GOMASIO

Goldmakrele, Große

Der vorwiegend im Mittelmeer lebende Fisch wird bis zu 2 m lang und 30 kg schwer. Die Große Goldmakrele ist ein begehrter Speisefisch, kommt aber nur in geringen Mengen auf den Markt.

Goldstriemen

Der zur Familie der Schnapper bzw. → Snapper gehörende Raubfisch kommt im Mittelmeer häufig vor. Das Fleisch ist von mittlerer Qualität.
Zubereitung: In Italien ist der Goldstriemen ein beliebter Grillfisch; er wird gern kräftig mit Knoblauch und Kräutern gewürzt.

Gomasio

Für diese japanische Gewürzmischung werden leicht angeröstete Sesamsamen grob zerstoßen und mit Salz gemischt.
Verwendung: In Japan dient die Mischung als Würze für Reis- und Gemüsegerichte.

117

G

Gorgonzola

Der berühmteste italienische → Blauschimmelkäse; im Bild ein würziger Gorgonzola piccante. Er ist aufgrund der längeren Reifezeit (3–6 Monate) wesentlich kräftiger im Geschmack als ein Gorgonzola dolce (siehe das Bild auf Seite 40).

Gouda

Der wohl bekannteste Vertreter aus der Familie der → Schnittkäse. Im Bild Gouda in unterschiedlichen Reifegraden, wie er in den Niederlanden hergestellt wird: unten junger (1–6 Monate gereifter), milder Gouda mit geschmeidigem Teig. So wird er auch in Deutschland produziert. Bereits kräftiger schmeckt der mittelalte Gouda darüber. Würzig-pikant wird der Käse nach einer Reifezeit von über 1 Jahr (im Bild ganz oben); dann gehört er von der Konsistenz her zu den → Hartkäsen.

Gouda, Ziegengouda

Gouda aus Ziegenmilch wird sowohl in den Niederlanden als auch in Deutschland hergestellt. Er entspricht in der Konsistenz dem Kuhmilchgouda, hat jedoch das ausgeprägt würzige Aroma der Ziegenmilch. Im Bild ein Ziegengouda aus Deutschland, mit deutlich gereiftem Teig unter einer festen Rinde.

GORGONZOLA – GRAPEFRUIT

Grana Padano

Der italienische → Hartkäse aus Kuhmilch gehört zu den ursprungsgeschützten italienischen Käsen: Er wird ausschließlich in der Lombardei hergestellt. Man erkennt die Käselaibe am Brandsiegel mit dem Kleeblatt.
Verwendung: fein gerieben oder in Späne gehobelt ideal zum Abrunden von Speisen, in kleine Stücke gebrochen auch pur zum Wein vorzüglich

Granatapfel

Die hartschaligen Früchte stammen aus dem Mittleren Osten. In der Küche verwendet werden nur die fleischigen, weißen bis roten, süßsäuerlichen Samenhüllen. Man löst sie aus, indem man den Granatapfel auseinander bricht.
Verwendung: zum Rohessen, für Desserts, auch als Würze in pikanten Gerichten oder als dekorative Garnitur, für die Zubereitung von Saft und Sirup

Grapefruit

Bei der Grapefruit handelt es sich wahrscheinlich um eine Zufallskreuzung aus → Pampelmuse und → Orange. Je nach Sorte sind Schale und Fruchtfleisch von Grapefruits hellgelb bis rosarot (siehe das Bild auf der folgenden Seite); für den Geschmack gilt als Faustregel: Gelbfleischige Früchte sind herber, meist auch bitterer als rotfleischige.
Im Bild 'Marsh', die marktbeherrschende gelbfleischige Grapefruitsorte. Sehr saftig, nur wenige Kerne oder kernlos.

→ Granadilla siehe bei **Passionsfrucht**
Granat siehe bei **Garnele**

119

G

Grapefruit, Rosa

Im Bild die Sorte 'Marsh Rosé', eine sowohl außen als auch im Fruchtfleisch leicht rosa gefärbte Grapefruit. Sie hat wie die meisten rosa Grapefruits einen etwas höheren Zuckergehalt als die gelbe 'Marsh' (siehe das Bild auf der vorigen Seite).

Graubarsch

Der auch Seekarpfen und in Frankreich »Dorade rosé« genannte Fisch gehört zur Familie der Meerbrassen. Er ist im Ostatlantik von Norwegen bis Mauretanien sowie im Mittelmeer verbreitet.
Zubereitung: im Ganzen braten oder grillen

Graukäse

Diese österreichischen, zur Gruppe der → Sauermilchkäse gehörenden Käse reifen zuweilen so lange, dass sie als Reibkäse verwendet werden können und dann einen säuerlich salzscharfen Geschmack haben. Auch der Schabzieger →Zi(e)ger gehört zu dieser Gruppe.
Im Bild Steirischer Graukäse, der traditionell mit Essig, Öl und Zwiebeln gegessen wird.

GRAPEFRUIT – GRÜNKERN

Grenadierfisch

Der im Nordatlantik verbreitete Fisch mit dem großen Kopf und den riesigen Augen ist hier zu Lande leider nur recht selten im Angebot. Das fast grätenfreie magere Fleisch des Grenadierfischs ist von bester Qualität, allerdings machen die Filets nur etwa ein Drittel seines Gewichts aus.

Greyerzer

Aus der Westschweiz und dem französischen Jura kommt der Greyerzer oder Gruyère. Der → Hartkäse wird aus Rohmilch von der Kuh hergestellt und hat mind. 50 % F. i. Tr. Greyerzer hat eine charakteristische kleinen Lochung und bedarf einer Reifezeit von 4–8 Monaten, nach der er wunderbar würzig schmeckt.

Grünkern

Grünkern nennt man halbreif geerntete, entspelzte, gedarrte → Dinkelkörner. Würziger, leicht rauchiger Geschmack. Er ist als Korn, geschrotet und als Mehl erhältlich.
Verwendung: als ganzes Korn für Suppen und Eintöpfe, als Getreide-Beilage – Garzeit im gequollenen Zustand ca. 40 Minuten, geschrotet für Getreidebratlinge, gemahlen für Brote

→ **Graupen** siehe bei **Gerste**
Grieß siehe bei **Weizen**
Grönland-Shrimp siehe bei **Garnele**

G

Grünkohl

Der roh intensiv grüne krausblättrige Kohl wird wegen seiner Farbe nach dem Kochen auch Braunkohl genannt. Am besten schmeckt er, wenn er kurz vor der Ernte ein Mal Frost abbekommen hat, was den Kohlgeschmack mildert.
Zubereitung: mit Schmalz geschmort, oft mit Gepökeltem, Geräuchertem, mit Kochwürsten als Einlage
In Italien kennt man eine dunkle langblättrige Grünkohlvarietät, dort »Cavolo nero« (Schwarzkohl) genannt.

Grünling

Wird auch Echter Ritterling und Grünreizker genannt. Der Hut des vorzüglichen Speisepilzes kann in der Farbe variieren. Charakteristisch sind allerdings die gelben Lamellen an der Unterseite und sein weißes Fleisch. Süßlich haselnussartig im Geschmack; roh nicht essbar.

Grunzer

Den Namen »Grunzer« tragen die Fische wegen des Geräusches, das sie mit den Zähnen erzeugen. Sie bevorzugen warme Gewässer und haben ein geschmacklich hervorragendes Fleisch.
Im Bild der Silber-Grunzer, der von den Seychellen unter dem Handelsnamen »Capitaine du port« exportiert wird; eignet sich für alle Zubereitungsarten.

GRÜNKOHL – GUAVE

Grützwurst, Mecklenburger

→ Kochwurst – hier im Leinenbeutel – mit einem Brät aus Schweinefleisch, Innereien, Blut, Fett- und Bindegewebe, dazu Gersten- oder Hafergrütze.
Verwendung: Deftig im Geschmack und gehaltvoll, wird Grützwurst warm in kräftigen Eintöpfen verzehrt.

Grützwurst/Pinkel

Diese → Kochwurst ist nach ihrer Hülle (dem Darm) benannt; es gibt sie aber auch im Leinenbeutel (siehe oben). Sie besteht vor allem aus Binde- und Fettgewebe vom Schwein, mit Hafergrütze und Zwiebeln, pikant-scharf gewürzt.
Verwendung: in Bremen, Niedersachsen und Westfalen traditionell zu → Grünkohl serviert

Guave

Heute kultiviert man Guavenbäume vielerorts in den Tropen und Subtropen. Das saftige Fleisch der ei- bis birnenförmigen Früchte umschließt die Pulpe mit den zahlreichen Kernen. Im Bild eine rosa Guavensorte. Die Schale ist erst grün und wird dann hellgrün oder gelb. Es gibt auch Sorten mit grünlich weißem sowie rotem Fruchtfleisch.
Verwendung: dünn geschält zum Rohessen, für die Zubereitung von Gelee, Süßspeisen, Saft, als Belag von Obstkuchen

→ Gruyère siehe bei **Greyerzer**, siehe bei **Comté**

123

Gurke

Salatgurke

Die in Europa am häufigsten angebotene Gurkensorte. Die Gurken erreichen eine Länge von 30–40 cm. Angebaut werden sie weltweit, vielfach unter Glas.
Verwendung: roh, wenn überhaupt nur dünn geschält, in Scheiben oder Würfel geschnitten im Salat oder gedünstet als Gemüsebeilage

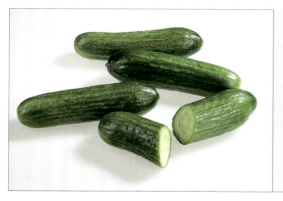

Mini-Gurke

Diese Gurken sind eine kleine Varietät der Salatgurke (siehe oben): Sie werden nur 100–250 g schwer und nicht mehr als 15 cm lang. Sie sind wegen ihres ausgeprägten Aromas zunehmend beliebt.
Verwendung: wie Salatgurke

Weiße Gurke

Auch diese attraktiven Gurken sind Verwandte der Salatgurke (siehe oben), sie kommen allerdings relativ selten auf den Markt.
Verwendung: wie grüne Gurken (siehe bei Salatgurke, oben)

GURKE

Gurke

Große Einmachgurken

Einmachgurken zählen zur Gattung der Salatgurken (linke Seite oben) und werden – je nach Größe und Art der Konservierung – unterschiedlich genannt (siehe auch das folgende Stichwort).
Im Bild Industriegurken, die bei der Ernte bereits eine gewisse Größe haben und etwa zu Senf-, Honiggurken oder anderen Gurkenkonserven verarbeitet werden.

Kleine Einmachgurken

Im Bild allerdings die meist recht pikant eingelegten Cornichons, die kleinsten unter den Einmachgurken. In der Größe zwischen den Industriegurken (siehe oben) und den Cornichons stehen die so genannten Delikatessgurken.

Schwammgurke

Die etwa 25 cm lange Schwammgurke ist die bekannteste unter den rund 10 verschiedenen Luffa-Arten, die in Südostasien und in der Karibik verbreitet sind. Längsrippen sind bei ihr nur andeutungsweise vorhanden. Andere Luffa-Arten haben sehr deutlich hervortretende Rippen.
Verwendung: roh und gekocht wie andere Gurken

125

Habichtspilz

Wird auch Rehpilz genannt. Den Speisepilz, der jung eine feinflockige Oberfläche, später dunkle Schuppen aufweist, sollte man nur jung und in jedem Fall gebrüht verwenden. Ältere Exemplare schmecken herb und sind zäh. Der Pilz eignet sich auch gut zum Trocknen.

Hafer, Flocken

Wie bei anderen Getreidearten auch, werden Haferflocken durch Quetschen der gedämpften gedarrten Körner (siehe das folgende Stichwort) hergestellt. Im Bild Kleinblatt-Haferflocken aus grob zerteilten Körnern. Sie haben nur etwa ein Drittel der Größe von Haferflocken aus dem ganzen Korn und sind zudem zarter.

Hafer, Korn

Hafer gedeiht in allen gemäßigten Zonen auch auf relativ armen Böden. Er ist das Getreide mit dem höchsten Fettgehalt und ist daher nur sehr begrenzt lagerfähig. Der Fettanteil ist allerdings auch für den mildnussigen und leicht fruchtigsüßen Geschmack des Hafers verantwortlich.

HABICHTSPILZ – HAGGIS

Hafer, Mehl

Hafermehl hat den nussigen Geschmack des ganzen Korns, ist aber wegen des hohen Fettanteils nicht lange haltbar.
Verwendung: für Schleimsuppen, für Nudelteig, bei der Brot- und Gebäckherstellung nur als Zumischmehl, da dem Hafer der Gerüst bildende Kleber fehlt

Hagebutte

Hagebutten sind Scheinfrüchte der Wildrosen, von denen es etwa 150 Arten gibt.
Verwendung: Aus den vollreifen, festen, entkernten Früchten wird herbsäuerliches Mark und Konfitüre (für Füllungen, Saucen zu Wild, als Brotaufstrich), auch Saft und Sirup hergestellt. Getrocknete Hagebutten werden als Tee verwendet.

Haggis

Eine schottische → Kochwurst-Spezialität: Schafsmagen gefüllt mit einem Brät aus Schafsinnereien, gebunden mit Leberfarce und Nierenfett, vermischt mit Hafergrütze und Zwiebeln. Wird traditionell mit Kartoffel- oder Steckrübenpüree serviert.

Hähnchen

Hähnchen, ganz

Beim Hähnchen, das noch vor der Geschlechtsreife in den Handel kommt, unterscheidet man nicht zwischen männlichen und weiblichen Tieren. Ganze Hähnchen, regional auch Broiler genannt, werden frisch und tiefgefroren sowie brat- oder grillfertig (ohne Innereien) angeboten.
Zubereitung: Ganze Hähnchen können gekocht, gebraten, gegrillt und geschmort werden, die Innereien (Magen, Leber, Herz) eignen sich für Füllungen und Fonds.

Hähnchenbrust

Das Brustfleisch des Hähnchens ist sehr mager und mild im Geschmack. Im Bild die ganze Hähnchenbrust, mit Brustbein und Rippen. Um Filets zu gewinnen, die Haut entfernen und die Brust längs entlang dem Brustbein teilen, ideal für Portionsgerichte.
Zubereitung: Ganze Hähnchenbrust wird bevorzugt gebraten, Hähnchenbrustfilets eignen sich im Ganzen oder geschnetzelt zum Kurzbraten.

Hähnchenschenkel und -flügel

Im Bild ein ganzer Hähnchenschenkel mit Haut. Das Fleisch ist saftig und kräftiger im Geschmack als das der Hähnchenbrust (siehe oben).
Zubereitung: Schenkel sind ideal zum Braten, Dämpfen, Schmoren, Grillen, Unterschenkel auch als Fingerfood mit Dips. Hähnchenflügel werden dagegen immer im Ganzen serviert, mariniert, gegrillt oder gebraten, pikant gewürzt, oft auch mit Dipsaucen.

Hai

Blauhai

Der Blauhai wird vor allem in Japan als Speisefisch sehr geschätzt. Die Filets eignen sich leicht bemehlt oder im Teigmantel hervorragend zum Braten.

Glatthai

Glatthaie gelten in manchen Ländern des Mittelmeerraums, Verwandte aber auch in Ostasien als hervorragende Speisefische. In Nord- und Mitteleuropa sind sie wenig bekannt.
Zubereitung: Das delikate, zarte Fleisch des Glatthais eignet sich zum Braten, Dünsten und Schmoren.

Katzenhai

Katzenhaie liefern schmackhaftes, festes Fleisch. Der Großgefleckte Katzenhai (im Bild) kommt enthäutet, ohne Kopf und Schwanz in England als »Rock salmon« oder »Rock eel«, in Frankreich als »Saumonette« auf den Markt. Der Kleingefleckte Katzenhai wird im Mittelmeerraum häufig angeboten.
Zubereitung: wie Glatthai (siehe oben)

Hai

Haifisch-Filets

Dornhai-Filets, links im Bild, werden im Ganzen geräuchert und dann als »Seeaal« gehandelt. Rechts die Bauchlappen des Dornhais, die geräuchert als »Schillerlocken« verkauft werden.

Haifisch-Steak

Im Bild ein Steak, d. h. eine quer geschnittene Scheibe vom Heringshai, geeignet zum Braten und Grillen. Die dunkelroten Flecken sind die so genannten »Wundernetze«, Blutbahnen, die durch die seitlichen Muskelstränge verlaufen. Diese Blutnetze finden sich übrigens auch bei → Tunfischen.

Haifischflosse, getrocknet

Getrocknete Haifischflossen sind eine chinesische Spezialität. Verwendet werden die Spitzen der Schwanz- sowie die Brustflossen verschiedener Hai-Arten. Die getrockneten Flossen dienen zum Aromatisieren von Suppen.

Hallimasch

Der dicht mit dunklen Schüppchen besetzte Wildpilz ist von leicht herbem und säuerlichem Geschmack. Man kann ihn nur jung essen, und er muss vor dem Verzehr (Stiele entfernen) durchgekocht werden.

Halloumi

Der Brühkäse (→ Hartkäse) aus Zypern wird aus einer Mischung von roher Kuh-, Schaf- und Ziegenmilch hergestellt. Es gibt ihn auch mit Minze gewürzt. Wie beim griechischen → Feta wird durch das Einlegen in Kochsalzlösung eine weitere Reifung und ein Austrocknen verhindert, ebenso das Wachstum von Bakterien und Schimmel auf der Oberfläche.
Verwendung: paniert und gebacken oder gegrillt

Harlekin

Der Blattsalat mit den stark geschlitzten und recht zarten Blättern wird wegen seiner spitzen Blattform auch Schnabelsalat genannt. Im Bild ein Kopf der Sorte 'Carnival'.

→ **Hammel** siehe bei **Lamm**
Handkäse siehe bei **Sauermilchkäse**

Rund um den Hartkäse

Hartkäse

Gemeinsam ist allen Hartkäsen, gleich ob aus Kuh-, Schaf- oder Ziegenmilch, ihr sehr fester Teig. Je nach Art der Herstellung besitzt er eine geschmeidig-schneidbare bis rau-körnige Struktur. Unterschiede gibt es aber auch in der Lochung und insbesondere im Geschmack: Er reicht von mild (etwa beim Cheddar) bis kräftig aromatisch (z. B. beim Bergkäse).

Die hier abgebildeten Hartkäse sind besonders lange gereift und damit ausgesprochen würzig: im Bild ganz oben ein → Parmigiano Reggiano, links davor ein → Grana padano, rechts daneben der pikante Schweizer Schabzieger in der typischen Kegelform, darunter ein Schweizer → Sbrinz, links vorne ein alter → Gouda.

HARTKÄSE

Herstellung

Für die Produktion von Hartkäse wird die dickgelegte Milch in der Regel in relativ kleine Bruchkörner zerteilt. Diese geringe Größe der Eiweiß-Fett-Teilchen bedingt, dass viel Flüssigkeit abgeschieden wird, die Käsemasse also bereits vor dem Abfüllen in die Formen relativ trocken ist.

Eine spezielle Nachbehandlung des Bruchs bekommen Käse aus der Cheddarfamilie (→ Cheddar) sowie Brühkäse. Bei letzteren wird der Käsemasse zusätzliches Wasser entzogen, indem man sie mit heißem Wasser übergießt – die Bruchteilchen ziehen sich zusammen und scheiden dabei Wasser ab. Um diesen Vorgang noch zu unterstützen, wird die Masse anschließend geknetet oder gezogen (→ Pasta-Filata-Käse).

Die Extraharten

Bei einigen Hartkäsen wird das »Entwässern« unterstützt durch ein nochmaliges – trockenes – Erhitzen (im Kessel) der sehr fein zerkleinerten Bruchmasse, das so genannte Nachwärmen. Auch hierbei scheiden die Bruchkörnchen, die sich durch die Hitze zusammenziehen, nochmals Molke ab, die man anschließend abtropfen lässt. Das Ergebnis ist eine relativ trockene, körnige Masse, die in oftmals jahrelanger Reifung zu würzigen Reibkäsen führt. Auf diese Weise werden beispielsweise → Parmesan und → Grana Padano hergestellt.

Reifer Gouda und angeschwitzte Zwiebeln begleiten hier »Himmel und Erde«, ein deftiges Gericht aus Sauerkraut, Kartoffeln, Blutwurst.

Hart durch Reifung

Manche Käse stellt man nicht ursprünglich als Hartkäse her, sie werden erst im Verlauf einer langen Reifungszeit zu Harten. Das ist etwa beim Schabzieger der Fall, von dem auch das ungereifte Ausgangsprodukt, der Zi(e)ger, als → Frischkäse verzehrt wird, oder beim Gouda, der jung und mittelalt zu den → Schnittkäsen gehört. Gleiches gilt für Asiago, Montasio und Mimolette.

Umgekehrt können beispielsweise Pecorino und Manchego, die zwar nach Art von Hartkäsen hergestellt werden, bereits jung, dann aber als noch relativ weiche, feuchte Tafelkäse verzehrt werden.

Hase, Keulen und Blätter

Hasen (wie auch → Kaninchen) wurden von Europa aus zu Jagdzwecken auch auf anderen Kontinenten angesiedelt. Die meisten Tiere, die hier angeboten werden, kommen mittlerweile aus Südamerika. Im Bild küchenfertig vorbereitete Keulen und Blätter (Vorderläufe) des Hasen.
Zubereitung: gebraten, (gebeizt und) geschmort, im Ganzen und in Ragouts

Hase, Rücken

Das braunrote Fleisch des Hasen ist zart und im Geschmack aromatisch wildartig.
Der Hasenrücken links hinten im Bild ist von der Sehnenhaut befreit, diese Auflage verbleibt aber (vorderes Stück), wenn der Rücken vor dem Garen auf der Oberseite angebraten werden soll.
Zubereitung: im Ganzen gebraten oder geschmort

Haselnuss

Wie bei vielen anderen Nüssen auch, unterscheidet man bei Haselnüssen nach Herkunft und Aussehen: Im Bild 'Runde Römer', wie Haselnüsse aus der italienischen Provinz Latium im Handel genannt werden.
Verwendung: Mit ihrem angenehm mildaromatischen Geschmack eignen sich Haselnüsse hervorragend als Backzutat, sie passen aber auch in pikante Gerichte, etwa zu Huhn oder Wild, zu Pilzen und Kohlgemüse.

→ Hartwurst siehe bei **Rohwurst**

HASE – HEIDELBEERE

Hecht

Der in ganz Europa und Nordamerika vorkommende Raubfisch hat Fleisch von süßlichem Geschmack und feiner Struktur. Es ist allerdings von unzähligen feinsten Gräten durchzogen, so dass man Hechtfleisch am besten püriert und zu Farcen (etwa für Hechtklößchen) verarbeitet.

Hefe

Hefe besteht aus Pilzen, die Kohlendioxid bilden. Daher eignet sich Hefe als Backtriebmittel: Kohlendioxidbläschen lockern den Teig. Frische Hefe (im Bild rechts) kommt meist zu Würfeln gepresst ins Angebot. Trockenbackhefe (links) ist schonend getrocknete und damit haltbar gemachte frische Hefe.
Verwendung: für schlichte, nicht zu schwere Teige, die im Ofen gebacken (Hefekranz), aber auch gedämpft (Germknödel), gekocht (Klöße) oder frittiert (Plundern) werden können

Heidelbeere

Wird auch Blau- und Schwarzbeere genannt. Im Bild links die wild wachsende Waldheidelbeere, rechts die größere Kulturheidelbeere. Beide schmecken saftig und aromatisch süßsauer. Selbst gesammelte Waldheidelbeeren können den Erreger des Fuchsbandwurms tragen, daher diese nicht roh verzehren.
Verwendung: in Süßspeisen, auf/in Kuchen und Kleingebäck (Muffins), für die Herstellung von Kompott, Konfitüre; Kulturheidelbeeren auch zum Rohverzehr

Heilbutt, Schwarzer

Das Fleisch dieses Plattfischs ist feinfaserig und wohlschmeckend, aber recht fett. Es eignet sich daher besonders für jene Zubereitungsarten, bei denen es stark erhitzt wird, d. h. zum Braten und Grillen. Doch auch geräuchert ist der Schwarze Heilbutt sehr schmackhaft.

Heilbutt, Weißer

Der Weiße Heilbutt aus Atlantik und Pazifik kann bis zu 300 kg schwer werden und ist damit der größte unter den Plattfischen. Auf den Markt kommen aber meist kleinere Exemplare.
Zubereitung: Das feste weiße, mild schmeckende Fleisch des Weißen Heilbutts eignet sich zum Dünsten und Braten.

Hering

Im Bild der Atlantische Hering, einer der wichtigsten Nutzfische und in Deutschland der meistverzehrte Fisch.
Zubereitung: Frischer Hering schmeckt gebraten oder gegrillt. Häufiger als in frischer Form kommt der Fisch aber geräuchert bzw. in Essig oder mit Salz konserviert auf den Tisch. Besonders fein sind Matjes, »jungfräuliche« zartfleischige Salzheringe; sie werden kalt gereicht.

→ **Heringskönig** siehe bei **Petersfisch**

HEILBUTT – HIMBEERE

Herzmuschel

Zur Familie der Herzmuscheln gehören zahlreiche Muschelarten, die sich durch stark gewölbte Schalen auszeichnen, die wie ein Herz aussehen. Die Schalenoberflächen können aber mehr oder weniger rau und gefurcht sein.
Im Bild die Essbare Herzmuschel, die eine stark gefurchte Schale und eine fast kugelige Form besitzt. Sie wird unter anderem in Spanien geschätzt, wo ihr Fleisch auch als Konserve erhältlich ist.

Heuschreckenkrebs

Der Gemeine Heuschreckenkrebs kommt auf südeuropäischen Fischmärkten lebend ins Angebot. Er wird manchmal mit dem Scampo (→ Kaisergranat) verwechselt, obwohl er scherenlos ist. Sein Fleisch ist dem von Garnelen ähnlich, aber etwas weicher.
Zubereitung: ungeschält gekocht oder gedämpft und mit Olivenöl, Zitronensaft, Salz und Pfeffer angemacht; schmeckt auch in Kombination mit Pasta sehr gut

Himbeere

Die weichen, aromatischen Beeren sind je nach Sorte größer oder kleiner, mehr oder weniger süß sowie früher oder später reifend. Neben den klassischen roten Himbeeren gibt es auch gelbe, schwarze und schwarzrote Züchtungen, die allerdings im Erwerbsanbau keine Rolle spielen.
Verwendung: als Frischobst (idealerweise leicht gezuckert), als Zutat zu Desserts, auf Obstkuchen, für Konfitüre

→ Hijiki siehe bei **Algen**

139

Hirschwild

Fleisch vom Hirschwild ist in vielen Küchen der Welt ausgesprochen beliebt. Vor allem solches von jungen Tieren, also von Kälbern und Einjährigen, wird aufgrund seiner Zartheit sehr geschätzt. Die Unterschiede zwischen den verschiedenen Hirschwildarten liegen nicht nur in der Größe der Tiere, sondern auch in der Struktur des Fleisches.

»Rehrücken Baden-Baden«, ein Gericht, das Berühmtheit erlangt hat. Hierfür wird der Rücken im Ganzen gebraten, aber nicht zu lange, er soll innen noch rosa sein.

HIRSCHWILD

Reh- und Renwild

REHE sind die kleinste und in der Küche am meisten verwertete Hirschart. Sie besitzen ein zartes Fleisch, das an sehr mageres Lammfleisch erinnert. Hauptjagdzeit ist hier zu Lande von Mai bis Januar.

RENWILD kommt wild lebend in Südnorwegen, Mittelfinnland und der ehemaligen Sowjetunion sowie in Alaska und Kanada vor. Es wird für die Fleischgewinnung in halb domestizierten Herden gehalten.

Rot- und Damwild

ROTWILD ist, sofern man seine Unterarten mit hinzuzählt, die weltweit am häufigsten vorkommende Hirschart. Das fettarme, kernige, recht dunkle und wohlschmeckende Fleisch des Rothirschs begeistert viele Wildfreunde. Die Hauptjagdzeit ist von August bis Januar/Februar.

DAMWILD ist eine in freier Wildbahn zahlenmäßig lediglich begrenzt vorkommende Hirschart. Damwild wird aber häufig in Gattern gehalten.

Elchwild

DER ELCH ist die größte Hirschart der Welt – seine Körpergröße entspricht der eines Pferdes. Sein sehr schmackhaftes, zartes und saftiges Fleisch ist um einiges heller als das vom Reh.

Elchwild hat mittelrotes, sehr würziges Fleisch. Die hier abgebildete Keule stammt von einem Elchkalb und wiegt immerhin bereits gut 11 kg.

Unbekanntere Wildarten

Einige Hirscharten sind aus kulinarischer Sicht von nur regionaler Bedeutung, da ihr Fleisch nicht exportiert wird.

Dazu gehört etwa das in Ostasien heimische SIKAWILD sowie das in Nord- und Südamerika sowie in Finnland beheimatete WEISSWEDELWILD, dessen Fleisch eine mittellange Faser aufweist und ausgesprochen saftig ist.

Hirschwild

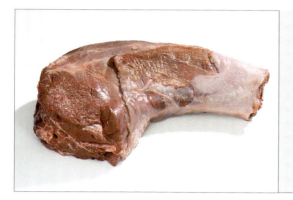

Hals

Im Bild der Hals eines mittelschweren Hirschs. Er wird im Ganzen geschmort, nach dem Auslösen der Nackenwirbel zu Ragout geschnitten und als Rollbraten zubereitet.

Blätter/Schulter

Im Bild die Blätter des Rehs in Ober- und Unteransicht. Sie werden im Ganzen gebraten (ohne Unterarmbein), Schultern von größeren Hirschen werden vorher entbeint. Fleisch von Schulter und Blättern findet aber auch für Gulasch und Ragouts Verwendung.

Keule

Im Bild Teile der Rehkeule: links oben Unterschenkelbein/Haxe, darunter Oberschale mit falscher Lende, darunter Unterschale, unten Beckenmuskel (links) und Nuss (rechts).
Verwendung: Wildbret vom Unterschenkel wird für Gulasch oder Ragouts verwendet. Die Oberschale eignet sich als Bratenstück. Die Unterschale wird im Ganzen gebraten oder zu Schnitzeln geschnitten kurzgebraten. Und auch die Nuss ist ein ausgezeichnetes Stück zum Braten im Ganzen, das aber auch zu Steaks geschnitten werden kann.

Hirschwild

Rücken

Im Bild ein Hirschrücken mit aufliegender Fettschicht. Will man diese ablösen, schneidet man am Rückgrat entlang und löst sie dann zu den Seiten hin ab. Der so parierte Hirschrücken kann entweder im Ganzen gebraten (siehe das Foto auf Seite 140) oder in zarte Filets (siehe das folgende Stichwort) zerteilt werden.

Filets

Im Bild die ausgelösten Filets vom Hirschwild (in diesem Fall vom Reh): Vorne die beiden langen (»großen«) Rückenfilets, darüber die »kleinen« Filets von der Rippen-Innenseite. Die »großen« Filets lagen auf, die »kleinen« unter den Rippenknochen.
Zubereitung: vor allem kurzgebraten (als Medaillons)

Rippenbogen

Im Bild die Unterseite des Rippenbogens vom Hirsch – mit anhängendem Bauchlappen (oben).
Verwendung: Das von den Rippen gelöste Fleisch eignet sich gut für Gulasch, Ragouts oder Rollbraten. Aus den Knochen kocht man am besten einen würzigen Fond.

Hirschwild

Rehschinken

Kräftig gewürzt und geräuchert, aber zart. Kann in relativ dicke Scheiben geschnitten werden. Auch Hirschschinken wird in dieser Form angeboten.

Hirschsalami

Diese → Rohwurst-Spezialität wird aus magerem Hirschfleisch sowie Schweinespeck hergestellt. Im Bild eine Sorte mit feiner Körnung.

Wurst, Schinken

Bei Wildsalami & Co. muss immer ein Teil Schweinefleisch und -speck zugesetzt werden. Wildfleisch allein ist zu mager und gibt nicht die erforderliche Bindung. Für Wildschinken werden dieselben Fleischteile verwendet wie auch beim Schwein: in erster Linie Teile der Keule sowie der Rücken.

Elchschinken

Roher Schinken vom Elch ist im Aroma sehr kräftig und etwas grobfaseriger als Hirschschinken, daher dünn aufschneiden.

Hirschschinken

Dieser gepresste Rohschinken wird am besten hauchdünn geschnitten serviert. Auch Rentierschinken wird in dieser Form angeboten.

HIRSCHWILD – HUHN

Hirse

Das anspruchslose Getreide stammt aus den Gebirgslagen Zentral- und Ostasiens und ist nach wie vor in vielen Gegenden des Nahen und Fernen Ostens Grundnahrungsmittel.
Verwendung: Die kleinen Körner mit dem mildwürzigen Geschmack kann man im Ganzen wie Reis pikant und süß zubereiten; einige Hirsesorten liefern backfähige Mehle.

Honig

Honig, die Bienennahrung aus dem Nektar von Blüten, bzw. – im Falle des Waldhonigs – aus dem süßen Sekret pflanzensaugender Insekten, gibt es in den verschiedensten Farben, Aromen und Konsistenzen: Im Bild oben Orangenblütenhonig, weiter im Uhrzeigersinn Lindenhonig, Kleehonig, Akazienhonig, Waldhonig. In der Mitte Gelée royale, der Honigsaft, mit dem junge Bienenköniginnen ernährt werden.

Hornhecht

Der lang gestreckte Fisch lebt im Nordostatlantik. Er hat ein delikates, festes, bei großen Exemplaren etwas fettes Fleisch, das insbesondere in Suppen und Eintöpfen sowie geräuchert gut schmeckt.

→ **Hobelfleisch** siehe bei **Bündnerfleisch**
Holzohrenpilz, Weißer siehe bei **Morchel, Chinesische**
Huhn siehe bei **Hähnchen**, siehe bei **Geflügel**

145

Hülsenfrüchte

Die Hülsenfrüchtler (Leguminosen) sind mit etwa 700 Gattungen und rund 18.000 Arten die drittgrößte Familie unter den Blütenpflanzen. Sie wachsen überall auf der Erde, zählen zu den ältesten Kulturpflanzen und waren lange eines der Hauptnahrungsmittel der Menschheit. Das gilt für Nordafrika, für Lateinamerika und Asien auch heute noch.

Das Abknipsen der Enden ist bei allen Bohnensorten nötig. Bei einigen muss man die Schoten gleichzeitig auch entfädeln, d. h. den Faden an der Längsnaht abziehen.

HÜLSENFRÜCHTE

Nahrhaft und lagerfähig

Die große Bedeutung der Hülsenfrüchte liegt in ihrem hohen Eiweiß- und Stärkegehalt. Besonders in Kombination mit Getreide haben Hülsenfrüchte eine ideale Nährstoffzusammensetzung. Was sie zudem in vielen Regionen der Welt zum Grundnahrungsmittel machte, ist ihre hervorragende Lagerfähigkeit in getrockneter Form.

Informationen zu den einzelnen Arten von Hülsenfrüchten finden sich unter folgenden Stichworten: → Bohnen, → Bohnenkerne, → Erbsen, → Kichererbse, → Linsen, → Sojaprodukte, außerdem unter → Erdnuss.

Immense Vielfalt. Hier werden getrocknete Hülsenfrüchte nach Farbe und Größe sortiert an einem Marktstand in Mexiko angeboten.

Verwendung von Hülsenfrüchten

Hülsenfrüchte finden in der Küche vielfältige Verwendung: Frisch verwendet man vor allem Bohnen und Erbsen als Salat oder Gemüsebeilage sowie als Zutat zu Suppen und Eintöpfen. Man sollte beide aber in jedem Fall vor dem Verzehr mindestens blanchieren, da sie roh giftige Stoffe enthalten.

Getrocknete Hülsenfrüchte kann man zu Mehl vermahlen, aus dem man dicke Suppen (»Erbswurst«, die im 19. Jahrhundert für die Verpflegung von Soldaten »erfunden« wurde), aber auch Fladen bereitet. Getrocknete Hülsenfrüchte finden aber auch weich gegart als Zutat zu Suppen und Eintöpfen sowie zur Herstellung von Püree oder Dips Verwendung.

Vor dem Kochen sollten ungeschälte Hülsenfrüchte verlesen und über Nacht eingeweicht werden. Am nächsten Tag spült man sie kalt ab und gart sie in frischem Wasser in 45–60 Minuten weich. Zucker, Salz und Zitronensaft oder Essig erst zu den bereits weichen Hülsenfrüchten geben, sonst verlängert sich die Garzeit.

Doch getrocknete Hülsenfrüchte eignen sich auch sehr gut zum Keimen (→ Sprossen). Im Handel werden lediglich Sojabohnensprossen angeboten, man kann aber auch Linsen, Bohnen und Kichererbsen hervorragend keimen. Sie finden als Zutat zu Gemüsegerichten und Salaten Verwendung, sollten aber – wie frische Hülsenfrüchte – vor dem Verzehr mindestens blanchiert werden.

147

Hummer

Amerikanischer Hummer

Der Amerikanische Hummer, in den USA »Maine lobster« genannt, ist im nordwestlichen Atlantik von Kanada bis nach North Carolina verbreitet. Er besitzt etwas breitere Scheren als der Europäische Hummer (siehe unten) – was man aber nur in der Gegenüberstellung gleich großer Tiere erkennt – und darüber hinaus einen Dorn am Stirnhorn.
Zubereitung: im Ganzen gekocht, ausgelöst und mit Saucen oder als Suppeneinlage serviert; längs halbiert und gegrillt oder gebraten

Europäischer Hummer

Er wird vor allem in der Nordsee, an der französischen Atlantikküste und in den kühleren Regionen des Mittelmeers gefangen. Die Bestände des Europäischen Hummers sind mittlerweile durch Überfischung weitgehend dezimiert, deshalb kommen auch in Europa inzwischen überwiegend Hummer aus Amerika (siehe oben) auf den Markt – zum Teil bereits gekocht und tiefgefroren. Am besten kauft man Hummer in den Hauptfangzeiten Frühling und Frühherbst, dann sind die Tiere noch nicht zu lange in Becken gehältert worden, wobei sie oft etwas an Gewicht verlieren.
Zubereitung: siehe oben

→ **Hummerkrabbe** siehe bei **Garnele**

HUMMER – JACKFRUCHT

Idiazábal

Der im spanischen Baskenland produzierte → Hartkäse aus roher Schafmilch besitzt ein kräftiges bis scharfes Aroma. Sein strohgelber Teig ist fest, nicht elastisch und weist kleine Löcher auf. Oft wird der Käse nach der Reifung geräuchert (siehe Bild).

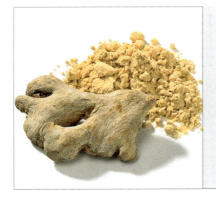

Ingwer

Frischer Ingwer, der Wurzelstock einer in Asien heimischen, schilfähnlichen Pflanze, gehört heute bei uns zum gängigen Supermarktangebot. Beim Kauf auf pralle Stücke mit glatter und glänzender Haut achten. Frischen Ingwer bekommt man auch in Essig (japanisch) sowie in Sirup (chinesisch) eingelegt. Im Bild dagegen die getrocknete Wurzel sowie das daraus gemahlene sehr scharfe Pulver, das man auch zum Würzen von Kuchen und süßem Gebäck verwenden kann.

Jackfrucht

Die auch Nangka genannte riesige Frucht stammt aus Indien und Südostasien und ist botanisch eng mit der → Brotfrucht verwandt. Als Frischobst essbar sind die unregelmäßig geformten Segmente im Innern, die in eine gallertartige Haut sowie in eine Faserschicht eingebettet sind. Diese Einzelfrüchte löst man aus der halbierten Frucht (siehe Bild), befreit sie von der umgebenden Faserschicht, halbiert sie längs und löst die Kerne aus.

J

Jagdwurst

Heiß geräucherte → Brühwurst aus Rind-, Schweinefleisch und Speck. Ähnelt dem → Bierschinken, jedoch mit kleineren Fleischstücken als Einlage – hier vom Schweinsfuß. Wird vielfach auch mit Pistazien im Brät hergestellt.

Jakobsmuschel

Sie wird auch → Pilgermuschel genannt. Diese Muschel ist die größte europäische Kammmuschel und zugleich die bekannteste in unseren Breiten.
Verwendung: Die klassische Zubereitung ist das Gratinieren – das helle Muskelfleisch (Nüsschen) und der rote Corail (Rogen) können beide in der Schale gratiniert werden. Genauso vorzüglich schmeckt das Fleisch aber auch gegrillt oder gebraten.

Joghurt

Für die Herstellung von Joghurt wird Milch mit säuernden Bakterienkulturen versetzt und eine Zeit lang sanft erhitzt, bis sie dickgelegt ist. Im Bild Vollmilchjoghurt mit 3,5 % Fett. Es gibt auch Joghurt aus Magermilch sowie Sorten mit höherem Fettgehalt, etwa griechischen Joghurt.

→ **Jambon/Jamón** siehe bei **Schinken,** siehe bei **Schinken, luftgetrocknet**
Japankohl siehe bei **Chinakohl**

JAGDWURST – JUWELENBARSCH

Johannisbeere

Insbesondere die roten Sorten besitzen ein kräftig aromatisches und säuerliches Aroma. Weiße Johannisbeeren sind milder, schwarze Johannisbeeren sind meist recht säurearm und relativ süß.
Verwendung: als Frischobst (rote Johannisbeeren nur gut gezuckert), rote Beeren zur Bereitung von Saucen zu Fleisch und Wild, alle Sorten zum Backen, für Desserts, zur Herstellung von Gelee, Säften

Jostabeere

Die feinsäuerliche Beere ist eine Kreuzung aus Schwarzer
→ Johannisbeere und → Stachelbeere.
Verwendung: Jostabeeren eignen sich zum Frischverzehr, fast noch besser kommt ihr erfrischendes Aroma allerdings in Säften, Gelees oder Konfitüren zur Geltung.

Juwelenbarsch

Die zu den → Zackenbarschen gehörenden Fische sind nicht nur farbenprächtig, sondern auch sehr schmackhaft. Sie besitzen ein festes weißes Fleisch von hoher Qualität, da sie sich von Krebs- und Weichtieren ernähren.
Zubereitung: besonders gut in Suppen, Eintöpfen und Schmorgerichten

Kabeljau

Der Kabeljau oder Dorsch (Bezeichnung meist für kleinere Exemplare) ist einer der wichtigsten Konsumfische. Im gesamten Nordatlantik verbreitet, kommt ihm nicht nur als Frisch-, Tiefkühlfisch und Basis für (tiefgekühlte) Fisch-Convenience-Produkte große Bedeutung zu, in einigen Ländern schätzt man sein mageres weißes Fleisch getrocknet, als Stock- oder → Klippfisch.

Kaffirlimettenblätter

Für viele südostasiatische Gerichte sind die hocharomatischen Blätter des Kaffirlimettenbaums unverzichtbar, denn sie sorgen für eine aparte erfrischende Note.
Verwendung: frisch oder getrocknet, ganz oder in Streifen geschnitten für Fischgerichte, Currys, Suppen und Salate
Auch die Früchte des Kaffirlimettenbaums können verwendet werden (→ Limette).

Kaisergranat

Entlang der europäischen Atlantikküste und fast im ganzen Mittelmeerraum ist der Kaisergranat, auf Italienisch »Scampo«, zu finden. Er kann es mit dem verwandten Hummer aufnehmen, denn sein Schwanzfleisch schmeckt delikat.
Zubereitung: bei mittlerer Hitze kurz garen

KABELJAU – KAKTUSFEIGE

Kaiserling

Der Wärme liebende fleischige Wildpilz kommt in Deutschland z. B. am Kaiserstuhl vor und ist einer der besten Speisepilze. Er ist roh nicht essbar und kann mit dem giftigen Fliegenpilz verwechselt werden.

Kaki

Die aus Ostasien stammende tomatengroße süße Frucht wird auch Chinesische Dattelpflaume genannt. Vollreif, fast überreif, schmeckt sie am besten, dann schimmert das weiche, geleeartige Fruchtfleisch durch die Schale. Eine festfleischige Kakisorte ist die → Sharonfrucht.
Verwendung: als Frischfrucht, für Obstsalat, Kompott, Konfitüre, püriert als Creme oder ganz auch zum Tiefkühlen geeignet

Kaktusfeige

Die birnengroßen Früchte der Opuntien haben ein süßes, nur mäßig säuerliches Fruchtfleisch von körniger, manchmal geleeartiger Konsistenz. Da auf den Schalen vieler Sorten (es gibt auch stachellose) haarfeine Dornen mit Widerhaken sitzen, trägt man beim Schälen Handschuhe oder geht sehr vorsichtig zu Werke (siehe auch das Bild auf Seite 466).
Verwendung: wird als Frischobst ausgelöffelt, fein auch in Obstsalaten und in Scheiben geschnitten mit Frischkäse

Kalb

Viele sprechen Kalbfleisch einen hohen Genusswert zu, vor allem wegen seiner Zartheit. Zart ist das Fleisch von Kälbern deshalb, weil das Bindegewebe der jungen Tiere noch weich ist und die Muskeln noch nicht voll entwickelt sind. Geschlachtet werden Kälber meist im Alter von 3–4 Monaten, wenn sie zwischen 120 und 220 kg wiegen.

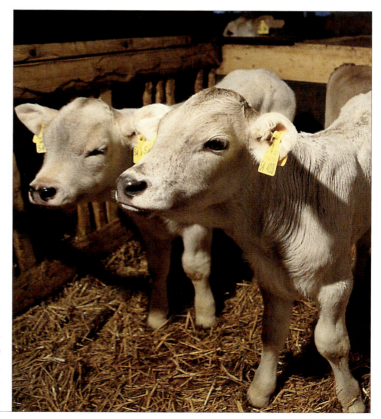

Einer Kreuzung aus Braunvieh und Blonde d'Aquitaine entstammen diese – noch sehr jungen – Kälber, die im Laufstall aufwachsen.

KALB

Schulter und Brust

Die Kalbsschulter oder der Bug ist stärker von Bindegewebe und Sehnen durchzogen als die Keule, aufgrund ihres Geschmacks aber dennoch geschätzt; wohl auch, weil sie etwas preiswerter ist. Die Brust eignet sich – mit oder ohne Knochen – hervorragend zum Füllen und wird so zum delikaten Festtagsbraten.

Rücken und Filet

Aus dem Rücken werden sehr hochwertige Stücke geschnitten, etwa Koteletts oder Steaks von der Kalbslende. Beide Stücke – Lende und Kotelettstrang – können auch im Ganzen gebraten werden. Das Filet wird meist in etwa 2 cm dicke Medaillons geschnitten und kurzgebraten; es sollte immer zimmerwarm in die Pfanne kommen. Eignet sich aber auch gewürfelt für feine Fleischspieße und Fondue.

Keule und Haxe

Wie beim Rind ist auch beim Kalb die Keule neben dem Filet und dem Lendenkotelett der wertvollste Teil des Schlachtkörpers. Sie hat einen relativ geringen Anteil an Bindegewebe, daher ist das Fleisch sehr zart. Der durchschnittliche Fettgehalt liegt bei nur etwa 2 %. Die wichtigsten Zuschnitte der Keule sind Oberschale, Unterschale – im Handel meist als Frikandeau bezeichnet – Hüfte oder Blume und Nuss bzw. Kugel.

Cordon bleu ist eine saftige Spezialität vom Kalb: mit gekochtem Schinken und würzigem Hartkäse gefülltes und paniertes Schnitzel.

Als das beste Teilstück der Keule gilt die magere und kurzfaserige Oberschale. Aus ihr lassen sich hervorragende Schnitzel schneiden, die Oberschale ist aber auch das ideale Stück für einen großen Festtagsbraten. Die in der Struktur etwas gröbere Unterschale eignet sich dagegen gut zum Schmoren. Erstklassig ist außerdem die Kalbsnuss, die sich zum Braten und Schmoren im Ganzen geradezu anbietet.

Bei entsprechender Zubereitung ergibt auch die fleischige Hinterhaxe einen vorzüglichen Braten, sie sollte allerdings relativ lange bei geringer Temperatur und zugedeckt garen, damit Bindegewebe und Fleisch auch wirklich zart werden.

Kalb

Leber

Kalbsleber ist heller, zarter, lockerer und von feinerem Geschmack als Rinderleber. **Zubereitung:** in Scheibchen geschnitten kurzgebraten, auch gegrillt, gedünstet

→

Zunge

Kalbszunge ist kleiner und milder als die Rinderzunge. Sie ist gekocht eine Delikatesse – man häutet sie erst nach dem Kochen –, wird auch gepökelt und geräuchert verzehrt.

↓

Innereien

Innereien vom Kalb, etwa Nieren oder Leber, aber auch die Zunge, werden nicht zuletzt deshalb als Leckerbissen gehandelt, weil sie wesentlich zarter als jene vom Rind sind.

Bries

↑

Kalbsbries – die Wachstumsdrüse des Kalbes – ist eine begehrte Delikatesse. Man serviert es gebraten oder in Ragouts. Muss vorher gewässert werden.

← ## Nierchen

Kalbsnierchen sind außerordentlich zart. Jene vom Milchkalb müssen nicht gewässert werden. Sie können entweder klein geschnitten oder im Ganzen gegart werden.

Kalb

Brust

Die Brust enthält relativ viel Fett und Bindegewebe und muss entsprechend lange gegart werden. Im Bild Kalbsbrust mit Knochen – ideal zum Kochen und Braten; wird meist zum Füllen verwendet.

Oberschale

Im Bild eine sehr gut parierte Oberschale; zartes, fettarmes Fleisch, zum Braten und für Kalbsrouladen geeignet. Schnitzel aus der Oberschale sind zum Kurzbraten geeignet, etwa für Wiener Schnitzel.

Teilstücke

Die Zuschnitte beim Kalb sind ähnlich wie beim Rind – und auch die Farbe: Kalbfleisch hat heute – durch artgerechte Fütterung und Haltung – eine appetitlich hellrote Färbung. Die früher geschätzte sehr helle Farbe wurde durch eisenarmes Futter und bewegungsarme Stallhaltung erzielt.

Haxe

Links die Vorder-, rechts die Hinterhaxe. Gut zum Schmoren oder Braten. Aus der Haxe quer geschnittene Beinscheiben sind zum Kochen geeignet, werden aber vielfach auch geschmort, wie beim Ossobuco.

Füße

Aus den Kalbsfüßen kocht man geschmackvolle Fonds. Durch ihren hohen Bindegewebsanteil wirken sie stark gelierend, deshalb sind sie bestens für Glaces, Sülzen und Gelees geeignet.

Kalb

Kotelettstück

Die aus diesem Stück geschnittenen Kalbskoteletts sind gut zum Kurzbraten geeignet. Durch den anhängenden Knochen, der beim Braten zusätzlich Aroma abgibt, werden sie besonders kräftig im Geschmack. Das Rippenkotelettstück, auch als Karree oder Karbonade bezeichnet, kann aber auch gut im Ganzen gebraten werden.

Lende

Der Muskelstrang oberhalb des Rückgrats ist annähernd so zart wie das Filet (siehe unten). Die Lende eignet sich zum Braten im Ganzen. Aus ihr können aber auch Steaks zum Kurzbraten geschnitten werden. Die zarte Fettauflage hält das Fleisch beim Braten saftig.

Filet

Gut pariert ist das Filet vom Kalb eine besonders zarte, mild schmeckende Spezialität. Hervorragend zum Kurzbraten geeignet, aber auch als saftiger, feiner Braten am Stück.

KALB – KANDIS

Kalmar

Der Kalmar, im Bild der Gemeine Kalmar, gehört zu den zehnarmigen Tintenfischen. Er lebt in flachen Küstengewässern, kann eine Länge von 50 cm und ein Gewicht von bis zu 2 kg erreichen und besitzt festes, mageres Fleisch, das angenehm krebsähnlich schmeckt.
Zubereitung: eignet sich für Fischsuppen, zum Backen, Braten, Dünsten und wird oft gefüllt

Kamut

Unter dem Namen Kamut, das »goldene Korn«, wird eine Unterart des Rauweizens mit besonders hohem Anteil an Eiweiß, Mineralstoffen und ungesättigten Fettsäuren gehandelt.
Verwendung: für Couscous, als Mehl für Brot, Gebäck, Kuchen, Pfannkuchen usw., vor allem ideal für Pastateig

Kanalwels

Der ursprünglich in Nordamerika vor den Großen Seen bis Virginia und Mexiko vorkommende exzellente Speisefisch gehört zur Familie der Katzenwelse und ist eng mit dem → Zwergwels verwandt.

→ **Kammmuschel** siehe bei **Jakobsmuschel**, siehe bei **Muscheln**, siehe bei **Pilgermuschel**
Kandis siehe bei **Zucker**

159

Kaninchen

Kaninchen sind nicht nur als Wild beliebt, sondern auch in ihrer domestizierten Form geschätzte Fleischtiere. Im Bild ein Wildkaninchen. Es besitzt rosafarbenes Fleisch von zarter Struktur und einen kräftigeren Geschmack als Hauskaninchen. Diese haben ein helles Fleisch, eher mit dem von Geflügel als mit dem Fleisch anderer Schlacht- oder Wildtiere vergleichbar.
Zubereitung: nicht im Ganzen braten oder schmoren, da die einzelnen Teile verschiedene Garzeiten haben

Kapern

Kapern sind die noch geschlossenen Blütenknospen des im Mittelmeerraum heimischen Kapernstrauchs. Sie werden eingesalzen und eventuell in Essig oder Öl eingelegt. Erst dadurch entfalten sie ihren typischen herb-würzigen bis scharfen Geschmack. Als Faustregel gilt: Je kleiner, desto feiner sind die Kapern im Geschmack, je größer, desto würziger.
Verwendung: Kapern in Salz sind für italienische oder spanische Gerichte unabdingbar; nicht mitkochen.

Kapernfrucht

Werden die Kapernknospen (siehe oben) nicht geerntet, entwickeln sich daraus Blüten und schließlich Früchte, die man insbesondere in Frankreich, Spanien und Italien verzehrt. Würzig eingelegt heißen sie auch Kapernäpfel. Man reicht sie beispielsweise mit Oliven als Snack.

KANINCHEN – KARAMBOLE

Kap-Stachelbeere

Kirschgroße, aromatische Früchte in gelblicher »Hülle«, die angenehm säuerlich süß, saftig und erfrischend schmecken und auch unter dem Namen Physalis bekannt sind. Ihre kleinen Samenkörner sind roh essbar.
Verwendung: vor allem roh als Garnitur, als Kuchenbelag und Kompott, in Obstsalaten und gekocht als Püree oder Konfitüre

Kapuzinerkresse

Blätter und Blüten der Kapuzinerkresse, die sich hervorragend auch als Zierpflanze in Balkonkästen macht, schmecken leicht pfeffrig und scharf.
Verwendung: Blätter gehackt für Salate; junge Triebe fein gehackt für Essig, Fleisch- und Eiergerichte; Blüten als dekorative, essbare Garnitur; Knospen als Ersatz für → Kapern

Karambole

Die Karambole, Baumstachelbeere oder Sternfrucht ist ein säurereiches, saftiges Obst aus den Tropen mit einem hohen Vitamin- und Mineralstoffgehalt.
Verwendung: In Scheiben geschnitten, sind die attraktiven Karambolen vor allem zum Dekorieren sehr beliebt. Roh genießbar, aber besser gegart, z. B. für Obstsalate, Sorbets, Saft, Konfitüren u. Ä., aber auch für Currys und Fleischsaucen.

Kardamom

Grüner Kardamom

Unreif geerntete Samenkapseln einer Staudenpflanze, die anschließend getrocknet werden. Feines, süßlich scharfes Aroma, mit säuerlichen und bitteren Anklängen. Die Samen kommen vermahlen als rötlich graues Pulver in den Handel.
Verwendung: Mit grünen Kardamomkapseln kann Tee zubereitet werden. Kapseln und Samen kommen an viele indische Gerichte und Reis, das Pulver wird für Backwaren verwendet.

Schwarzer Kardamom

Wird auch brauner Ceylonkardamom genannt. Er ist im Geschmack bitterer und aufgrund seines Kampferaromas stets sparsam zu verwenden. Er kommt oft als Ersatz für Grünen Kardamom in den Handel.

Kardamomblätter

Die schilfartige Staudenpflanze stammt aus Südindien. Die Blätter pflückt man nur von jungen Trieben der Pflanze, von der auch die grünen Kardamomkapseln (siehe ganz oben) stammen. Sie ähneln im Geschmack den Fruchtkapseln, sind aber süßer und milder.
Verwendung: zum Würzen von Suppen, Saucen und Gemüse

→ **Karde** siehe bei **Cardy**

KARDAMOM – KARPFEN K

Karpfen

Marmorkarpfen

In China wurden Karpfen schon vor Beginn unserer Zeitrechnung gezüchtet. Der äußerst schmackhafte Marmorkarpfen (im Bild) wird von allen China-Karpfen am höchsten eingeschätzt und gewinnt auch hier immer mehr an Bedeutung.

Schuppenkarpfen

Der Karpfen ist der weltweit häufigste Zuchtfisch. Im Bild der Schuppenkarpfen, die Stammform des Karpfens. Er unterscheidet sich in der Qualität kaum vom Spiegelkarpfen (siehe unten). Es ist allerdings etwas mühsam, ihn von den Schuppen zu befreien.

Spiegelkarpfen

Alle Karpfenarten besitzen fettarmes bis (gemästet) fettreiches, leicht verdauliches Fleisch. Im Bild der Spiegelkarpfen, eine der vielen Zuchtformen des Karpfens. Er weist nur noch entlang der Seitenlinie sowie am oberen und unteren Rand des Körpers Schuppen auf.
Zubereitung: nach dem Wässern blaukochen, auf Müllerin-Art zubereiten, backen, dünsten

→ Karotte siehe bei **Möhre**

163

Kartoffel

Sieglinde

Fest kochend
Beliebte deutsche Kartoffel. Langovale Sorte mit gelbem Fleisch. Feiner Geschmack.

Nicola

Fest kochend
Mittelfrühe deutsche Sorte mit gelbem Fleisch. Beliebt als Salatkartoffel.

Sortenvielfalt

Für Salate, Pell- oder Bratkartoffeln sollten es fest kochende Sorten sein. Vorwiegend fest kochende Sorten sind leicht mehlig und damit die richtigen für Salz-, auch Pellkartoffeln, Aufläufe und Gratins. Mehlige Sorten eignen sich besonders für Pürees, Klöße und Gnocchi, Reibekuchen oder Kroketten.

Likaria

Mehlig kochend
Mittelfrühe Sorte aus Ostdeutschland. Ovale Knollen mit flacher Augentiefe.

Quarta

Vorwiegend fest kochend
Mittelfrühe Sorte aus Deutschland. Große rundovale Knollen, kräftiger Geschmack.

Kartoffel

Linda

Fest kochend
Mittelspäte deutsche Sorte, rundoval, mit gelbem Fleisch. Ideal zum Braten.

Grata

Vorwiegend fest kochend
Hochwertige mittelfrühe Sorte aus Deutschland. Ausgeprägter Geschmack.

Herkunft

Die Heimat der Kartoffel liegt in den Anden Südamerikas. In Europa ist die Kartoffel seit dem 16. Jahrhundert bekannt, als Nahrungsmittel populär wurde sie jedoch erst etwa 200 Jahre später. Sie ist heute eines der wichtigsten Grundnahrungsmittel.

Bamberger Hörnle

Fest kochend
Gelbfleischige, längliche alte Spätsorte. Hervorragend im Geschmack.

Adretta

Mehlig kochend
Großknollige, runde Kartoffelsorte aus Ostdeutschland mit hellgelbem Fleisch.

Kartoffel

Spunta

Fest kochend
Niederländische mittelfrühe Sorte. Viel im Mittelmeerraum kultiviert und von dort importiert. Mit goldgelbem Fleisch.
Verwendung: Wie auch andere fest kochende Sorten eignet sich 'Spunta' gut für Salate, Pell- oder Bratkartoffeln.

Bintje

Vorwiegend mehlig kochend
Niederländische Sorte, oval bis langoval. Klassisch für Pommes frites und Chips. Im Frühjahr in großen Mengen am Markt.

Baronesse

Vorwiegend fest kochend
Gelbfleischige, rundovale frühe Speisekartoffel aus Spanien.
Verwendung: Diese Sorte eignet sich für Kartoffelsalate, Pell- und Bratkartoffeln, aber auch für Aufläufe und Gratins.

KARTOFFEL

Kartoffel

La Ratte

Fest kochend
Eine mittelfrühe Kartoffelsorte aus Frankreich, hörnchenförmig und lang. Eignet sich hervorragend als Salatkartoffel. Von sehr gutem Geschmack.

Roseval

Vorwiegend fest kochend
Länglich-ovale französische Sorte, mittelspät bis sehr spät. Rotschalig mit rosagelbem Fleisch und gutem Geschmack.

Violette noir

Diese späte französische Sorte wird auch »Trüffelkartoffel« genannt. Sie hat eine auffällige violette Fleischfärbung und einen edlen nussartigen Geschmack. Sie ist allerdings bei uns selten im Handel.

Käse

Käse ist ein seit langen Zeiten bekanntes Lebensmittel – wahrscheinlich wurde er zum ersten Mal in Mesopotamien hergestellt. Je nach Region stammt der Käse aus der Milch der verschiedensten domestizierten Tiere – eine ideale Methode, dieses schnell verderbliche Lebensmittel zu konservieren und dabei die wertvollen Inhaltsstoffe weitestgehend zu erhalten.

Eine Auswahl verschiedener Käsesorten darf weder auf einem Frühstücksbuffet noch nach einem feinen Menü fehlen. Die Käse werden halbiert, in Scheiben geschnitten oder als ganze kleine Laibe angerichtet.

Herstellung

Im Folgenden werden wesentliche Schritte der Käseherstellung beschrieben. Je nach Käseart gibt es Abweichungen in Details und/oder zusätzliche Arbeitsgänge (siehe etwa bei → Pasta-Filata-Käse, → Cheddar).

Die rohe oder pasteurisierte Milch wird zunächst mit Milchsäurebakterien und/oder Labenzym versetzt und zum Gerinnen gebracht. Diesen Vorgang nennt man Dicklegen. Die gestockte Milch wird durch Rühren zu Käsebruch, größere oder kleinere Flocken aus Eiweiß und Fett, zerteilt. Der Bruch wird nochmals erhitzt, dann abgehoben – dabei fließt die Molke ab – und eventuell gepresst, was noch mehr Molke entfernt. Das Ergebnis ist → Frischkäse.

Soll ein solcher Frischkäse länger haltbar gemacht werden oder einen anderen Charakter bekommen, muss er jetzt reifen – bei der richtigen Temperatur und Luftfeuchtigkeit sowie unter sorgfältiger Pflege. Er wird gesalzen, eventuell mit Schimmelkulturen im Teig (→ Blauschimmelkäse) oder auf der Käseoberfläche (→ Weißschimmelkäse, Rotschmierekäse) versetzt, mit aromagebenden Flüssigkeiten abgerieben …

Käsegruppen

In Deutschland teilt man die Käse nach ihrem Feuchtigkeitsgehalt ein: Je nach Bruchgröße (siehe oben) und Reifedauer

Mozzarella zu Tomaten – der italienische Antipasto-Klassiker. Hier einmal in einer üppigeren Kombination mit Kapern, Oliven und Zwiebeln.

wird aus dem Frischkäse → Weichkäse, (Halbfester) → Schnittkäse oder → Hartkäse. Eine Sonderstellung hat die Gruppe der → Sauermilchkäse, für deren Herstellung zum Säuern der Milch ausschließlich Milchsäurebakterien verwendet werden.

Aufbewahrung

Käse gehört in den Kühlschrank, und zwar so verpackt, dass er nicht austrocknet, aber noch atmen kann. Hartkäse am Stück bleibt dann einige Wochen frisch, Weichkäse nur 7–10 Tage, Schnittkäse liegt dazwischen. Schafkäse in Lake hält Wochen bis Monate. Fremdschimmel auf der Oberfläche von Hart- und Schnittkäse großzügig entfernen, schimmeligen Weich- und Frischkäse in jedem Fall wegwerfen.

Kasseler

Kasseler stammt aus dem Kotelettstück, auch vom Kamm oder Bauch des Schweines. Es wird roh, gekocht und geräuchert angeboten. Im Bild ein Stück ohne Knochen, gepökelt und in Form gebunden.

Kasseri

Ein gebrühter ursprungsgeschützter → Hartkäse aus Griechenland, meist aus roher Schafmilch hergestellt. Er wird in Laib- oder Blockform angeboten und enthält etwa 40 % F. i. Tr. Der Teig ist feinkörnig, schmeckt pikant und leicht salzig.
Verwendung: eignet sich zum Überbacken und zum Kochen

Kaulbarsch

Der zur Barschfamilie gehörende Süßwasserfisch wird wegen seiner unwirtschaftlichen Größe von nur 15 cm selten gehandelt, hat aber ein angenehmes, delikates Fleisch.
Zubereitung: Im Ganzen gebraten schmeckt er am besten, eignet sich auch für Fischsuppen.

→ **Katfisch** siehe bei **Seewolf**
Katzenwels siehe bei **Zwergwels**

KASSELER – KAVIAR

Kaviar

Beluga

Er ist der feinste, begehrteste und teuerste Kaviar. Mit 3,5 cm Durchmesser ist die Körnung sehr groß.

Sevruga

So heißt der Kaviar vom kleinsten Störfisch. Dünnschalig, mit kräftig-würzigem Aroma und stahlgrauer Farbe.

Delikates

Herstellen kann man Kaviar prinzipiell aus dem Rogen jeder Fischart. Unbestrittener Spitzenreiter ist aber Kaviar, der aus dem Rogen von drei Störarten – Beluga, Osietra sowie Sevruga – hergestellt wird. Kenner sind sich einig, dass davon wiederum der russische am feinsten schmeckt.

Osietra

Er ist zwar kleiner im Korn als Beluga, dafür hartschaliger und weniger empfindlich. Nussartiges Aroma.

Seehasen-Kaviar

Die hier zu Lande günstigste aller Kaviarsorten, der Deutsche Kaviar. Der Rogen ist relativ stark gesalzen, feinkörnig und wird rot oder auch schwarz eingefärbt. Er dient vor allem zur Dekoration.

171

Kaviar

Keta-Kaviar

Der orangegelbe Rogen des Keta-Lachses. Große Körnung, aber sehr empfindlich.

Forellen-Kaviar

Geschmacklich dem Lachskaviar ebenbürtig. Frisch und nur leicht gesalzen am besten.

Mehr als Ersatz

Kaviar wird auch aus Lachsen und Forellen gewonnen. Und der Rogen von → Meeräschen, gesalzen und gepresst, ist in Griechenland als »Avgotaracho«, in der Provence als »Boutargue«, in Japan als »Karasumi« geschätzt.

Tobi-ko

In Taiwan gehandelter Kaviar von Fliegenden Fischen. In Europa in Spezialgeschäften erhältlich.

Hueva seca

In Spanien gehandelter gesalzener, gepresster und getrockneter Rogen von Seehecht, Kabeljau, Tunfisch oder Steinbeißer.

Kefalotiri

Ein griechischer → Hartkäse (48–50 % F. i. Tr) aus Rohmilch vom Schaf oder aus einer Mischung von Schaf- und Ziegenmilch. Pikant-salzig im Geschmack.

Kefir

Ein Sauermilchprodukt, heute aus Kuhmilch hergestellt, durch einen zugesetzten Hefepilz sauer vergoren. Kefir ist genussreif, wenn sich der Becherdeckel zu wölben beginnt. Er hat einen erfrischenden, leicht prickelnden Geschmack.

Kemirinuss

Sie wird auch Kerzennuss genannt und muss vor dem Verzehr gegart werden. Der Geschmack ist mandelartig.
Verwendung: zum Binden von Saucen, auch zum Aromatisieren von Backwaren

→ **Keimlinge** siehe bei **Sprossen**

Kerbel

Das zarte Kraut mit den gefiederten Blättchen zeichnet sich durch einen zartwürzigen, süßlich frischen, leicht anisartigen Geschmack aus, der zu Fisch, Kartoffeln und Salaten passt.

Kerbelrübe

Wird auch Knollenkerbel genannt. Das heute nur noch selten kultivierte Wurzelgemüse schmeckt mehlig süßlich und delikat kastanienähnlich, aber etwas würziger und intensiver.
Verwendung: lässt sich braten oder kochen, schmeckt warm oder kalt und kann wie Kartoffeln zubereitet werden

Kichererbse

Getrocknete Kichererbsen sind in Indien, aber auch im Mittelmeerraum beliebt. Sie haben einen leicht nussigen Geschack und sind besonders gut keimfähig → Sprossen. Im Bild eine große helle Sorte, die man auch vorgegart als Konserve kaufen kann. Es gibt auch kleinere, dunklere Kichererbsensorten.
Verwendung: vor dem Garen eingeweicht wie Erbsen zubereiten; für Ein- und Gemüsetöpfe, Suppen oder als Mehl

 Kerzennuss siehe bei **Kemirinuss**

KERBEL – KIRSCHE

Kirsche, Süßkirsche

Die Heimat der Kirsche ist in Eurasien zu suchen; an ihrer Entstehung waren wohl Vogelkirsche und Wildformen der Sauerkirsche (siehe folgende Seite) beteiligt. Heute ist die Zahl der Kirschsorten nahezu unübersehbar geworden. Der Handel unterscheidet jedoch nur zwischen Süß-, Sauer- und Bastardkirschen – wie die Kreuzungen von Süß- und Sauerkirschen genannt werden.
Im Bild die Süßkirsche 'Ferrovia', eine wichtige Sorte, die aus Italien auf den Markt kommt. Große, rote und feste Früchte.

Die Obstbauern unterteilen die Süßkirschen nochmals in die weichen Herz- und in die sehr festen Knorpelkirschen. Größe und Farbe können dabei jeweils variieren, die Palette reicht von gelbrot bis beinahe schwarz.
Im Bild die Süßkirschsorte 'Büttners Rote Knorpel', eine Knorpelkirsche, auch als 'Napoleon' bekannt. Groß, helles, festes Fruchtfleisch, süß und würzig.

Verwendung: Verzehrt werden Kirschen meist roh. Das Steinobst schmeckt aber auch als Kompott oder auf einem Kuchen hervorragend. Süßkirschen lassen sich – gezuckert und entsteint – gut einfrieren.
Im Bild die Sorte 'Kordia'. Diese herzförmige dunkle Knorpelkirsche schmeckt ausgezeichnet aromatisch, süßsäuerlich und hat ein festes Fleisch.

→ Kingfish siehe bei **Königs-Gelbschwanz**

Kirsche, Sauerkirsche

Bei den Sauerkirschen gibt es die weichfleischigen dunklen, »echten« Sorten, zu denen auch die Weichseln zählen. Im Bild 'Schattenmorellen'. Sie zählen zu den weltweit am häufigsten angebauten Sauerkirschen. Dunkelrot mit viel Säure.
Verwendung: als frisches Obst, gekocht und eingemacht; passt auch zu Ente und Wild, gut geeignet zu/in Mehlspeisen

Kiwano

Die Kiwano oder Hornmelone ist eine wohlschmeckende afrikanische Wildgurkenart. Sie erinnert im Geschmack an eine Mischung von Banane, Limette und Gurke.
Verwendung: Gemüse und Beilage zu Fisch- und Fleischgerichten; kann auch ähnlich wie die Kiwi ausgelöffelt werden

Kiwi

Von der exotischen Frucht gibt es auch Mini-Formen sowie gelbfleischige Zuchtformen. Eine »Reifeprüfung« bei Kiwis ist ganz einfach: Die säuerlich süßen Kiwis müssen auf Fingerdruck leicht nachgeben, deshalb die Früchte gegebenenfalls bei Zimmertemperatur einige Tage nachreifen lassen.
Verwendung: als Frischobst auslöffeln; in Obstsalaten, zu Kurzgebratenem, Fisch und Meeresfrüchten. Wird nach einiger Zeit zusammen mit Joghurt, Quark oder Sahne gern bitter.

KIRSCHE – KNETKÄSE

Klaffmuschel

Die auch Strandauster genannte Muschel wird vor allem in den USA – dort heißt sie »Softshell clam« – sehr geschätzt. Sie ist roh wie gegart gleichermaßen beliebt.

Kliesche

Das Fleisch der Kliesche oder Scharbe ist wegen seines milden Geschmacks von großem kulinarischem Wert. Der Plattfisch wird vor allem im Nordatlantik, aber auch in Nord- und Ostsee gefangen und frisch vermarktet (siehe auch → Scharbe, Pazifische).

Klippfisch, Stockfisch

Nicht nur → Kabeljau, sondern auch → Seelachs und → Schellfisch, vor allem aber → Leng und Lumb werden heute häufig durch Trocknen haltbar gemacht. Dabei wird Stockfisch einfach luftgetrocknet, während man Klippfisch zuvor kräftig salzt. Das Fleisch wird beim Trocknen dann nicht so hart, muss jedoch vor der Verwendung gewässert werden.

→ **Kleie** siehe bei **Weizen, Mehl**
Knetkäse siehe bei **Pasta-Filata-Käse**

Knoblauch

Frischer Knoblauch

Knoblauch ist eine der ältesten Kulturpflanzen. Verwendet werden von ihm nur die Zwiebeln, die botanisch gesehen eng nebeneinander stehende, verdickte Blätter sind. Deren Geruch und Geschmack – aber auch viele der gesundheitlichen Wirkungen – gehen auf schwefelhaltige Verbindungen zurück. Wer den Knoblauchgeschmack eher dezent mag, greift am besten zu frischen Zehen (im Bild). Ein untrügliches Merkmal für die Frische dieser Exemplare sind die saftig-grünen Stiele. Frischer Knoblauch ist jedoch nur begrenzt haltbar.
Verwendung: siehe unten bei Getrockneter Knoblauch

Getrockneter Knoblauch

Im Bild getrockneter roter Knoblauch – er unterscheidet sich in Aroma und Verwendung nicht vom weißen. Besonders milde oder scharfe Sorten werden im Handel gekennzeichnet.
Verwendung: Im Geschmack harmoniert Knoblauch hervorragend mit Fleisch, passt zu Eintopf- und Bohnengerichten, eingelegtem Gemüse, Salaten und Saucen. Beim Braten muss Knoblauch behutsam, aber rasch gegart werden, da er schnell verbrennt und dann eine beißende Schärfe bekommt.

Geräucherter Knoblauch

Geräucherter Knoblauch zeichnet sich durch einen milden Rauchgeschmack aus. Verwendet werden kann er überall dort, wo ein solcher zusätzlich zum Knoblaucharoma gewünscht ist, d. h. insbesondere in deftigeren Gerichten.

KNOBLAUCH – KOCHSALAMI

Knurrhahn, Grauer

Vor allem in den Mittelmeerländern schätzt man die Knurrhähne, zu deren Familie auch der → Seekuckuck gehört. Ihren Namen verdanken diese Fische ihrer Fähigkeit, mit der Schwimmblase knurrende Laute zu erzeugen. Den häufigen Grauen Knurrhahn kennzeichnet die graue Rückenseite.
Zubereitung: schmeckt am besten gebraten (dazu sollte man ihn zuvor häuten)

Knurrhahn, Roter

Hat kleine Knochenstacheln, große Brustflossen und ausgezeichnetes Fleisch.
Zubereitung: Sein festes, aromatisch-würziges Fleisch wird meist gedünstet oder für Suppen verwendet, an der Nordsee auch – sehr delikat – geräuchert.

Kochsalami

Grobe → Brühwurst aus Rind- und Schweinefleisch, Speck und Paprika, auch nachgeräuchert als Dauerware erhältlich. Wird meist als Aufschitt verwendet.
Im Bild eine Mallorquinische Kochsalami, eine sehr pikante Spezialität von der Baleareninsel; mit Stückchen von gekochtem Schinken und Paprika.

→ **Knollenkerbel** siehe bei **Kerbelrübe**

Kochwurst

Unter dem Begriff Kochwurst werden sehr unterschiedliche Erzeugnisse zusammengefasst – einzige Gemeinsamkeit ist, dass die Würste aus überwiegend vor der Verarbeitung gegarten Rohstoffen (Fleisch, Fett, Innereien) bestehen und dass diese fast ausschließlich vom Schwein stammen.

Eine Auswahl an Blut- und Sülzwürsten: oben links Roter Pressack, rechts Zungenwurst, darunter Hausmacher-Pressack, links daneben Weißer Pressack, vorne links Scheiben von Schinkensülze, davor Vesper-Mett im Gelee, rechts vorne Haxensülze im Ring.

KOCHWURST K

Leberwürste

Als Leberwurst werden Kochwürste bezeichnet, die in kaltem Zustand streichfähig sind und einen Leberanteil von über 10 % haben. Im Gegensatz zu den anderen Rohstoffen wird die Leber roh verarbeitet. Wichtig für die Streichfähigkeit der Würste ist Fett, so dass Leberwürste zu den fettreichsten Wurstarten zählen. Abgesehen von diesen Grundeigenschaften unterscheiden sich Leberwürste aber stark in ihrer Zusammensetzung: Es können auch andere Innereien sowie Fleisch und Schwarten zugesetzt sein. Darüber hinaus gibt es große Unterschiede in der Konsistenz (z. B. feine Kalbsleberwurst und grobe Gutsleberwurst oder Pfälzer Leberwurst) und der Farbe.

Sülzwürste

Sie bestehen aus einer Grundmasse von gekochten Schwarten und Brühe (oder Gelatine und Wasser). Da auch die Schwarten reich an bindender Gelatine sind, ist die erkaltete Wurst von schnittfester Konsistenz. Der Bindemasse werden im flüssigen Zustand farb- und geschmackgebende Einlagen untergemischt, etwa Fleisch, Innereien oder blanchiertes Gemüse.

Blutwürste

Diesen Kochwürsten ist die Geschmack und Aussehen stark beeinflussende Basis aus vorgekochten Schweineschwarten und

Klassische Kochwurst. Im Bild Flönz, eine schwach geräucherte Blutwurst aus Köln; mit hellem Brät und relativ kleinen Speckstücken.

Schweineblut gemeinsam. Diese Grundmasse wird erhitzt, wobei sie bindet und nach dem Abkühlen dann schnittfest ist. Das ändert sich auch beim Wiedererhitzen kaum, so dass Blutwürste beispielsweise in Scheiben geschnitten gebraten werden können. Der Grundmasse können verschiedene Einlagen, etwa von Fleisch (Thüringer Rotwurst), Zunge (Zungenwurst) oder Speck zugesetzt werden.

Weitere Kochwurstarten

Ebenfalls zu den Kochwürsten zählen die Kochmettwürste, z. B. Pfälzer Saumagen, und Fleischpasteten.

Kohlenfisch

Er wird auch Sablefish genannt, lebt im Nordpazifik, ist ideal zum Pochieren und Dämpfen. Wegen des zarten Aromas sollte man ihn am besten nur vorsichtig würzen.

Kohlrabi

Ob mit gelbgüner Schale wie im Bild oder mit blauer - Kohlrabi haben immer weißes, knackiges Fruchtfleisch und unterscheiden sich nicht im feinen, delikaten Geschmack.
Verwendung: als Rohkost, gekocht, gratiniert, für Suppen, Gemüse, Eintöpfe

Kokosfett, geschmeidiges

Festes Pflanzenfett aus gepresstem frischem oder getrocknetem Kokosfleisch; geschmacksneutral und hoch erhitzbar. Gut in kleinen Mengen portionierbar, gekühlt lange haltbar.
Verwendung: zum Braten, Kochen und Backen

 Köhler siehe bei **Seelachs**

KOHLENFISCH – KOMBU

Kokosfett, Plattenfett

Reines hartes Kokosfett in Plattenform, das sehr lange haltbar und durch die Würfelform portionierbar ist.
Verwendung: wie geschmeidiges Kokosfett (siehe unten links) für alle Zubereitungsarten, bei denen hoch erhitzt wird, insbesondere auch zum Frittieren

Kokosmilch

Das Gemisch, aus feinst geriebenem Fleisch der → Kokosnuss und Wasser oder Milch hergestellt, dient von Indien bis Südostasien als universell einsetzbare Grundlage für so manches saucenreiche Gericht von mild bis höllisch scharf.

Kokosnuss

Von den Früchten der Kokospalme kommt bei uns nur der innere braune Steinkern, von der ledrigen Schale und der bastartigen Hülle befreit, in den Handel. Unreife Früchte enthalten sehr viel Kokoswasser, aus dem sich bei zunehmender Reife das Fruchtfleisch bildet.
Verwendung: Kokosfleisch wird frisch als Snack verzehrt und dient als Beilage zu exotischen Gerichten, Currys, Süßspeisen

→ **Kombu** siehe bei **Algen**

Königin-Drückerfisch

Der mit den Kugelfischen verwandte Fisch wird auf den Märkten der karibischen Inseln oft angeboten. Sein Fleisch ist von angenehm fester Konsistenz, weiß und sehr zart. Die ledrige Haut macht das Filetieren jedoch etwas schwierig.

Königsbrassen

Der zur großen Familie der Meerbrassen gehörende Fisch ist im Indopazifik vom Roten Meer und Ostafrika sogar bis nach Nordaustralien verbreitet.
Zubereitung: Das Fleisch des Königsbrassen schmeckt vor allem gegrillt hervorragend.

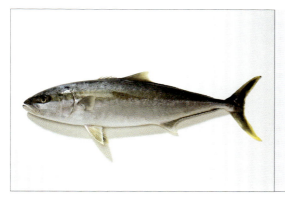

Königs-Gelbschwanz

Wird in den USA »Amberjack«, in Neuseeland »Yellowtail kingfish« und in Australien »Kingfish« genannt. Sein Fleisch ist von ausgezeichneter Qualität. Es handelt sich um eine Makrelenart, die bis zu 2 m lang wird.

KÖNIGIN-DRÜCKERFISCH – KÖNIGSKRABBE

Königskrabbe

Alaska-Königskrabbe

Sie kann eine stattliche Größe erreichen. Enthält relativ viel Fleisch und ist daher bei den Fischern sehr beliebt.

Blaue Königskrabbe

Sie ist der → Alaska-Königskrabbe sehr ähnlich, unterscheidet sich lediglich durch einen stärkeren Blauschimmer.

Meereskrebse

Die hier kulinarisch relevanten Arten unter den wohlschmeckenden Königskrabben schätzen zumeist kälteres Wasser oder sind Tiefwasserbewohner. Frisch gelangen sie bei uns nur selten in den Handel, man bekommt sie vor allem als Dosenware.

Gold-Königskrabbe

Sie ist vom Westen Alaskas bis hin nach Mitteljapan verbreitet und lebt in Wassertiefen zwischen 270 und 600 m.

King Crab Meat

wird das aus Alaska oder Chile importierte Fleisch von Königskrabben genannt, »Kamchatka-Crabmeat« oder »Chatka Crab«, wenn es sich um Ware aus Russland handelt. Seltener werden die gekochten Beine tiefgefroren angeboten.

185

Kopfsalat, grüner

Der kopfbildende Salat gehört wie unter anderem auch
→ Eichblattsalat, → Romanasalat und → Eissalat zur Familie
der Lattichgewächse – Pflanzen, die einen Milchsaft von
beruhigender Wirkung bilden.
Kopfsalat hat einen festen Kopf mit kräftigen Außen- und
zarten, leicht süßlichen Innenblättern. Frisch im Geschmack.

Kopfsalat, roter

Diese Kopfsalatvarietät wird zunehmend beliebter; seine Blätter sind noch zarter als diejenigen des grünen Kopfsalats.
Im Bild eine Sorte mit komplett rötlich gefärbten Blättern; es
gibt auch Sorten mit grünem Herz und roten äußeren Blättern.

Koriandergrün

Was in Mitteleuropa die Petersilie, ist Koriandergrün für die
Küchen Asiens und Lateinamerikas (dort Cilantro genannt):
frische Würze und Dekoration zugleich.
Verwendung: Die zarten grünen Blätter dürfen erst am Ende
der Garzeit als Würze beigegeben werden.

→ Korbkäse siehe bei **Sauermilchkäse**

KOPFSALAT – KORNELKIRSCHE

Koriandersamen

Die kugeligen Früchte des Korianders sind herbwürzig mit süßlichem Nachgeschmack und besonders in der ausländischen Küche wegen ihrer Vielseitigkeit sehr verbeitet.
Verwendung: passt ganz mitgekocht zu Curries, Fleisch, Geflügel, Fisch, Gemüse und Pasteten; gemahlen zu Salaten, Würsten, Saucen, Chutney und Gebäck

Korinthe

Für die kleinbeerigen, kernlosen, stets ungeschwefelten dunklen Weinbeeren sind Griechenland und die Türkei die Hauptproduzenten. (siehe auch → Rosinen)
Verwendung: wegen des kräftigen und herben Aromas gut für Schmorgerichte geeignet

Kornelkirsche

Das Fruchtfleisch der ursprünglich aus dem Kaukasus stammenden Kornelkirsche, die auch Kroatzbeere genannt wird, schmeckt angenehm süßsauer.
Verwendung: meist für Gekochtes wie Gelees, Kompotte und Marmeladen, weil sich der Stein nur schwer lösen lässt

Krabben

Echte Krabben sind hoch entwickelte Kurzschwanzkrebse, von denen die meisten Arten im Meer leben. Sie gehören zu den Krustentieren, denn ihre Körper werden von harten Schalen geschützt. Das Fleisch von Beinen und Scheren wird als besonderer Leckerbissen geschätzt und kommt vom Geschmack her an das des → Hummers heran.

Nicht nur an der Atlantikküste der USA, sondern auch in Europa sind frische Blaukrabben zu bekommen: Inzwischen gibt es Bestände im Mittelmeer, etwa in der nördlichen Ägäis und entlang der türkischen Küste.

Wichtige Krabbenarten

Man unterscheidet Echte Krabben und Scheinkrabben (diese haben nur drei statt vier Beinpaare hinter der Schere). Die kulinarisch relevanten Arten leben alle im sehr kalten Wasser und kommen aus den weit nördlichen bzw. südlichen Regionen von Atlantik und Pazifik oder bewohnen die tiefen Gewässer anderer Meeresgebiete.

Die wirtschaftlich wichtigste Krabbe ist die → Königskrabbe (»King Crab«) aus den Nordmeeren. Die aus dem Atlantik stammende → Blaukrabbe wurde auch ins Mittelmeer eingeschleppt und kommt noch an der türkischen Küste vor. Auch → Seespinnen gehören zu den Echten Krabben, sie werden im französischen und spanischen Atlantik sowie in der nördlichen Adria gefischt. In Europa am weitesten verbreitet sind → Taschenkrebs und → Strandkrabbe. »Softshell crabs« oder auf Deutsch Butterkrebse sind dagegen keine eigene Art, sondern Krabben – beispielsweise Blaukrabben oder Strandkrabben –, die unmittelbar nach dem Panzerwechsel gefangen wurden. Der neue Panzer ist dann etwa 3 Stunden lang »butterweich«, und das Tier kann im Ganzen verzehrt werden.

Angebotsformen

Bei allen Krabben verbirgt sich das delikateste Fleisch in den Scheren. Man knackt diese nach dem Garen entweder mit dem

Taschenkrebs-Schale. Ansprechend servieren kann man Krabbensalate oder -gratins in den gut gesäuberten Panzern und Scheren der großen Taschenkrebse.

Rücken eines schweren Messers oder mit dem Nussknacker. Allerdings sind Krabben hier zu Lande selten lebend frisch auf dem Markt, da der Transport der Tiere extrem aufwändig wäre. Beine und Scheren gibt es frisch, gegart und tiefgefroren, meist allerdings in Dosen als »Crabmeat«. In Japan, wo Krabbenfleisch eine beliebte und häufige Zutat ist, wird ein preiswerter, aber qualitativ nicht vergleichbarer Krabbenfleischersatz auf der Basis von Fischeiweiß hergestellt (Surimi).

Krachai

Die in der thailändischen Küche häufig verwendete Wurzel ist ein Mitglied der Ingwerfamilie. Im Geschmack dem → Galgant ähnlich, aber milder.
Verwendung: passt gut zu Fisch oder in Suppen, denen man nur einen Hauch von säuerlicher Schärfe geben möchte

Krakauer

Die grobe → Brühwurst aus Rind-, Schweinefleisch und Speck wird oft mit Knoblauch oder Kümmel gewürzt. Sie ist schnittfest und wird auch nachgeräuchert als Dauerwurst angeboten.

Krake, Gemeine

Kraken gehören zu den achtarmigen Tintenfischen. Sie spielen sowohl in vielen Mittelmeerländern als auch in Ostasien kulinarisch eine große Rolle. Die in Europa wichtigste Art ist die Gemeine Krake (im Bild).
Zubereitung: Das Fleisch muss meist weich geklopft, dann blanchiert und anschließend relativ lange gegart werden.

KRACHAI – KRESSE

Krake, Moschuskrake

Moschuskraken sind mit der Gemeinen Krake (siehe links unten) verwandt. Sie werden bis zu 40 cm lang.
Zubereitung: In Italien legt man gekochte »Moscardini« mit Knoblauch in Olivenöl ein.

Kraussalat

Dieser kopfbildende grüne Salat ist eine neuere niederländische Züchtung aus dem herzhaft knackigen → Batavia-Salat und dem geschmacklich neutraleren, zarteren → Kopfsalat.

Kresse

Das Kraut mit dem kräftig-würzigen, scharf-pikanten Rettichgeschmack ist das ganz Jahr über erhältlich.
Verwendung: Kresse passt zu Salaten, kalten Platten, Suppen, Saucen, Dips, Eiergerichten und Remouladen. Sie lässt sich auch gut keimen (→ Sprossen).

→ **Kräuter** siehe **Seite 192**

Kräuter

Kräuter sind Pflanzen, deren Blätter oder andere Teile für medizinische Zwecke, aber auch zum Kochen verwendet werden. Ihre Geschmacks- und Aromastoffe können appetitanregend oder verdauungsfördernd wirken und ein Gericht abrunden. Verwendung finden einheimische Kräuter, solche aus dem Mittelmeerraum und in jüngster Zeit vermehrt aus Asien.

Frische mediterrane Kräuter wie Rosmarin, Thymian, Salbei oder Oregano geben vielen Gerichten erst den richtigen Pfiff. Sollen sie sehr fein gehackt werden, verwendet man am besten ein Wiegemesser.

KRÄUTER

Einkauf

Kräuter kann man frisch (geschnitten oder im Topf), getrocknet, tiefgefroren und in Öl bzw. Salz eingelegt kaufen. Man kann sie aber auch selbst ziehen – viele Kräuter eignen sich für Fensterbank und Balkon – bzw. Wildkräuter sammeln.

Verwendung in der Küche

Schon seit Tausenden von Jahren weiß man um die Wirkung von Kräutern: Es gibt etwa ein chinesisches Kräuterbuch von ca. 2.700 v. Chr., und jedes Kloster und jeder Bauernhof hatte einen Kräutergarten. Kräuter sollen Speisen einen bestimmten Geschmack oder Geruch verleihen. Sie sind des Weiteren Grundlage für Tees oder Suppen, manche auch für Salat oder Gemüse, z. B. → Kresse, → Liebstöckel oder → Rucola. Bei Kräutertees sollte man bedenken, dass viele Kräuter intensive medizinische Eigenschaften haben. Man sollte sie deshalb nicht als Genussmittel trinken.

Kräutermischungen

Mischungen gibt es aus frischen Kräutern, z. B. Fines herbes, Kräuter für die Frankfurter Grüne Sauce sowie das Bouquet garni. Bekannte Trockenmischungen sind die Kräuter der Provence sowie Salatsaucen-Mischungen. Tiefgefroren gibt es inzwischen Kräuermischungen in den verschiedensten Geschmacksrichtungen.

Trenette mit Pesto. Reichlich frisches Basilikum, Knoblauch, Pinienkerne und Parmesan sind die Basis für Pesto, eine Kräutersauce, die ausgesprochen gut zu Nudeln passt.

Aufbewahrung

Frische Kräuter feucht in eine Dose oder in einen Kunststoffbeutel packen und ins Gemüsefach des Kühlschranks legen. Im Wasserglas welken Kräuter schnell. Frische Kräuter lassen sich aber auch gut einfrieren: entweder ganz in Plastiktüten einfrieren und gefroren zerbröseln oder gehackt in Dosen beziehungsweise Beuteln einfrieren. Kräuterwürfel entstehen, wenn man das gehackte Kraut mit etwas Wasser oder Brühe in der Eiswürfelschale einfriert. Getrocknete Kräuter dunkel und kühl in verschlossenen Gläsern aufbewahren.

Kreuzkümmel, Kumin

Das auch Cumin genannte Gewürz ist mit dem Kümmel verwandt. Es besitzt ein intensives, bitterscharfes Aroma.
Verwendung: zu indischen und mexikanischen Gerichten, vor allem zu Couscous; für Brote und Kuchen sowie auch in Gewürzmischungen wie Curry- oder Chilipulver

Kümmel

Die Samen haben ein leicht süßliches, an Anis erinnerndes Aroma. Kümmel ist in der deutschen und österreichischen Küche von Bedeutung, da er fette Speisen bekömmlich macht.
Verwendung: zum Würzen von Broten und Gemüse wie Sauerkraut sowie Fleisch, aber mit langer Garzeit, damit die Samen weich werden und sich der Geschmack entfalten kann.

Kumquat

Kumquats und ihre Hybriden sind die Minis unter den → Zitrusfrüchten, oft erreichen sie kaum mehr als 4 cm Länge. Sie werden häufig nur als Zierfrüchte kultiviert – dabei machen sich die würzig süßen Früchte beispielsweise in Salaten, mitsamt der Schale in Scheiben geschnitten, geschmacklich wie optisch ganz hervorragend.

→ Kresse siehe **Seite 191**

KREUZKÜMMEL – KÜRBIS

Kürbis

Speisekürbis

Das unter der harten Schale steckende Fruchtfleisch der Speisekürbisse ist lange haltbar und überaus vielseitig verwendbar; zum Rohessen ist er jedoch ungeeignet. Im Bild ein Exemplar der Sorte 'Big Max'.

Moschuskürbis

Moschuskürbisse gibt es in den verschiedensten Farben und Formen. Im Bild eine gefleckte flachrunde und gelbfleischige Sorte aus Thailand – wohlschmeckend und aromatisch.

Maxigemüse

Nicht nur das Fruchtfleisch des Kürbisses, sondern auch die Samen (des Speisekürbisses) haben hohen kulinarischen Wert. Aus ihnen gewinnt man das hocharomatische, angenehm nussig schmeckende Kürbiskernöl; in Südeuropa knabbert man die Kerne auch einfach als Snack.

Speisekürbis

Der Spaghetti-Kürbis verfärbt sich mit fortschreitender Reife gelb und bildet langfaseriges Fruchtfleisch aus. Diese Fäden können mit der Gabel herausgezogen und wie Spaghetti zubereitet werden.

Moschuskürbis

Hier eine stark gerippte Sorte mit dem für Moschuskürbisse charakteristischen orangefarbenen und aromatisch-feinen Fruchtfleisch.

195

Kürbis, Butternusskürbis

Der flaschenförmige Butternusskürbis zählt zu den Moschuskürbissen (siehe Seite 195). Er ist wegen des buttrig-weichen Fleisches sehr geschätzt.

Kürbis, Patisson

Patissons, auch Kaiser- oder Bischofsmützen genannt, gehören (wie → Zucchini) zur Gruppe der Garten- oder Sommerkürbisse. Diese Kürbisgruppe kennzeichnet ein weiches Fleisch und eine zarte Schale, die man mitessen kann.
Im Bild Mini-Patissons. Besonders gut schmecken sie gefüllt. Blanchiert können sie 6 Monate tiefgekühlt werden.

Kurkuma

Die wegen ihrer Farbe hier zu Lande auch Gelbwurz genannte Wurzel eines Ingwergewächses verleiht getrocknet und gemahlen vielen Gerichten eine appetitlich gelbe Farbe sowie einen mild pfeffrigen und leicht bitteren Geschmack.
Verwendung: als Würze für Reisgerichte, Geflügel, Krustentiere, Saucen; in Currymischungen und zum Färben von Speisen

KÜRBIS – LAMBERTSNUSS

Lachs

Lachse werden schon seit langem in großem Stil gezüchtet – in Europa vor allem der Atlantische Lachs (im Bild). In Nordamerika züchtet man Pazifiklachse, überwiegend den Königslachs, aber auch den Silberlachs bzw. Coho.
Zubereitung: Lachse eignen sich im Ganzen und filetiert zum Braten, Grillen und Räuchern.

Laguiole

Die Milch dieses französischen → Hartkäses, der nach → Cheddarart hergestellt wird, stammt von Kühen einer bestimmten Rasse (Aubrac). Der Käse muss in Sennhütten oder Kellern der Gegend reifen, wo er sein kräftiges, eigenwilliges Aroma erhält.

Lambertsnuss

Der Baum, von dem die Lambertsnüsse als kultivierte Varietät stammen, ist eng mit der → Haselnuss verwandt. Seine Früchte sind den Haselnüssen sehr ähnlich, aber größer, robuster und ihnen auch geschmacklich überlegen.

Lamm

Schafe dienen als Lieferanten von Fleisch, Milch, Fett, Leder und Wolle. So wurden – je nach wirtschaftlicher Nutzung – verschiedene Rassen gezüchtet. Im Gegensatz zu anderen Tieren werden Schafe stets artgerecht gehalten. Immer schon wurde das Lamm zudem als Opfertier dargebracht – es hat heute noch für Christen und Juden hohe symbolische Bedeutung.

Scottish Blackface auf der Weide. Begehrt ist heute vor allem Lammfleisch, für das Großbritannien neben Neuseeland, Australien und China ein wichtiger Lieferant ist.

LAMM

Lamm in den Küchen der Welt

Lammfleisch ist vor allem in den Küchen der islamischen und afrikanischen Länder sowie rund ums Mittelmeer von Bedeutung. Aber auch in Ländern mit angelsächsischer Kultur wird es traditionell verzehrt.

Einkauf

Vom Lamm erhält man hier zu Lande vor allem die Fleischteile, etwa Keulen, Koteletts, Schulter. Sie kommen frisch, vakuumverpackt oder tiefgefroren in den Handel. Innereien dagegen werden bei uns selten angeboten, Hackfleisch muss man beim Metzger bestellen. Die Farbe des Fleischs gibt Auskunft über das Alter des Tiers: Je jünger, desto heller sind Fleisch und Fett.

Lammfleisch wird gerne mariniert und mediterran gewürzt – beispielsweise mit Knoblauch, Thymian und Rosmarin.

Qualität und Geschmack

Je nach Rasse und Lebensraum der Tiere kann Lammfleisch unterschiedlich schmecken. Vor allem aber das Alter hat entscheidenden Einfluss: Das Fleisch von ausgewachsenen Tieren, das heißt von Schafen und inbesondere von Hammeln ist nicht jedermanns Sache, es hat nur in bestimmten Regionen Bedeutung. Für die feine Küche begehrter ist das zarte, feinfasrige und aromatische Fleisch des Lamms.

Als Lammfleisch wird das Fleisch von Tieren bezeichnet, die weniger als 12 Monate alt sind. Hier wird noch einmal unterschieden zwischen Milchlammfleisch (von Tieren, die ausschließlich Milch getrunken haben) und Mastlammfleisch von Stall- oder Weidelämmern.

Verwendung von Lammfleisch

Lammfleisch bereitet man als Braten und Steaks zu, es ist Zutat in Currys, Couscous- und Tajinegerichten, im griechischen Souvlaki und in englischen Eintöpfen. Da das Fett beim Abkühlen schnell fest wird, empfiehlt es sich, das fertige Gericht auf vorgewärmten Tellern zu servieren und in der Schüssel warm zu halten.

Lamm

Hals und Kamm

Hals und Kamm des Lamms sind sehr gut marmoriert und bleiben deshalb beim Braten und Schmoren (Ragouts, Gulasch und Eintöpfe) besonders saftig und wohlschmeckend.
Aus dem Kamm geschnittene Koteletts eignen sich bestens zum Kurzbraten und Grillen. Speziell die Stücke vom ersten bis zum vierten Brustwirbel bleiben aufgrund ihrer Marmorierung schön saftig.

Koteletts

Lammkoteletts sind zum Kurzbraten und Grillen bestens geeignet. Oft werden sie mit abgetrenntem Rückgrat angeboten. Die ausgelösten »Chops« stammen aus dem Nierenstück mit Filetanteil.
Im Bild einzeln geschnittene Lammkoteletts. Doppel- oder Schmetterlings-Koteletts aus dem Lendenstück werden vor allem von jüngeren Tieren angeboten, da bei ihnen der Rücken relativ klein ist.

Brust

Die Brust bzw. das so genannte Rechteckstück vom Lamm ist eines der preiswerteren Teilstücke. Es kann mit oder ohne Knochen gebraten oder gegrillt werden. Ausgelöst auch für Rollbraten.
Die Brustspitze vom Lamm eignet sich hervorragend zum Grillen oder auch zum Füllen. Sie wird meist nach der vierten oder fünften Brustrippe von der übrigen Brust abgetrennt.

LAMM

Lamm

Keule

Die Lammkeule ist vielseitig verwendbar. Im Ganzen oder ausgelöst, in Teilstücken oder in Scheiben geschnitten, kann man sie braten, schmoren, kochen oder grillen.

Schulter

Die Lammschulter (Bug) macht höchstens 17 bis 18 % des Schlachtkörpers aus. Kleinere Schultern werden daher selten weiter unterteilt; bei Bedarf trennt man die Haxe ab. Größere Lammschultern können im Gelenk zwischen Röhrenknochen und Schulterblatt getrennt werden. Wie die → Keule ideal zum Kochen, Schmoren und Braten geeignet.

Haxe

Die Lammhaxe ist meist sehr mager. Im Ganzen mit dem Knochen geschmort oder gebraten und mit Kräutern gewürzt schmeckt sie ganz hervorragend.

Lancashire

Der auf → Cheddar-Art hergestellte Halbfeste → Schnittkäse hat einen streichfähigen, krümeligen Teig, so dass er regelrecht als Brotaufstrich verwendet werden kann und sich gut zum Toasten eignet.

Landjäger

Eine → Rohwurst-Spezialität aus Süddeutschland und der Schweiz, mit Kümmel gewürzt und flach gepresst. Lange getrocknet, deshalb relativ hart und gut haltbar.

Langres

Er gehört zu den französischen → Weichkäsen mit Rotflora. Bei jungem Langres ist die Oberseite noch nach außen gewölbt, bei reifem Käse dagegen wegen des dann sehr weichen Teiges im Inneren muldenförmig eingefallen.

→ Langostino siehe bei **Chile-Langostino**

Languste

Europäische Languste

In Sachen Geschmack können Langusten den Vergleich mit dem Hummer ohne Weiteres bestehen. Es fehlen lediglich die kräftigen Scheren, die beim Hummer einen nicht zu verachtenden Fleischanteil liefern. Langusten dagegen besitzen sehr lange Antennen. Sie werden in nahezu allen Meeren der Welt gefischt, überwiegend jedoch in den Warmwasserregionen der Tropen und Subtropen; dort findet sich auch die größte Artenvielfalt. Und überall, wo sie gefangen werden, sind Langusten ihres delikaten Geschmacks wegen hoch geschätzt. In Europa kommen vor allem die Europäische und die Mauretanische Languste auf den Markt, in Amerika dagegen ist die Karibische Languste die kommerziell wichtigste Art.
Zubereitung: wie → Hummer

Lobster tails

Die Schwänze der Karibischen Languste werden auch in Europa vermarktet – überwiegend tiefgefroren. Ein wichtiges Exportland ist Kuba.

L

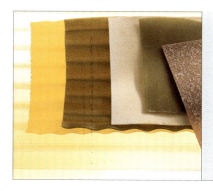

Lasagneblätter

Die getrockneten Nudelblätter sind in den verschiedensten Formen und Farben im Handel. So gibt es gewellte Lasagne, die besonders viel Sauce aufnehmen sollen, ebenso wie die klassische glatte Variation, darüber hinaus mit Spinat grün gefärbte Lasagne oder Teigblätter aus Vollkorn-Hartweizen.

Lauch

Wird auch Porree genannt. Das zu den Zwiebelgewächsen gehörende Gemüse gedeiht auch in raueren Klimaten im Freilandanbau; nur die zarten, auch zum Rohverzehr geeigneten Frühsorten werden meist unter Glas gezogen. Lauch schmeckt mild, angenehm und leicht süßlich.
Zubereitung: Die Stangen können blanchiert, gedünstet, geschmort und überbacken werden.

Lauch, Chinesischer

Das auch Großblättriger Schnittlauch genannte asiatische Zwiebelgewächs besitzt breitere, größere Blätter als der → Schnittknoblauch und ist intensiver im Geschmack als dieser.
Verwendung: Chinesischer Lauch ist für den Frischverzehr bestimmt und lässt sich nur schlecht trocknen.

→ Lasagne(tte) siehe bei **Bandnudeln**

LASAGNEBLÄTTER – LEBERPASTETE

Lauchzwiebel

Sie zählen zu den Speisezwiebeln (→ Zwiebel) und sehen, weil sie auch unten schmal sind, dem Lauch ähnlich. Doch während Lauchblätter (siehe links, → Lauch) breit und flach sind, besitzen Lauchzwiebeln, auch Frühlings- oder Bundzwiebeln genannt, röhrenförmige Blätter.
Verwendung: eignet sich als Rohkost, als Gemüse, zu Geflügel und asiatischen Gerichten

Lavendel

Die Blüten des Lavendels haben ein herb-würziges, leicht bitteres Aroma. Sie werden – nicht zuletzt ihrer Farbe wegen – unter die Kräuter der Provence gemischt.
Verwendung: Blatttriebe als Würze zu Braten, Fischsuppen, Kräuterbutter; Blüten gedämpft zu Fleisch

Leberpastete

Leberpastete muss einen Schweine- und/oder Kalbsleberanteil von mindestens 30 % aufweisen. Die schnittfeste → Kochwurst gibt es in verschiedenen Variationen, in Folie verpackt oder dünn mit Speck umwickelt.

→ Leberkäse siehe bei **Fleischkäse**

205

Leberwurst, fein

Die zu den → Kochwürsten gehörenden Leberwürste gibt es in einer schier unglaublichen Vielfalt regionaler Varianten – von fein bis grob (siehe unten), mal mehr, mal weniger stark gewürzt und geräuchert. Der Leberanteil in einer Leberwurst kann zwischen 10 und 30 % schwanken; überwiegend wird Schweine-, manchmal auch Kalbsleber verwendet.
Im Bild feine Kalbsleberwurst mit schwarzen Trüffeln.

Leberwurst, grob

Für grobe Leberwurst werden die vorgekochten bzw. vorgebrühten Speck- und Fleischanteile nicht ganz fein zerkleinert. Im Bild eine grobe Kalbsleberwurst mit Pfeffer, Kardamom, Zwiebeln und Piment gewürzt.

Leidener

Der aus den Niederlanden stammende → Schnittkäse, den es mit 20 und 40 % F. i. Tr. gibt, wird aus vorgereifter, entrahmter Kuhmilch, etwas Buttermilch und immer mit → Kreuzkümmel pikant gewürzt.

LEBERWURST – LENGDORSCH

Leinsamen

Kleine längliche, flache, braune Samen des Leins. Aus ihnen wird Leinöl gewonnen. Die gekeimten Leinsamen sind besonders reich an hochwertigen Stoffen.
Verwendung: Vor allem in bestimmten Brotsorten ist Leinsamen gebräuchlich, gekeimt dient er als Zutat zu Salaten.

Leng

Der aalförmige Leng gehört zur Dorschfamilie und wird nur als Beifang mit angelandet, daher ist er relativ preiswert. Sein festes, weißes Fleisch ist wohlschmeckend, es gibt ihn frisch und filetiert im Handel.
Zubereitung: eignet sich für alle Garmethoden, insbesondere zum Grillen

Lengdorsch

Der Lengdorsch ist einer der begehrtesten Speisefische an der nordamerikanischen Westküste. Er gehört zur Familie der Grünlinge, deren Vorkommen auf den Pazifik beschränkt ist. Den Namen verdanken die Fische der grünlichen Farbe ihres Fleisches, das seinen aparten Farbton beim Garen jedoch verliert.

→ **Lemongrass** siehe bei **Zitronengras**

Liebstöckel

Das Kraut hat einen intensiven Geschmack nach »Maggi« (daher auch sein zweiter Name »Maggikraut«) und Sellerie.
Verwendung: sehr vielseitig, aber vorsichtig dosieren; zum Würzen von deftigen Gerichten, Eintöpfen, Brühen, Fleisch, Fisch, Gemüse, Eierspeisen und Salaten

Limburger

Der → Weichkäse mit 20–50 % Fett i. Tr. und Rotflora wird in der typischen Backsteinform hergestellt. Er reift nur 2–4 Wochen und hat dann ein kräftig scharfes, sehr pikantes Aroma. Der Käse schmeckt gut zu Bier und Wein.

Limequat

Diese → Zitrusfrucht wurde aus einer → Kumquat-Art und einer → Limette gekreuzt. Die Früchte sind pflaumengroß, mit sehr erfrischendem Limetten-Aroma.
Verwendung: eignet sich als Aromazutat, Dekoration, Garnitur zu Fleisch und Fisch, für Desserts sowie Marmeladen

Limette

Kaffirlimetten

Sie werden in Südostasien, Afrika und Mittelamerika kultiviert. Bei dieser Limettenart wird vor allem die runzelige Schale, dünn abgerieben, als Würzmittel verwendet.
Auch die Blätter des Kaffirlimettenbaums finden Verwendung,
→ Kaffirlimettenblätter

Mexikanische Limetten

Werden auch Key-Limetten genannt. Kleine, saftige Früchte mit glatter Schale, kräftigem Aroma und zahlreichen Kernen. Ausgereift mit gelbgrüner bis gelber Schale. Zahlreiche Desserts profitieren vom feinen Geschmack des Limettensaftes.

Persische Limetten

Werden auch Tahiti-Limetten genannt. Die mittelgroßen, delikaten, kernlosen Früchte sind dickschalig und beinahe doppelt so saftig wie Zitronen. Meist unbehandelt auf dem Markt.

→ **Linguine** siehe bei **Bandnudeln**

Linsen

Grüne Linsen

Ungeschält. Behalten beim Kochen ihre Form. Sie müssen grundsätzlich über Nacht eingeweicht werden und sollten dann mindestens 40–45 Minuten köcheln.

Gelbe Linsen

Man braucht sie nicht einzuweichen, nur 20 Minuten kochen. Leichter verdaulich als Linsen in der Schale.

Klein & nahrhaft

Der Linsenstrauch ist eine der ältesten Kulturpflanzen des Menschen. Seine nährstoffreichen Samen sind Basis vieler Gerichte aus Frankreich, Italien, Spanien, Russland und dem Orient.

Rote Linsen

Sie sind vor allem in Indien, Ägypten und der Türkei beliebt. Geschälte Sorte, man braucht sie nicht einzuweichen. Sie sind in 15–20 Minuten gar. Achtung, sie zerfallen leicht.

Berglinsen

Braune Berglinsen, etwa aus Umbrien, sind von einer festen, braun- oder graugrünen Schale umgeben und wegen ihres kräftigen Geschmacks beliebt.

LINSEN – LÖFFELKRAUT

Litchi

Die saftigen Früchte aus Ostasien mit dem perlmuttartigen Fruchtfleisch gelten in China als feinste aller Früchte. Man bekommt sie hier zu Lande als Konserve und frisch inzwischen in den meisten Supermärkten. Ihr mild-säuerliches Fruchtfleisch besitzt ein dezentes Rosenaroma.
Verwendung: wird roh gegessen, in Obstsalaten, als Kompott, als Beilage zu Fleisch, Geflügel, Fisch, Reis

Livarot

Der französische → Weichkäse mit Rotflora (40 % F. i. Tr.) wurde früher, um ein Verlaufen des reifen Käses zu verhindern, mit Binsen umwickelt und wird auch heute noch mit einer ähnlich aussehenden Banderole aus Spezialpapier versehen.

Löffelkraut

Das Küchenkraut schmeckt leicht salzig, scharf-beißend und kresseartig.
Verwendung: Löffelkraut kann sparsam für Salate, Saucen und Kartoffelgerichte verwendet und mitgegart werden (→ Kresse).

Lollo bianco

Lollo zählt trotz des gegenteiligen Eindrucks nicht zu den kopfbildenden Salaten, sondern zu den → Pflücksalaten: Erntet man die Blätter einzeln von außen, wächst der Salat immer wieder nach.
Verwendung: wie → Lollo rosso

Lollo rosso

Im Bild die rotblättrige Varietät des Lollo. Die weiße und rote Sorte unterscheiden sich nicht im Geschmack.
Verwendung: als Garnitur, in Blattsalat-Mischungen – dazu passen Basilikum, Estragon, Kerbel, Petersilie, Pimpinelle und Schnittlauch

Longan(e)

Sowohl botanisch als auch in Geschmack und Verwendung ist die Longan eng mit der → Litchi verwandt. Sie wird vor allem in Indien und Taiwan kultiviert, aber frisch nur selten exportiert.
Verwendung: kann geschält und entkernt als Frischobst und als Dessert gegessen werden; auch zu Kompott zu verarbeiten

→ Loganbeere siehe bei **Taybeere**

LOGANBEERE – LOTTE

Longaniza

Eine spanische → Rohwurst aus Schweinefleisch, die in verschiedenen Regionen produziert wird. Im Bild eine Longaniza de Aragón. Sie wird in Teruel hergestellt, wo auch der hochwertige Serrano-Schinken herstammt.

Loquat

Wird auch Wollmispel genannt. Die pflaumengroße Frucht des subtropischen Baumes hat ein festes, angenehm säuerliches Fleisch. Vollreif wird sie roh gegessen.
Verwendung: als Gelee, Kompott, Konfitüre und Kuchenbelag

Lorbeer

Die Blätter des Lorbeerstrauchs werden frisch (siehe Bild) und getrocknet verwendet. Ihr herber, leicht bitterer Geschmack passt zu sauren Speisen und zu Schmorgerichten mit Fleisch oder Wild.
In Asienläden findet man manchmal andere lorbeerähnliche getrocknete Blätter. Es handelt sich dabei um den Indonesischen Lorbeer, der zur Familie der Myrtengewächse zählt, sowie um die Blätter des Zimtstrauchs, der seinerseits ein Lorbeergewächs ist. Beide werden häufig für Currys verwendet.

→ Lotte siehe bei **Seeteufel**

213

Lotus

Von der asiatischen Pflanze werden Wurzeln, Blütenknospen und Samen verwendet: Lotuswurzeln sind dicke, von Röhren durchzogene Rhizome. Sie finden in den Küchen Asiens geschält und oft in Scheiben geschnitten gekocht, gebacken oder geschmort Verwendung. Hier zu Lande sind die Wurzeln als Konserve erhältlich. Die Blütenknospen der Lotuspflanze werden in Asien als Gemüse verwendet, die Samen aus den Fruchtständen (Lotusnüsse) als Knabberei.

Louisiana Sumpf-Flusskrebs

Dieser Krebs ist der weltweit am häufigsten gefischte Flusskrebs. Charakteristisch für ihn ist der leuchtend rote Panzer.

Löwenzahn

Löwenzahn schmeckt bitterwürzig – insbesondere der kleinblättrige Wilde Löwenzahn. Im Bild der größere, vorwiegend in Frankreich geschätzte Kultur-Löwenzahn – hier eine Sorte mit spitzen, nur mäßig gezahnten Blättern. Löwenzahn wird auch gebleicht angeboten und enthält dann deutlich weniger Bitterstoffe als die Wildpflanze.
Verwendung: als Salat; harmoniert gut mit Salatdressings aus Walnussöl und Rotweinessig

→ Loup atlantique siehe bei **Seewolf**
Loup de mer siehe bei **Wolfsbarsch**

LOTUS – LYONER

Luganega

Die italienische → Rohwurst hat eine typische Form. Im Bild eine »Luganega fresca«. Besonders charakteristisch ist ihre einmalige Würzung, bei der Pfeffer eine wichtige Rolle spielt. Das Brät dieser Wurst wird – wie Mett – auch für Pastasaucen und Risotti verwendet.

Lumb

Der Lumb wird nur vor Norwegen in großen Mengen gefangen. Er ist meist als Filet im Handel. Sein Fleisch erinnert im Geschmack an Hummer. Es wird auch zu Stockfisch (→ Klippfisch) verarbeitet.

Lyoner

Eine der bekanntesten Vertreterinnen der Familie der → Brühwürste; in Deutschland auch als → Fleischwurst bekannt. In Frankreich wird sie auch mit Pistazienkernen gewürzt. Im Bild eine Geflügellyoner im Kunstdarm.
Verwendung: Lyoner wird vorwiegend kalt gegessen, unter anderem auch in Nudel- und Wurstsalaten.

→ Luffa siehe bei Gurke

Mahón

Schnittkäse aus Kuh- und (weniger) Schafmilch aus Menorca, mürber Teig, 45 % Fett i. Tr. Im Geschmack mild und doch charakteristisch. Wird oft auch in Olivenöl eingelegt.

Maifisch

Der auch Alse genannte Heringsfisch lebt in Küstengewässern und steigt nur zum Laichen die Flüsse hinauf. Er ist inzwischen recht selten.
Zubereitung: Der Maifisch eignet sich besonders zum Braten. Geräuchert schmeckt er nur vor dem Ablaichen gut, danach ist das Fleisch zu trocken.

Maipilz

Der schmackhafte Speisepilz ist wild wachsend häufig zu finden. Er hat ein festes Fleisch, seine Farbe ist veränderlich; er verströmt einen intensiven angenehmen Mehlgeruch und darf nicht roh gegessen werden.
Verwendung: besonders gut zum Einlegen, Trocknen, als Würzzutat geeignet

→ Macis siehe bei **Muskatblüte**

Mais

Gemüsemais

Wird auch Speise-, Zucker- oder Süßmais genannt. Er unterscheidet sich vom Körnermais (siehe S. 218) durch kleinere Kolben, frühere Reife und seinen deutlich süßen Geschmack. Die Körner sind rund und glatt, auf Druck tritt ein milchiger Saft aus.
Zubereitung: Kolben in Salzwasser gekocht oder mit Butter bestrichen gegrillt; Körner als Gemüse und in Salaten; Kolben gut gekühlt lagern, bald verbrauchen

Mini-Mais

Von einigen Gemüsemaissorten können auch die ganz jungen, noch kleinen (nur knapp 10 cm langen) Kölbchen geerntet werden. Sie sind frisch vor allem in Asien beliebt und werden bei uns gern sauer eingelegt angeboten. Mini-Mais ist so zart, dass man ihn im Ganzen verzehren kann.

Schwarzer Mais

Wird auch Blauer Mais genannt. Eine sehr attraktive Körnermaissorte (mehr zum Körnermais auf der folgenden Seite) – hier ein Beispiel aus Peru. Die Körner werden frisch gegessen, aber auch gemahlen und zu Tortillas verbacken.

Mais, Körnermais

Körnermais enthält weniger Zucker, dafür mehr Stärke als Gemüsemais (siehe S. 217). Er wird nicht nur als Futtermittel, sondern auch als Getreide genutzt. Insbesondere in Amerika ist Mais nach wie vor die wichtigste Körnerfrucht überhaupt. Im Bild: Hart-, Stein- oder Hornmais, aus dem unter anderem Cornflakes hergestellt werden.

Mais, Maismehl

Maismehl wird aus besonders stärkereichen Körnermais-Varietäten gemahlen. Es kann je nach Körnersorte eine weiße, gelbe oder auch bläuliche (siehe S. 217) Farbe haben.
Verwendung: Maismehl ist Hauptzutat für Fladen, etwa mexikanische Tortillas. Zum Brotbacken eignet es sich nur mit anderen Mehlarten vermischt.

Majoran

Das mit dem → Oregano eng verwandte Kraut wird geerntet, bevor sich die prallen Blütenknospen öffnen, da die Pflanze zu diesem Zeitpunkt das beste Aroma entfaltet.
Verwendung: frisch und getrocknet zu Gegrilltem, zu (Leber-)Wurst, Schweinebraten, in Eintöpfen mit gepökeltem Fleisch und/oder Hülsenfrüchten; ideal in der Kombination mit Knoblauch und Zwiebeln

MAIS – MANCHEGO

Makadamianuss

Makadamianüsse gehören zu den besten, wertvollsten Nüssen überhaupt. Sie sind ausgesprochen fettreich, haben einen sahnigen Kern von apartem, sanft kastanienartigem Geschmack.
Verwendung: geröstet und heiß serviert; für Cremes, Gebäck, Konfekt und Speiseeis geeignet

Makrele

Makrelen sind relativ fettreiche, sehr schmackhafte Hochseefische, die in allen Meeren vorkommen. Im Bild die Atlantische Makrele.
Zubereitung: Frische Makrelen eignen sich zum Braten, Grillen und Schmoren, geräucherte Makrelen sind eine kalte Delikatesse.

Manchego

Der wohl bekannteste → Hartkäse Spaniens darf im Original ausschließlich von den Hochebenen der Mancha kommen und nur aus der Milch der Manchega-Schafe hergestellt werden. Teilweise wird auch heute noch Rohmilch verwendet.
Manchego kann bereits jung als Tafelkäse verzehrt werden. Länger gereift entwickelt er sich weiter zu einem exzellenten, würzigen Reibkäse.

219

Mandarine

Clementine

Diese sehr aromatische Mandarine wird heute am häufigsten im Mittelmeerraum angebaut.

→

Satsuma

Die bekannte japanische Mandarinenart wird vor allem in Ostasien und in Spanien kultiviert.

↓

Sonnenfrüchte

Alle Mandarinenarten lassen sich leicht schälen, enthalten keine oder nur wenige Kerne und besitzen ein zartes, saftiges Fruchtfleisch. Die Sortenvielfalt ist riesig, weil sich Mandarinen sowohl untereinander als auch mit Orangen bzw. Pampelmusen und Grapefruits leicht kreuzen lassen.

Temple

↑

Wird auch 'Temple Orange' bezeichnet. Eine Kreuzung von Mandarine und Orange, auch Tangor genannt. Sehr saftig.

← ## Minneola

Diese Kreuzung aus Tangerine (einer Mandarinenart) und Grapefruit ist die weltweit wichtigste Tangelo. Sehr saftig.

MANDARINE – MANGOSTANE

Mandel

Die ovalen Samen der Steinfrüchte des Mandelbaums sind süß oder bitter mit feinem, lieblichem Geschmack. Im Bild die hartschaligen Steinmandeln; Krachmandeln dagegen besitzen eine poröse, zerbrechliche Schale.
Verwendung: Mandelkerne dienen als delikate Würze für Gebäck, Torten, Süßspeisen, auch für Fleisch, Nudeln, Reis und Salate oder gebrannt zum Knabbern; Grundstoff von Marzipan.

Mango

Von der großen tropische Steinfrucht gibt es eine riesige Sortenvielfalt, wobei sich die Früchte in Größe, Schalenfarbe und auch im Geschmack – viele Sorten besitzen eine mehr oder weniger starke harzige Note – deutlich unterscheiden können. Beim Kauf darauf achten, dass das Fruchtfleisch auf Fingerdruck ein wenig nachgibt, die Schale keine schwarzen Flecken aufweist und die Frucht einen angenehmen Duft verströmt.
Verwendung: als Frischobst, Basis für Desserts, Beigabe zu pikanten Speisen (nur erwärmen, nicht mitgaren)

Mangostane

Die aus der malaiischen Inselwelt stammende und heute in ganz Ost- und Südostasien sowie Australien angebaute Frucht ist eine der köstlichsten Tropenfrüchte: Sie hat einen delikaten, wunderbar milden und ausgewogen süßsäuerlichen Geschmack. Nur zum Frischverzehr geeignet; nicht erhitzen.

Mangrovenkrabbe

Die größte, im tropischen Indopazifik verbreitete Schwimmkrabbe ist zugleich die wirtschaftlich und kulinarisch wichtigste in ganz Südostasien. Sie gehört dort zu den beliebtesten Krustentieren. Ihr Fleischanteil ist beträchtlich und die Fleischqualität beachtlich. In Japan und Thailand wird das Krabbenfleisch auch zu Konserven verarbeitet und exportiert.

Maniok

Maniok stammt ursprünglich aus Südamerika. Die wichtigsten Produzenten sind inzwischen Brasilien, Nigeria und Thailand. Die Wurzelknollen des Strauchs können bis zu 1 m lang werden und jahrelang im Boden verbleiben, ohne dass sie verderben.
Verwendung: Die Knollen werden als stärkehaltiges Gemüse zubereitet. Auch die Blätter kann man als Gemüse essen, aus den Knollen wird Stärke gewonnen (→ Stärkemehle, Tapioka).

Manouri

Der griechische → Frischkäse (ca. 70 % F. i. Tr.) wird wie der Schweizer → Zieger aus Molke hergestellt. Er hat einen porzellanweißen schnittfesten, elastisch-weichen Teig von sahnigem, angenehm säuerlichem Geschmack.

MANGROVENKRABBE – MARONE

Margarine

Streichfähige Wasser-in-Öl-Emulsion, aus Fetten und Ölen vorwiegend pflanzlicher Herkunft.
Verwendung: Als Aufstrichfett, zum Braten, Backen, Dünsten. Diätmargarine hat einen höheren Wasser- und damit geringeren Fettanteil. Sie ist zum Kochen und Braten nicht geeignet.

Marmorbrassen

Er gehört zu den häufigsten Meerbrassen. Sein Fleisch ist zwar etwas grau, aber fest und geschmacklich von mittlerer Qualität.

Maroilles

Dieser französische → Weichkäse aus Kuhmilch mit Rotschmiere (mind. 45 % F. i. Tr.) ist der Grundtyp für zahlreiche lokale und überregionale Varianten in Frankreich. Er hat einen würzigen, kräftigen Geschmack und wird in der typisch quadratischen Form hergestellt.

→ Maracuja siehe bei **Passionsfrucht**
Maräne, Große siehe bei **Renke**
Marone siehe bei **Esskastanie**

M

Maronenröhrling

Der feste, fleischige Speisepilz mit seiner braunen Kappe hat einen angenehm nussigen Geschmack.
Verwendung: Maronenröhrlinge lassen sich auf alle Arten zubereiten, gebraten, gedünstet als Gemüse und in Gulasch.

Masala

Masala ist das indische Wort für Gewürz und kommt entsprechend in den Namen der verschiedensten indischen Gewürzmischungen vor. Im Bild Garam Masala, in das meist Pfeffer, Kardamom, Nelken und Zimt gehören.
Auch Currypulver wird in Indien als Masala bezeichnet. Diese Gewürzmischungen werden dort vielfach noch selbst hergestellt, passend zu den Zutaten des Currygerichts.

Mascarpone

Dieser beliebte italienische → Frischkäse mit 45–55 % F. i. Tr. wird aus Sahne hergestellt. Sein weißlicher bis strohgelber Teig ist kompakt, aber geschmeidig und streichfähig und von mildem Geschmack.
Verwendung: für Backwerk; gute Grundlage für süße Desserts; auch Füllung für Teigwaren

→ Marron siehe bei **Australkrebs, Großer**
Matjes siehe bei **Hering**
Mee siehe bei **Nudeln, asiatische**

MARONENRÖHRLING – MEERDATTEL

Meeräsche

Die in den gemäßigten und tropischen Meeren heimischen Mitglieder aus der Familie der Meeräschen sind wichtige Konsumfische. Je nach Fanggebiet können sie von unterschiedlicher Qualität sein; am besten sind kleine Exemplare. Im Bild die Großköpfige Meeräsche, wird in Europa und Amerika häufig gefischt.

Meerbarbe

Meerbarben sind Bodenfische der gemäßigten und tropischen Meere. Ihr delikates weißes Fleisch hat nur wenige Gräten. Im Bild die Rote Meerbarbe, die lebend silbrig grau gefärbt ist.
Zubereitung: Der Fisch schmeckt gedünstet, gegrillt und gebraten.

Meerdattel

Die mit der → Miesmuschel verwandten länglichen Muscheln gelten rund ums Mittelmeer als Delikatesse. Sie sind schwierig zu ernten, da sie sich in Kalkstein einbohren.

M

Meerengel

Der auch Engelhai genannte Fisch gehört wie Hai und Rochen zu den Knorpelfischen. Sein Fleisch ist weiß, fest und daher sehr geschätzt. Der Meerengel kommt meist enthäutet als Frischfisch auf den Markt. In Süditalien und der Türkei werden auch schon küchenfertig vorbereitete Koteletts angeboten.

Meeressalat

Diese → Alge ist auch unter ihrem lateinischen Namen Ulve bekannt. Mild, manchmal leicht süßlich im Geschmack, erinnert die Grünalge getrocknet in Geruch und Aussehen an Spinat, frisch (wie im Bild) dagegen eher an Blattsalat.
Verwendung: als Gemüse, Salat, Würze für Suppen, pikantes Gebäck; im asiatischen Raum ein Grundnahrungsmittel

Meerkohl

Die robuste Strandstaude wächst an den Küsten Nord- und Westeuropas wild, in den Handel gelangt jedoch nur kultivierte, gebleichte Ware: die etwa 20 cm langen Sprosse.
Zubereitung: Die fleischigen Blattstiele können wie Spargel verwendet werden, junge Triebe als Vorspeise, zarte Blätter als Salat

→ **Meerohr** siehe bei **Seeohr**
Meerrettich, Japanischer siehe bei **Wasabi**

Meerrettich

Von dem aus Ost- und Südosteuropa stammenden Meerrettich sind die langen Wurzeln von kulinarischem Interesse. Sie werden nur gerieben verwendet und sind ausgesprochen scharf. Ähnlich wie Meerrettich in Europa gibt es in Japan → Wasabi.
Verwendung: als Würze zu gekochtem und zu gebratenem Fleisch, Würstchen, Räucherfisch, Eiern und für Salatsaucen

Melde, Gartenmelde

Die Gartenmelde, aus Südosteuropa und Asien stammend, ist eng mit dem → Spinat verwandt. Sie wird nur selten in kommerziellem Stil, sondern vor allem in Hausgärten angebaut.
Verwendung: wie → Spinat

Melisse

Durch ihr mildes, aber intensives Zitronenaroma schmeckt Melisse sehr erfrischend. Am besten verwendet man die Blätter frisch, man kann sie aber auch trocknen. Im Bild die in Deutschland heimische Weiße Melisse. Die im Aussehen ähnliche, ebenfalls häufig verwendete Zitronenmelisse entfaltet bereits beim Berühren ein intensives Zitronenaroma.
Verwendung: zum Würzen von Salaten, Tomaten; für Kräutersaucen – nicht mitkochen – und als Tee

→ **Melasse** siehe bei **Zucker**

Melone

Wassermelone

Wassermelonen der Sorte 'Crimson Sweet' erkennt man an der unregelmäßig gestreiften Schale.

Wassermelone

'Charleston Gray', eine große, birnenförmige Wassermelone mit harter, dünner Schale und hellem Fleisch.

Saftige Riesen

Bei Melonen, die zu den Kürbisgewächsen gehören, unterscheidet man grundsätzlich zwischen Wasser- und Zuckermelonen. Wassermelonen bestehen zu 95 % aus Wasser; das Fruchtfleisch ist knackig bis mürbe und von vielen Kernen durchsetzt. (Forts. rechts)

Honigmelone

Die Gelbe Honigmelone ist die bekannteste Zuckermelone. Süßes, festes, saftiges Fruchtfleisch, glatte Schale.

Honigmelone

Spanische Honigmelonen vom Typ Tendral sind länglich-oval und besitzen grünliches bis gelbliches Fleisch.

228

MELONE

Melone

Netzmelone

'Honey Rock' ist eine aromatische, sehr süße Netzmelone von leicht ovaler Form und mit orangefarbenem Fleisch.

Netzmelone

Aus dem Iran stammt diese über 2 kg schwere, ovale gelbe Netzmelone mit cremefarbenem Fruchtfleisch.

Süße Melonen

Bei den Zuckermelonen liegen die Kerne in der Mitte, das Fruchtfleisch enthält weniger Wasser und bis zu 10 % Zucker. Man unterscheidet die glatten Honig- oder Wintermelonen (Bilder linke Seite), die Netzmelonen mit korkiger Schalenstruktur und die (glatten oder genetzten) Cantaloup-Melonen.

Cantaloup-Melone

Die Warzenmelone mit ihrer attraktiv gestreiften, unregelmäßigen Schale gehört zu den Cantaloup-Melonen.

Cantaloup-Melone

Die sehr aromatische Charentais, zuweilen auch unter dem Namen »Cavaillon-Melone« im Handel, gilt als eine der besten Cantaloup-Melonen.

229

Mettwurst

Feine Mettwurst

Diese auch Feine Teewurst genanne → Rohwurst besteht aus einem sehr feinen Brät aus Schweine-, eventuell auch Rindfleisch und (Bauch-)Speck. Sie ist je nach Rezept unterschiedlich lange gereift, teils auch geräuchert.

Grobe Mettwurst

Wird auch Grobe Teewurst gennant. Streichfähige → Rohwurst mit nicht sehr fein zerkleinertem Brät aus Schweine-, eventuell auch Rindfleisch. Kalt geräuchert, recht würzig. Ebenso wie die → Feine Mettwurst nicht für eine lange Lagerung geeignet.

Kochmettwurst

Wegen ihrer Verwendung zum Mitkochen in deftigen Eintöpfen wird diese leicht getrocknete → Rohwurst aus Niedersachsen als Kochmettwurst bezeichnet.

→ **Mie** siehe bei **Nudeln, asiatische**

METTWURST – MIMOLETTE

Miesmuschel

Ein erschwinglicher Leckerbissen aus dem Meer sind Miesmuscheln mit ihrem festen, schmackhaften Fleisch. Im Bild Nordsee-Miesmuscheln. Sie werden in größerem Stil in den Niederlanden, Dänemark, Frankreich und Deutschland gezüchtet. Die Mittelmeer-Miesmuschel unterscheidet sich durch die breiteren Schalen von der Nordsee-Miesmuschel.

Milch

Als nahrhafte Flüssigkeit für das neugeborene und heranwachsende Jungtier ist die Milch der Nutztiere reich an lebenswichtigen Stoffen wie Eiweiß, Mineralstoffen und Vitaminen. Als »Milch« (ohne weiteren Zusatz) darf hier zu Lande nur Kuhmilch verkauft werden; Milch von Büffeln, Schafen, Ziegen oder anderen Tieren muss im Handel entsprechend gekennzeichnet werden.

Mimolette

Der niederländische → Schnittkäse (mind. 40 % F.i.Tr.) hat einen intensiv gelborange gefärbten Teig von geschmeidiger bis fester und mürber Konsistenz. Ein großer Teil der Produktion reift in Frankreich zum »Mimolette vielle«, einem würzigen Reibkäse.

Minze

Edelminze

Wird auch Österreichische Minze genannt. Glatte Blätter mit einem milden, leicht parfümierten Aroma.

Naneminze

Heißt auch Türkische Minze. Kümmelähnliches Aroma. Ähnlich im Aussehen, aber süßer im Geschmack ist die Marokkanische Minze.

Stark im Aroma

Minze ist mit rund 20 Arten in fast allen gemäßigten Zonen verbreitet. Kulinarische Bedeutung haben die Varietäten von Grüner Minze und Pfefferminze. Charakteristisch ist die auf den Mentholgehalt der Blätter zurückzuführende frische Kühle. Am besten entfaltet sie ihr Aroma in Verbindung mit Zucker.

Spearmint

Die beliebteste Minze in England. Sie wird bevorzugt zu Minzsauce für Lammgerichte verarbeitet.

Pfefferminze

Englische Pfefferminze der Sorte 'Mitcham'. Die bekannteste aller Pfefferminzen und die wichtigste Kulturform.

MINZE – MISO

Mirabelle

Die kugeligen bis kugelig ovalen Steinfrüchte haben eine gelbgrüne Haut und besitzen ein gelbes saftiges Fruchtfleisch. Sie sind würzig und sehr süß.
Verwendung: zum Rohessen, Einmachen (mit Kern), Dörren; auch als Kompott und für Konfitüren

Miraclaude

Wie der Name bereits besagt, ist die Miraclaude eine Kreuzung aus → Mirabelle und → Reneklode.
Verwendung: Wie diese beiden Sorten eignet sich die Miraclaude zum Rohessen, für die Zubereitung von Kompott, Konfitüre und zum Einmachen.

Miso

Japanische Würzpaste aus pürierten Sojabohnen, fermentiertem Getreide und Salz. Im Bild Aka-Miso, das mit Reisferment hergestellt wird. Es ist im Geschmack mild und fast süßlich. Mugi-Miso wird mit Gerstenferment hergestellt und schmeckt etwas intensiver.
Verwendung: für asiatische Suppen, Saucen, Gemüse-, Eintopf- und Getreidegerichte sowie Marinaden

233

Mispel

Im Herbst verfärben sich die Früchte des dornigen Mispelstrauchs mit zunehmender Reife orangefarben bis braun. Genießbar sind sie aber erst nach dem ersten Frost, dann schmecken sie angenehm säuerlich wie Aprikosen.
Verwendung: zur Zubereitung von Marmelade und Gelee

Mitsuba

Wird auch Japanische Petersilie genannt. Das Kraut erinnert im Geschmack jedoch eher an eine Mischung aus Sauerampfer und Sellerie.
Verwendung: Mitsuba würzt in Japan Suppen und Tempura. Nicht mitkochen, sonst wird es bitter.

Mohn

Die ölhaltigen runden, blaugrauen oder cremeweißen Samen des Schlafmohns schmecken angenehm nussig.
Verwendung: Schwarzer Mohn (im Bild) ist ganz oder gemahlen in Mitteleuropa zum Bestreuen von Brotgebäck sowie für Beläge und Füllungen von Kuchen und süßem Kleingebäck beliebt. Weißer Mohn wird in der indischen Küche gemahlen zum Aromatisieren und Andicken von Currys verwendet.

MISPEL – MOMBINPFLAUME

Möhre

Die Möhre, auch Karotte, Mohrrübe sowie Gelbe Rübe genannt, zählt weltweit zu den wichtigsten Gemüsesorten. Sie besitzt einen feinsüßlichen Geschmack. Es gibt auch weiße, dunkelrote, in Asien gar violett gefärbte Arten. Im Bild Bundmöhren – so werden überwiegend frühe Möhrensorten mitsamt ihrem Grün angeboten.
Verwendung: äußerst vielseitig, roh und gekocht, etwa als Gemüse, Salat, Suppeneinlage, als Grundlage für Pürees

Molkenkäse

Im Bild Gjetost, ein norwegischer Molkenkäse. Ausgangsprodukt ist eingekochte Kuh- oder Ziegenkäsemolke. Dabei karamellisiert der Milchzucker, wodurch sich die braune Farbe und ein leicht süßlicher Geschmack ergeben.
Weitere Molkenkäse sind beispielsweise → Ricotta und Schabzieger (→ Zi(e)ger).

Mombinpflaume

Die Rote Mombinpflaume, eine Verwandte der → Mango, wächst unter anderem im tropischen Südamerika, in der Karibik und auf den Philippinen. Die bis zu 5 cm langen, saftigen, süß-aromatischen Früchte eignen sich für die Herstellung von Gelees, Marmeladen und Konserven.

235

Monarde

Aus Nordamerika stammen die Monarden, Kräuter, deren Charakteristikum das würzig säuerliche Bergamotte-Aroma ist. Im Bild die Purpurfarbene Monarde. Ihr Aroma erinnert an Kampfer. Sie verfeinert Obstsalate und Eingemachtes.

Mondseer

Der auch »Schachtelkäse« genannte → Schnittkäse mit 45 % F. i. Tr. wird im österreichischen Salzkammergut produziert. Er hat eine leichte Rotschmiere auf der Oberfläche, sein Teig ist von kräftigem Geschmack.

Montasio

Der Käse mit glatter gelbrötlicher Rinde und strohfarbenem Teig (mind. 40 % F. i. Tr.) stammt aus den italienischen Provinzen Udine und Gorizia. Er wird in unterschiedlichen Reifegraden angeboten: Jung ist er ein milder, fast süßlicher Tafelkäse, gereift ein kräftig pikanter Reibkäse.
Im Bild ein »Montasio mezzano«; er wird meist nach 2–4 Monaten verzehrt.

MONARDE – MORBIER

Monterey

Der auch Monterey Jack genannte → Schnittkäse ist eine → Cheddar-Variante aus Kalifornien. Ungefärbt, wie hier, ist er der typische Pizzakäse in den USA, gut gereift dient er als Reibkäse.

Moosbeere

Die mit der → Preiselbeere verwandte Moosbeere, auch Torf- oder Sumpfmoosbeere genannt, wächst in den Voralpen, in Nordeuropa, Russland und Nordamerika.
Verwendung: Man kann die säuerlichen Beeren frisch verzehren, aber auch zu Kompott, Gelee oder Saft verarbeiten.

Morbier

Der französische → Schnittkäse (45 % F. i. Tr.) aus der Region Franche-Comté hat als typisches Merkmal in der Mitte eine früher mit Ruß, heute mit Holzkohle gefärbte Teigschicht. Er ist im Geschmack mild und eher neutral.

Morchel, Chinesische

Der trotz seines Namens nicht mit der Spitzmorchel (siehe unten) verwandte schwammähnliche tropische Pilz wird auch Silberohr oder Weißer Holzohrenpilz, auf Englisch »White fungus« genannt. Er ist nur getrocknet im Handel.
Nicht zu verwechseln mit → Mu-err, der ebenfalls als Chinesische Morchel in den Handel kommt.

Morchel, Spitzmorchel

Die jung graubeige, älter olivbraune bis schwärzliche Spitzmorchel ist ein sehr guter Speisepilz mit feinem Aroma und würzigem Geschmack.
Verwendung: gedünstet und gekocht, für Suppen, Saucen, Omeletts, Ragouts usw.; lässt sich gut trocknen

Mortadella

Bis zu 50 kg kann die aus Bologna stammende → Brühwurst auf die Waage bringen. Als beste Sorte gilt Mortadella mit Zutaten ausschließlich vom Schwein: Schweinefleisch, -speck, -schwarten und -kutteln. Als Gewürze werden Pfeffer, Koriander, Piment und Zimt zugegeben. Man sollte die Wurst hauchdünn aufschneiden, damit das Aroma voll zur Geltung kommt.

→ Morcilla siehe bei **Blutwurst, spanische**

MORCHEL – MUNSTER

Mozzarella

Eine Spezialität der italienischen Regionen Kampanien und Latium sind → Pasta-Filata-Käse aus Büffelmilch. International bekanntestes Erzeugnis ist die delikate »Mozzarella di bufala« (im Bild). Mozzarella wird heute allerdings in vielen Ländern auch aus Kuhmilch hergestellt, in verschiedensten Formen und Größen, in Lake eingelegt oder gepresst. Leicht gereifte, geräucherte Mozzarella ohne Lake ist unter dem Namen »Scamorza« erhältlich.

Mu-err

Der vor allem in Ostasien beliebte Speisepilz wird auch Judasohr und Chinesische Morchel genannt. Er hat frisch ein gallertartiges, fades Fleisch; ist hier zu Lande fast ausschließlich getrocknet im Handel.
Verwendung: frisch roh oder blanchiert für Salate, getrocknet und eingeweicht als Mischpilz in asiatischen Gerichten

Munster

Dieser → Weichkäse aus Kuhmilch mit Rotschmiere (mind. 40 % F. i. Tr.) ist nach dem Munstertal im Elsass benannt. Unter der kräftig orangefarbenen feuchten Rinde verbirgt sich ein geschmeidiger Teig mit erdig pikantem Aroma.
Verwendung: ein Imbisskäse, aber auch gut mit Kümmel zu Pellkartoffeln

239

Muscheln

Muscheln gehören zu den ältesten Nahrungsmitteln der Menschen. Seit der Antike sind sich Feinschmecker zudem darin einig, dass sich unter so mancher Schale wahre Delikatessen verbergen. Um den Bedarf an Muscheln befriedigen zu können, werden heute vor allem Miesmuscheln und Austern in ausgedehnten Muschelgärten gezüchtet.

Klassisch und immer wieder köstlich: Miesmuscheln, gegart in einem Sud mit Wurzelgemüse, Gewürzen und einem guten Schuss Weißwein.

MUSCHELN

Muschelzucht

Miesmuscheln werden vor allem in Spanien und den Niederlanden in großem Stil gezüchtet. Dabei werden entweder Muschelbänke auf dem Meeresgrund angelegt, oder man setzt die Muscheln an Taue beziehungsweise Pfähle. Muscheln, die frisch auf den Markt kommen, werden gleich an Bord gewaschen und meist auch verpackt. Da sich vor allem Miesmuscheln stark vermehren (eine Muschel kann zwei bis drei Mal jährlich 5–12 Millionen Eier ablegen), ist die Zucht kein Problem. Jakobsmuscheln lassen sich dagegen nicht züchten, das erklärt auch ihren relativ hohen Preis.

Einkauf und Aufbewahrung

Beim Einkauf von Muscheln sollte man, wenn möglich, darauf achten, dass sie aus sauberen Gewässern kommen. Die Tiere sind nämlich effektive »Filteranlagen« (so filtert eine kleine Miesmuschel 2 l Wasser stündlich), weshalb sich in ihrem Fleisch Schadstoffe konzentrieren können. Da das vor allem im Sommer der Fall ist, entstand die Regel, Muscheln nur in den Monaten mit einem »r« zu verzehren.

Muscheln werden frisch, tiefgefroren sowie als Konserven angeboten. Man sollte sie möglichst frisch verzehren. Frische oder gegarte Muscheln halten sich im Kühlschrank 1–2 Tage. Gegart und geschält kann man sie bis zu 3 Monate einfrieren.

Zur großen Familie der Venusmuscheln zählen glatt- und rauschalige, graue, hell- und dunkelbraune Arten, gemusterte und einfarbige.

Muscheln putzen

Miesmuscheln werden oft gesäubert und entbartet angeboten. Waschen sollte man sie aber in jedem Fall. Einige Muschelarten muss man zudem wässern, um Sand aus den Schalen zu entfernen. Zum Entbarten, nach dem Säubern/Bürsten die Fäden, mit denen sich die Tiere am Untergrund verankern, entfernen (siehe Glossar Seite 459). Offene Exemplare, die sich nach dem »Anklopfen« nicht schließen, wegwerfen. Beim Garen öffnen sich die Muscheln, jetzt noch geschlossene ebenfalls unbedingt wegwerfen. Jakobsmuscheln werden vor dem Garen geöffnet und ausgelöst.

Muskat

Muskatfrucht

Von den Früchten des auf den Molukken und in Neuguinea beheimateten Muskatbaums werden nur der orange- bis karminrote dünne Samenmantel (→ Muskatblüte) und der Samen (→ Muskatnuss), nicht aber die Schale verwendet.

Muskatnuss

Die Muskatnüsse mit ihrer netzartigen Oberfläche stecken in harten Schalen, die jedoch von den Nüssen im Handel meist bereits entfernt sind (im Bild im Hintergrund). Muskatnüsse haben ein angenehm süßbitteres Aroma.
Verwendung: Muskatnuss wird fast ausschließlich gerieben verwendet; man würzt damit nicht nur Suppen, Saucen, Gemüse, Fisch, Fleisch, Wurst und Teigwaren, sondern auch Backwaren und Süßspeisen.

Muskatblüte

Muskatblüte oder Macis verliert beim Trocknen an Farbe (siehe zum Vergleich das Bild ganz oben). Sie ist ganz und gemahlen im Handel; ihr Aroma gleicht dem der Muskatnuss, es ist jedoch feiner und nicht so scharf-brennend. Muskatblüte muss immer mitgekocht werden.

MUSKAT – NATRON

Napfschnecke, Gemeine

Die Meeresschnecke ist von Nordnorwegen bis Nordspanien auf Strandfelsen zu finden. Das Fleisch ist recht zäh, aber von gutem Geschmack. Man kann die Napfschnecke sogar roh essen oder grillen.

Nashi

Das Kernobst, hier eine helle gelbgrüne Sorte, ist von mildem Aroma, besitzt ein saftiges, knackiges Fruchtfleisch und ist dabei sehr druckempfindlich. Obwohl Nashi das japanische Wort für Birne ist, erinnert ihr Geschmack eher an Apfel.
Verwendung: vor allem zum Rohessen

Natron

Die chemisch korrekte Bezeichnung für Natron ist Natriumhydrogencarbonat. Es ist Bestandteil von → Backpulver, kann aber auch allein als Backtriebmittel verwendet werden, da es bei Temperaturen über 50 °C instabil wird und sich unter anderem teigtreibendes Kohlendioxid bildet.

→ **Nangka** siehe bei **Jackfrucht**

243

Nektarine

Botaniker halten die Nektarine entweder für eine Mutante des → Pfirsichs oder für eine Kreuzung von Pfirsich und → Pflaume. Sie hat ein saftig aromatisches Fleisch und einen leicht weinartigen säuerlichen Geschmack.
Im Bild Nektarinen der Sorte 'Flavortop'. Gelbfleischige, mittelgroße, feste Früchte. Vor allem in Italien angebaut.
Verwendung: kann mit oder ohne Haut frisch gegessen werden, eignet sich für Obstsalate, zu Quark, Sahne und Eis

Netzreusenschnecke, Glatte

Die bis zu 4 cm lange Meeresschnecke kommt fast ausschließlich im Mittelmeer vor und wird vor allem in Italien in großen Mengen gefangen.
Zubereitung: Wie bei allen Schnecken ist darauf zu achten, dass sie entweder sehr kurz, d. h. weniger als 1 Minute gegart oder aber sehr lange geschmort werden.

Neufchâtel

Der ursprünglich aus dem Pays de Bray in der Normandie stammende Käse (45 % F. i. Tr.) – im Bild in der typischen Herzform – ist je nach Reife mild bis herzhaft im Geschmack.
Nach Art des Neufchâtel werden in Frankreich eine ganze Reihe von → Weichkäsen mit Weißschimmel hergestellt. Die Oberfläche ist von dichtem Schimmel bedeckt, der sich jedoch mit fortschreitender Reife zurückentwickelt.

→ **Nelke** siehe bei **Gewürznelke**
Nelkenpfeffer siehe bei **Piment**
Nerfling siehe bei **Aland**

Neuseelandspinat

Die dickfleischigen Blätter dieser kultivierten Gemüsepflanze werden ähnlich wie → Spinat zubereitet, auch roh als Salat oder kurz gedünstet als Gemüse.

Nori

Sie sind in Japan die wichtigsten → Algen. Unter diesem Oberbegriff werden allerdings rund 30 verschiedene Rot- und Grünalgen gehandelt. Das Meeresgemüse wird frisch (mitgegart) und getrocknet verwendet. Es schmeckt leicht süßlich. Die gekochten, gepressten und getrockneten Algen dienen als Hülle für Sushi, als Würzmittel für Nudeln, Reis und Salate.

Novita

Eine relativ neue Blattsalatzüchtung aus den Niederlanden. Der nur mittelgroße Köpfe bildende Salat besitzt vergleichsweise zarte Blätter und ist daher nicht lange haltbar. Schmeckt am besten mit nur zart aromatisierten leichten Vinaigrettes.

→ **Nordseekrabbe** siehe bei **Garnele**

Nudeln

Heute sind Nudeln in den Küchen der ganzen Welt zu finden, Ursprungsland von (europäischen) Teigwaren aber ist Italien. Schon im 18. Jahrhundert gab es in Neapel über 200 Pasta-Hersteller. Damals galten Nudeln als Fastfood, heute dagegen ist vor allem frische selbst gemachte Pasta mit der passenden Sauce Kochkunst pur.

Tortiglioni, al dente gegart, mit einer Sauce aus frischem Gemüse, dazu geriebener würziger Käse: ein klassisches mediterranes Nudelgericht.

NUDELN

Fertigprodukte

Fertige getrocknete Nudeln gibt es in vielen Formen und Größen: von den langen und schmalen wie → Spaghetti und Maccheroni über → Bandnudeln, Schnittnudeln und geformte Nudeln bis hin zu → Suppennudeln oder regionalen deutschen Spezialitäten wie → Spätzle und Maultaschen. Nach der Teigwarenverordnung unterscheidet man eifreie Teigwaren (Pasta) aus Hartweizengrieß und Wasser sowie Eiernudeln mit verschieden großen Eigehalten. Bei letzteren können auch andere Getreidesorten (etwa Dinkel und Buchweizen) das Mehl für den Nudelteig liefern. Sehr gesund sind die mehr oder weniger bräunlichen → VOLLKORNNUDELN, sie enthalten die wertvollen Nährstoffe des ganzen Getreidekorns.

BUNTE NUDELN bieten ein abwechslungsreiches Aussehen, aber meist kein anderes Aroma als helle Nudeln. Gefärbt wird mit Gemüseextrakten oder -säften (etwa aus Spinat, Roten Beten, Tomaten), auch mit Safran oder Speisefarben; für schwarze Nudeln nimmt man Tintenfischtinte.

Für Gerichte aus dem Wok, aber auch für Suppen aus dem Fernen Osten sind ASIATISCHE NUDELN zu empfehlen. Neben Produkten aus Weizen (unter anderem Instantnudeln) gibt es in der asiatischen Küche auch Nudeln aus Reis- und Buchweizenmehl sowie aus Mungbohnenstärke (siehe dazu auch die folgenden Seiten).

Farbige Nudeln erhält man vor allem durch die Verarbeitung von Gemüseextrakten, Safran oder Tintenfischtinte im Nudelteig.

Selbst gemachte Nudeln

Tagliatelle, Spaghetti, Parpadelle, aber vor allem auch gefüllte Nudeln wie Ravioli, Tortellini, Cannelloni oder Nudelplatten für Lasagne schmecken am besten aus selbst gemachtem Pastateig.

Für einen Nudelteig aus Hartweizengrieß werden 125 g feiner Hartweizengrieß mit 125 g Mehl, 2 Eiern, 1 Eigelb und 1/3 TL Salz zu einem geschmeidigen Teig verknetet. Den Teig in Folie eingeschlagen für mindestens 1 Stunde kühl stellen, dann ausrollen und von Hand oder mit der Nudelmaschine in Form schneiden. Solche frische Pasta braucht nur wenige Minuten, bis sie im kochenden Salzwasser gar ist.

Nudeln, asiatische

Mee/Mie

Die chinesischen bzw. indonesischen Weizennudeln gibt es in vielen Stärken und Breiten, immer sind sie aber lang. Der Teig kann mit oder ohne Zugabe von Eiern hergestellt werden.
Verwendung: klassisch etwa als »Mie goreng«, ein indonesisches Gericht mit gebratenen Mie-Nudeln, Schweinefleisch, Garnelen, Weißkraut (oder anderem Gemüse) und Zwiebeln

Glas- und Reisnudeln

Reisnudeln sind trocken nahezu transparent, gegart dagegen milchig weiß. Umgekehrt bei Glasnudeln: Hergestellt aus vermahlenen Mungbohnen, wirken sie im getrockneten Zustand undurchsichtig weiß und werden erst durch das Garen glasig.
Zubereitung: Reisnudeln kann man überbrühen und im heißen Wasser ziehen lassen oder kochen oder einweichen und dann blanchieren. Glasnudeln werden vor dem Kochen meist in warmem Wasser eingeweicht und garen dann nur wenige Minuten.

Wan-tan-Blätter

Die Teigblätter sind die Hülle der beliebten chinesischen Nudeltaschen (»Wan-tan« bzw. »Won-tan«). Die dünnen Blätter sind in quadratischer, aber auch in runder Form in asiatischen Lebensmittelläden erhältlich – in der Regel tiefgekühlt.

NUDELN, ASIATISCHE

Nudeln, asiatische

Soba

Die spaghettiähnlichen japanischen Buchweizennudeln, im Bild eine mit grünem Tee gefärbte Sorte (»Chasoba«), können sowohl kalt mit einem Dip als auch warm – in Brühe – serviert werden.

Somen

Auch diese japanischen »Spaghetti« aus feinst gemahlenem Weizenmehl werden wie Soba (siehe oben) kalt oder warm gereicht – als Beigabe zu Salaten, in Suppen oder als eigenständiges Nudelgericht.

Udon

Weiße Weizenmehlnudeln aus Japn, dünn und rund oder flach. Mit den Essstäbchen können die langen Nudeln leichter zum Mund geführt werden als kurze.

Nudeln, geformte

Conchiglie

Übersetzt »Muscheln«. Große gewölbte und außen gerippte Nudeln, ursprünglich aus Kampanien. Sie lassen sich gut mit Gemüse- und Pilzsaucen kombinieren.

Dischi volanti

Übersetzt »fliegende Untertassen«; diese Nudeln findet man auch unter dem Namen »Trulli« im Handel. Auch sie können aufgrund ihrer Form reichlich Sauce aufnehmen.

Farfalle

Schmetterlingsnudeln eignen sich gut für eine Kombination mit Tomaten oder mit Schinken und Erbsen in einer Sahnesauce. Es gibt sie in verschiedenen Größen, z. B. die kleineren Farfallini oder die größeren Farfalloni.

Nudeln, geformte

Gnocchi

Die muschelförmigen Hohlnudeln mit breiten Riefen auf der Rückseite (übersetzt »Nockerl«) schmecken gut zu Tomatensauce, Sauce bolognese oder andern feinen Ragoutsaucen. In ihrer Form ähneln sie den aus Kartoffelteig geformten gleichnamigen Klößchen.

Orecchiette

»Öhrchen« sind eine Spezialität aus den italienischen Regionen Apulien und Basilicata. Die ohr- oder hutförmigen Teigwaren passen besonders gut zu Gemüsesaucen und Ragouts.

Radiatori

Radiatori bedeutet übersetzt »Heizkörper«. Diese stark gerippten Nudeln können extrem viel Sauce, auch relativ dünnflüssige, aufnehmen.

Rund um Nuss und Mandel

Nüsse

Nüsse werden unter dem Begriff Schalenobst zusammengefasst. Dazu zählen die echten Nüsse wie die Haselnuss oder die Esskastanie, aber auch Steinfrüchte wie Mandeln und Walnüsse oder die zu den Hülsenfrüchten gehörende Erdnuss. Alle enthalten viele wertvolle Mineralien, Vitamine und gesunde Fette mit ungesättigten Fettsäuren.

Die duftigen Blüten der Mandelbäume überziehen auf Sizilien im Frühjahr weite Flächen mit einem anmutigen Schleier – hier in der Gegend bei Agrigento.

NÜSSE

Herkunft und Anbau

Esskastanien und Walnüsse wachsen auch in Deutschland in größeren Mengen und kommen im Herbst auf den Markt oder in die vorweihnachtliche Maroni-Bude. Hauptproduzent für Haselnüsse ist dagegen die Türkei, während Mandeln heute vor allem aus den USA und die immer beliebter werdenden Makadamia-Nüsse insbesondere aus Australien importiert werden. Cashewnüsse stammen aus Brasilien oder Indien und sind vielfach auch Zutat in asiatischen Gerichten.

Vom Walnussbaum werden nicht nur die Nüsse geschätzt. Die Blätter werden in der Naturmedizin verwendet, die fleischigen grünen Hüllen der Nüsse sind ein natürliches Färbemittel.

Einkauf und Lagerung

Beim Einkauf sollte man auf das Haltbarkeitsdatum achten, da Nüsse wegen ihres Fettgehalts schnell ranzig werden. Obwohl Nüsse auch bereits geschält und zerkleinert im Handel erhältlich sind, kauft man sie am besten aber doch in der Schale, denn dann sind sie bei der Verwendung frischer und schmecken besser.

Zu warm gelagerte Nüsse schimmeln leicht und enthalten dann das giftige Aflatoxin. Der Schimmel sitzt hauptsächlich in den Schalen von Wal-, Para- und Erdnüssen. Ungeschälte Nüsse deshalb gut anschauen und verdächtige lieber wegwerfen. Frische Nüsse erkennt man auch daran, dass sie schwerer sind als ältere. Nüsse am besten im Kühlschrank aufbewahren. Geschält und zerteilt lassen sie sich auch gut einfrieren.

Verwendung

Aus vielen Nüssen stellt man Fette und Öle her. Mandeln werden darüber hinaus zu Marzipan, Haselnüsse wie auch Mandeln zu Krokant oder Nougat verarbeitet. Aus Kokosnüssen gewinnt man Flocken und Kokosmilch, die Außenhülle der Walnuss wird bei der Herstellung von Likören und als Färbemittel verwendet.

In der Küche können Nüsse für Teige, Süßspeisen, auf Salaten, im Müsli oder als Zutat in Fleisch- und Schmorgerichten verwendet werden. Auch für Pralinen sind sie eine wichtige Grundzutat.

Oblada

Kommt im Ostatlantik und im Mittelmeer vor. Die Qualität der zur Familie der Meerbrassen gehörenden Oblada schwankt, je nachdem, was ihr als Futter zur Verfügung steht. Ihr Fleisch ist empfehlenswert für würzige Gerichte.

Okra

Die dunkelgrünen Kapselfrüchte des ursprünglich in Äthiopien beheimateten Okrastrauchs haben ein Fruchtfleisch mit herb-würzigem, säuerlich pikantem Geschmack und enthalten viele weiße Samen, die man mitessen kann.
Verwendung: roh als Salat, meist jedoch gegart als Gemüsebeilage, in Eintöpfen

Oliven

Nicht nur als Ölfrucht (→ Pflanzenöl) hat die pflaumenförmige Olive ihre Bedeutung – viele mediterrane Speisen verlangen auch nach den nahrhaften Früchten selbst, etwa die Pizza oder Schmorgerichte. Oliven sind aber auch solo, als Vorspeise oder Snack beliebt.

→ Öl siehe bei **Pflanzenöl**

OBLADA – OLIVEN

Oliven

Italienische Oliven

Mittelgroße grüne Oliven. Herb-frisch, leicht bitterer Geschmack und ein festes Fruchtfleisch.

Französische Oliven

Große grüne Oliven, eingelegt mit Provence-Kräutern, Peperoni und Knoblauch.

Einlegen veredelt

Direkt vom Baum geerntet sind Oliven noch nicht zu genießen. Erst ein Bad in Salzlake oder Natronlauge entzieht ihnen die Bitterstoffe. Danach werden sie abgespült und kommen in frische Salzlake oder in Öl, das man nach Belieben mit Zutaten wie Essig, Zitrone, Kräuter oder Knoblauch würzt.

Griechische Oliven

Grüne Oliven eingelegt in Morea-Olivenöl, mit Zitrone und Oregano gewürzt.

Spanische Oliven

Grüne Manzanilla-Oliven sind relativ klein, mittelfest, herb und leicht bitter. Im Bild mit Paprika gefüllte Exemplare.

Oliven

Spanische Oliven

Das Fruchtfleisch dieser Hojiblanca-Oliven wurde geschwärzt. Wenig ausgeprägter Geschmack.

Französische Oliven

Die sehr kleinen, festfleischigen schwarzen Nizza-Oliven sind hier in eine kräuterwürzige Marinade eingelegt.

Oliven im Vorrat

Haltbar werden in Flüssigkeit eingelegte Oliven durch Essig- oder Milchsäure oder durch Sterilisieren. In Frankreich und Nordafrika werden aber auch trocken konservierte Oliven produziert: Hierfür werden die Früchte eingestochen und trocken gesalzen (ohne Bild).

Griechische Oliven

Charakteristisch für die großen, festen, mandelförmigen Kalamata-Oliven ist ihr herber Nachgeschmack.

Französische Olivenpaste

Schwarze Oliven mit Sardellen, Knoblauch, Kapern und Öl püriert sind in der Provence als »Tapenade« bekannt. Es gibt die Paste auch aus grünen Oliven.

OLIVEN – ORANGE

Orange

Gewöhnliche Orange

Bei den Orangen bzw. Apfelsinen unterscheidet man vier großen Gruppen: Gewöhnliche Orange, Navel-, Blut- und Zuckerorange. Letztere spielt allerdings hier zu Lande keine Rolle am Markt. Im Bild die Sorte 'Valencia', sie ist die wichtigste Gewöhnliche Orange; säuerlich und aromatisch, sehr saftig und nahezu kernlos.
Verwendung: siehe Seite 260 oben

Navel-Orange

Navel-Orangen sind am charakteristischen »Nabel« am Blütenansatz (im Bild an der obersten Orange) gut zu erkennen. Er stammt von einer angezüchteten kleineren, zweiten Frucht, welche die Samen der großen Orange aufnimmt. Navel-Orangen sind daher kernlos.
(Bilderklärung, siehe beim folgenden Stichwort)

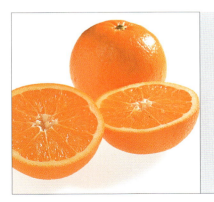

Navel-Orange

Im Bild die Sorte 'Navelina', eine früh reifende, kleine Navel mit dünner Schale. Sie ist gut teilbar und heute die wichtigste spanische Orange.
Im Bild darüber 'Thompson Navel', ebenfalls eine kleine, feinschalige Navel-Orange. Ab Anfang November auf dem Markt.

Orange

Gewöhnliche Orange

Verwendung aller Orangen: Die Zitrusfrüchte dienen im Wesentlichen dem Frischverzehr, oder man presst Saft aus ihnen. Sie sind aber auch Beigabe zu Fleisch und Fisch. Saft und/oder Fruchtfleisch passen in pikante und süße Saucen, Cremes, Gebäck; man stellt daraus Konfitüre und Eis her. Die Schalen unbehandelter Früchte dienen als aromatisierende Zutat zu Süßem und Pikantem und als Garnitur.
Im Bild die Sorte 'Salustiana', in Spanien und Marokko eine sehr wichtige Sorte. Die leicht abgeflachte Frucht ist extrem saftreich, kräftig im Geschmack und süß.

Helle Blutorange

Blutorangen zeichnen sich durch eine dunklere, manchmal tiefrote Pigmentierung des Fruchtfleisches, oft auch der Schale (siehe das Bild unten) aus. Sie sind kernarm, schmecken kräftiger und ein wenig herber als helle Orangen.
Im Bild 'Moro', eine Halbblutorange mit dunkel geädertem Fruchtfleisch. Relativ klein, säuerlich-süß, sehr saftig.

Dunkle Blutorange

Je intensiver die Färbung von Blutorangen, desto mehr unterscheiden sie sich auch im Geschmack von den hellen Orangen: Im Bild die Sorte 'Tarocco' aus Sizilien, eine große, ovale Blutorange. Sehr süß, mit ausgeprägtem Aroma, das an den Geschmack von Beeren erinnert.

Oregano

Gemeiner Oregano

Origanum vulgare, auch Echter Dost oder Wilder Majoran genannt, hat seinen intensivsten Geschmack, wenn er blüht.
Verwendung: Frische wie getrocknete Blätter passen gut zu gegrilltem Fleisch. Gerebelter Oregano ist darüber hinaus weltweit das Pizza-Gewürz schlechthin. Er ist vor allem für stark gewürzte Speisen hervorragend geeignet. Blätter und blühende Spitzen werden auch als Tee aufgegossen.

Griechischer Oregano

Diese Oregano-Art hat einen scharfen, kräftigen, thymianähnlichen Geschmack. Das Kraut ist sehr beliebt zum Würzen von Fleischgerichten, Suppen, Tomatensaucen und Pasta sowie zum Würzen von Ölen und Essigen.

Mexikanischer Oregano

Dieses Kraut gehört – trotz seines deutschen Namens – zwar nicht zur Oregano-Gattung, aber die ganze Pflanze sowie die Blätter können wegen ihres intensiven Aromas wie Oregano verwendet werden. Mexikanischer Oregano ist auch oft Bestandteil von Gewürzmischungen.

→ **Orecchiette** siehe bei **Nudeln, geformte**
Orfe siehe bei **Aland**
Osietra siehe bei **Stör**, siehe bei **Kaviar**

Pak-Choi

Nach seiner Herkunft wird das Blattstielgemüse auch Chinesischer Senfkohl genannt. Er erinnert im Geschmack an → Chinakohl, ist aber saftiger, aromatischer und weniger kohlartig.
Zubereitung: Blätter und Stiele blanchiert als Salat, kurz gegart als Gemüse

Palmenherz

Das exotische Gemüse sind die Markstangen aus der Spitze von Palmen, die dafür gefällt werden müssen. Inzwischen gewinnt man Palmenherzen allerdings aus eigens gepflanzten jungen Palmen. Ihre Herzen ergeben Stangen, die etwas dicker sind als Spargel. Das Gemüse ist äußerst zart, dennoch von knackiger Struktur, mit mildem, nussigem Geschmack. Es wird hier zu Lande vor allem als Sauerkonserve angeboten.

Pampel, Silberner

Der an den Küsten des Indischen und Westpazifischen Ozeans vorkommende Fisch, auch »Silver pomfret« genannt, gehört zu den rund um den Globus beliebten Brachsenmakrelen (→ Brachsenmakrele, Pazifische; → Sichel-Brachsenmakrele). Das weiße, delikate Fleisch das Silbernen Pampel ist etwa mit dem der → Seezunge vergleichbar.

PAK-CHOI – PANTHERFISCH

Pampelmuse

Die großen → Zitrusfrüchte variieren in der Form von rund bis birnenförmig und sind im Geschmack würzig-süß. Im Bild die Sorte 'Goliath', als Pomelo vermarktet. Es gibt, wie bei → Orangen und → Grapefruits, auch rotfleischige Pampelmusen mit rötlicher Schale.
Verwendung: frisch zum Auslöffeln, zur Saftgewinnung

Pandanblatt

Die Blätter des in Südostasien heimischen Krautes haben einen süßlichen aromatischen Geschmack.
Verwendung: frisch für südostasiatische Süßspeisen, Reisgerichte und Currys, auch als Hülle beim Garen

Pantherfisch

Der bis zu 60 cm lange, mit schwarzen Punkten gezeichnete Meeresfisch gehört zu den → Zackenbarschen. Er wird besonders in Ostasien geschätzt, wo er wegen seines zarten weißen Fleisches hohe Preise erzielt.

→ Pancetta siehe bei **Speck, Bauchfleisch**

Papaya

Grünschalige Papaya

Zwischen den verschiedenen Papayasorten gibt es extreme Größenunterschiede: Die große, längliche Frucht aus Südamerika (im Bild hinten) wiegt 3 kg, die kleine, rundliche aus Hawaii (vorne) nur etwa 400 g. Zudem variieren Schalen- und Fruchtfleischfarbe. Papayas enthalten das Enzym Papain, das als Zartmacher für Fleisch wirkt und daher manchmal Marinaden oder Kochsuden zugesetzt wird. Es verhindert aber das Erstarren von Gelatine.

Gelbschalige Papaya

Reife Papayas geben auf Fingerdruck nach und haben ein weiches, saftiges und süßes Fruchtfleisch. Im Bild die Sorte 'Solo': Die zuerst grüne Frucht wird bei Reife gelb, braune Flecken auf der Schale sind kein Zeichen für Qualitätsminderung. Der Geschmack ist mild-süß.
Verwendung: zum Purverzehr, aber auch in pikanten Salaten oder in Currys, kombiniert mit Meeresfrüchten, mit Geflügel oder Fleisch

Gemüsepapaya

Gemüsepapayas, auch »rohe Papayas« genannt, sind unreif geerntete Früchte, die grundsätzlich gegart werden müssen. Sie sind überwiegend in den Anbauländern (in Südamerika, Asien) im Angebot.
Zubereitung: als Gemüse, Kompott, Chutney

→ Pappardelle siehe bei **Bandnudeln**

PAPAYA – PAPRIKASCHOTEN

Paprikaschoten

Tomatenpaprika

Charakteristisch ist ihr dickes Fruchtfleisch, das süß schmeckt und ein ausgeprägtes Aroma hat.

Dolma

Ein dünnwandiger zarter Gemüsepaprika aus der Türkei. Mild im Geschmack, gut geeignet für Salate.

Gemüsepaprika

Die Schoten sind anders als Gewürzpaprika (→ Chili), mehr oder weniger capsaicinfrei und daher sehr mild. Im Gegensatz zur Form ist die Farbe nicht unbedingt ein Sortenmerkmal, sondern Ausdruck der Reife: Grüne Schoten sind unreif, rote oder gelbe dagegen ausgereift.

Oranger Gemüsepaprika

Eine Züchtung, die aufgrund der attraktiven Farbe gut für Salate und Dekorationen geeignet ist.

Schwarzer Gemüsepaprika

Eine neuere Züchtung. Die schwarzviolette Farbe verliert sich allerdings beim Erhitzen.

Paprikaschoten

Roter Spitzpaprika

Es handelt sich hier um keine scharfe Gewürzpaprika (Chilischote oder Peperoni), sondern um eine rote Gemüsepaprikaschote vom Typ »eckig spitz«, hier aus Holland. Wird auch in vielen anderen Ländern angebaut.

Gelber Spitzpaprika

Im Bild die Sorte 'Charleston' bzw. 'Carliston'; eine dünnwandige, sehr zarte Paprikasorte, die in der Türkei viel angebaut wird. Eignet sich besonders gut zum Rohessen und Dünsten.

Grüner Spitzpaprika

Dieser skurril geformte spanische Gemüsepaprika wird etwa 20 cm lang. Er ist für eine grüne Paprikaschote sehr mild im Geschmack und wie alle Spitzpaprikasorten vielseitig verwendbar: roh oder gegart, als Salat und Gemüse.

PAPRIKASCHOTEN – PAPRIKAPULVER

Paprikapulver

Rosenpaprika

Die Grundlage für Paprikapulver sind Gewürzpaprikaschoten (→ Chili). Qualität und Schärfegrad hängen letztlich davon ab, wie viel von Samen und Scheidewänden mitvermahlen wird. Für Rosenpaprika (im Bild) werden die ganzen Gewürzpaprikafrüchte vermahlen. Er ist sehr scharf, aber wenig färbend und wird vor allem in der ungarischen Küche verwendet.
(Mehr zur Verwendung von Paprikapulver siehe ganz unten.)

Delikatess-Paprika

»Delikatess« heißt die beste Paprikapulverqualität, die süßlich-fruchtig schmeckt. Die Schoten werden ohne die Samen und Scheidewände vermahlen, daher ist das Gewürzpulver sehr mild. Es gibt den Speisen eine hellrote Farbe.
(Zur Verwendung von Paprikapulver siehe unten.)

Edelsüßes Paprikapulver

Unter dem Namen »edelsüß« ist das gebräuchlichste Paprikapulver von leichter Schärfe und starker Färbekraft im Handel.
Verwendung: Alle Sorten Paprikapulver dienen u. a. zum Würzen von Suppen, Saucen, Fleisch- und Geflügelgerichten. Das Gewürz ist auch in vielen Wurstwaren enthalten.

267

Paranuss

Paranüsse sind die Samen der Brasilnussbaums, der im tropischen Südamerika heimisch ist. Sie stecken in einer schweren dunkelbraunen Kapsel, die 15–40 einzelne Nüsse enthält. Diese wiederum sind von einer harten, runzeligen Schale umgeben. Paranüsse haben einen feinen, leicht süßen Geschmack und werden vor allem als Knabberei gegessen.

Parasolpilz

Wird auch Großer Riesenschirmling genannt. Ein guter Speisepilz mit nussig-süßlichem Aroma, dessen Stiele allerdings zäh sind.
Zubereitung: Die Hüte schmecken gebraten oder paniert fein; der Pilz ist auch zum Trocknen geeignet.

Parmesan/Parmigiano Reggiano

Der ursprungsgeschützte italienische → Hartkäse hat einen elfenbein- bis strohfarbenen Teig von feinkörniger Struktur. Hergestellt wird Parmigiano Reggiano in Laiben von mind. 24 kg. »Nuovo« heißt der Käse nach 1 Jahr Reifezeit, »vecchio« nach 2 Jahren, »stravecchio« nach 3 und »stravecchione« nach 4 Jahren. Zu erkennen ist der Käse am seitlichen Brandsiegel mit Name, Produzent und Herstellungsdatum.
Verwendung: wie → Grana Padano

PARANUSS – PASSIONSFRUCHT

Passionsfrucht

Gelbe Passionsfrucht

Passionsfrüchte, welcher Sorte auch immer, werden hier zu Lande meist als Maracujas bezeichnet. Die Früchte besitzen unter der ledrigen Schale ein geleeartiges, säuerlich-aromatisches Fruchtfleisch, das von zahllosen Samenkernen durchsetzt ist. Die Gelbe Passionsfrucht (im Bild) wird meist zu Saft verarbeitet.

Purpurgranadilla

Diese Passionsfrucht schmeckt süßsäuerlich und besitzt ein intensives Aroma. Die ledrigen Schalen reifer Früchte sind tief violett gefärbt.
Verwendung: zum Purverzehr – das Fruchtfleisch direkt aus der Schale gelöffelt –; das pürierte und passierte Fruchtfleisch als Zutat in Drinks und Desserts

Süße Granadilla

Diese gelbe bis orangefarbene Passionsfrucht ist deutlich säureärmer als andere Passionsfrüchte. Ihre harte, holzige Schale lässt sich leicht öffnen.
Verwendung: wie die Purpurgranadilla (siehe das vorangehende Stichwort)

P

Pasta-Filata-Käse

Auch für diese Käse, mögen sie nun Mozzarella, Provolone, Kasseri oder Caşcaval heißen, laufen die ersten Herstellungsschritte beim Verarbeiten der Milch genauso wie bei allen anderen Käsen ab: Auch hier muss die gesäuerte Milch zunächst zu einem so genannten Bruchkuchen zusammenwachsen.

Halloumi, ein halbweicher Käse aus Zypern, meist aus einer Mischung von Schaf- und Ziegenmilch hergestellt, schmeckt besonders gut gegrillt. Man kann ihn aber auch pur, gebraten, gebacken oder gekocht verzehren.

PASTA-FILATA-KÄSE

Gebrüht und geknetet

Vom italienischen Wort für ziehen, »filare«, ist der Name für diese Art Käse, die man auch Brüh- oder Knetkäse nennt, abgeleitet. Denn nach dem Dicklegen wird der Käsebruch zerkleinert, und nachdem die Molke abgelaufen ist, wird die Bruchmasse mit nahezu kochend heißem Wasser überbrüht. Dabei schmilzt sie und zieht beim Durchrühren die typischen Fäden. Sie lässt sich nun kneten, zu Strängen ausziehen und in beliebige Formen pressen oder aufwickeln. Während des Knetens kann man die Käsemasse zusätzlich würzen, etwa mit Salz oder, wie beim Ragusano, mit Pfefferkörnern, anderen Gewürzen oder Kräutern.

Provolone. Zum Reifen werden die Käse an Gestellen aufgehängt. Die Dauer richtet sich nach dem gewünschten Reifezustand.

Frisch oder gereift

Pasta-Filata-Käse können relativ frisch verzehrt werden – Mozzarella etwa muss vor dem Verzehr lediglich einige Zeit in Salzlake liegen, damit sich der Teig etwas festigt. Andere Sorten reifen 2–3 Monate an der Luft. Dann sind sie fester in der Teigkonsistenz, haben eine dünne, weiche Rinde. Sie schmecken aber immer noch mild, und die durch das Kneten entstandenen Schichten lassen sich im Teig noch gut erkennen. Manche Käsesorten werden nach diesem kurzen Reifevorgang noch mild geräuchert. Reift ein Pasta-Filata-Käse länger, sind die Teigschichten nicht mehr zu sehen und er wird so hart, dass man ihn als Reibkäse verwenden kann.

Milch von Büffel, Kuh und Schaf

Als Ausgangsprodukt für Pasta-Filata-Käse werden je nach Region unterschiedliche Milcharten verwendet – pur oder gemischt. Aus Kuhmilch hergestellt sind beispielsweise der italienische → Caciocavallo, in seiner sizilianischen Variante Ragusano genannt, und der → Provolone. Eine Spezialität unter den Pasta-Filata-Käsen ist die aus Büffelmilch hergestellte → Mozzarella di bufala. Mozzarella wird heute allerdings in vielen Ländern aus Kuhmilch hergestellt, ein Produkt, das in Italien »Fior di latte« heißt. Kuh-, Schaf- oder Ziegenmilch beziehungsweise Milchmischungen werden für den zypriotischen → Halloumi und für Pasta-Filata-Käse im Nahen Osten verwendet.

Pastinake

Die Pastinake oder Pasterna ist in den USA, England, Skandinavien, aber auch in Holland, Frankreich und Ungarn als Wurzelgemüse beliebt. Hier zu Lande ist das aromatisch würzige, süßliche Wintergemüse eher selten im Angebot.
Zubereitung: wie → Möhren, auch als Rohkost sehr schmackhaft

Pavé d'affinois

Ein französischer → Weißschimmelkäse, der seinen Namen nach der Form bekommen hat: »Pavé« bedeutet übersetzt Pflasterstein. (Es gibt in Frankreich auch Ziegenkäse und Rotschmierekäse in dieser Form und mit diesem Namen.) Pavé d'affinois (45 % F. i. Tr.) besitzt einen frischkäseartigen, kompakten Teig, er schmeckt sehr mild und sahnig.

Pecorino

Diese Art → Hartkäse gibt es in vielen Regionen Italiens. Die Käse können sich in Milch- und Herstellungsart gravierend unterscheiden: So wird Pecorino-Käse aus roher und pasteurisierter Milch, aus reiner Schafmilch sowie aus Mischungen von Kuh-, Schaf- und Ziegenmilch hergestellt. Es gibt ungereifte und nur wenige Monate gereifte Sorten – im Bild ein »Pecorino toscano«, mittelreif, mit 40 % F. i. Tr. Bekannter sind allerdings die lange gereiften, oft als Reibkäse verwendeten Sorten.

PASTINAKE – PEPERONI

Pekannuss

Die länglich-ovalen glattschaligen Nüsse kennt man in Westeuropa, in USA und Mexiko, aber auch in Australien. Im Inneren verbirgt sich ein Kern, der der Walnuss ähnelt. Mit dem feinen, leicht süßlichen Geschmack findet die Nuss Verwendung als Snack, als Zugabe zu Salaten, Gemüse, Kartoffeln und Fisch, als Zutat in Füllungen, Gebäck und Desserts.

Pelamide

Der wichtigste kleine Tunfischverwandte aus dem Mittelmeer wird auch Bonito genannt. Große Exemplare können sehr fett sein.
Zubereitung: wie → Tunfisch; wird in Scheiben geschnitten, vorzugsweise gegrillt, auch kurzgebraten, gedünstet und geschmort

Pélardon des Cévennes

Den mildaromatischen Ziegenkäse aus dem Bergland des französischen Languedoc gibt es in vielen Variationen. Er ist mit seinem feinnussigen Aroma und dem weichen, kompakten Teig einer der feinsten Vertreter unter den Ziegenkäsen.

→ Penne siehe bei **Röhrennudeln**
Peperoni siehe bei **Chili**

Pepino

Die aus Südamerika stammende Frucht wird wegen ihrer Form und ihres milden Aromas auch Birnenmelone genannt. Sie wird bis zu 400 g schwer und schmeckt am besten roh, zu Vorspeisen und in Salaten, wobei die dünne Schale mitverzehrt werden kann.

Perlhuhn

Das zum Wildgeflügel zählende Perlhuhn wird heutzutage überwiegend aus Mastbetrieben stammend angeboten; es ist nur im Fachhandel erhältlich. Sein Fleisch ist ausgesprochen fettarm und gleicht im Geschmack dem des → Fasans.
Zubereitung: Am besten nicht durchgebraten servieren, sonst wird das Fleisch trocken und zäh.

Petermännchen

Ein geschätzter Meeresfisch, den man aber in der Küche wegen der Giftstacheln auf Kiemendeckeln und erster Rückenflosse mit Vorsicht behandeln sollte.
Im Bild das Große Petermännchen, das gefroren, regional aber auch frisch auf den Markt kommt (meist sind bei den im Handel angebotenen Fischen die Stacheln entfernt).

PEPINO – PETERSILIENWURZEL

Petersfisch

Der u. a. im Mittel- und Schwarzen Meer vorkommende Fisch, der auch Heringskönig genannt wird, ist mit seinem festen weißen, wohlschmeckenden Fleisch international geschätzt. Er kommt allerdings nur in geringen Mengen auf den Markt. Beim Einkauf sollte man auf den schwarzen Fleck achten: Er ist bei frischen Tieren scharf umrandet.

Petersilie

Petersilie ist das wohl bekannteste Küchenkraut weltweit. Die krause Form (im Bild) wird gerne zum Dekorieren von Speisen verwendet. Glatte Petersilie schmeckt aromatischer und milder, weshalb sie die bevorzugte Varietät zum Würzen von Speisen ist.

Petersilienwurzel

Wird auch Wurzelpetersilie genannt. Diese Varietät der Petersilie bildet große, intensiv petersilien-aromatische Wurzeln aus. Sie werden überwiegend als Suppengewürz, oft mit Möhren und Sellerie verwendet; das Grün eignet sich – wie glatte Petersilie – als Küchenkraut.

→ **Petersilie, Japanische** siehe bei **Mitsuba**

Pfeffer

Schwarze Pfefferkörner

Bei ihnen handelt es sich um die ungereiften, ungeschälten und getrockneten Beeren des Pfefferstrauchs.

Schwarzer Pfeffer, gemahlen

Da das Aroma von gemahlenem Pfeffer rasch verfliegt, mahlt man das Gewürz am besten erst bei Bedarf.

Unverzichtbar

Seit der römischen Kaiserzeit gehört Pfeffer zu den Standardgewürzen der europäischen Küchen. Ob grün, weiß oder schwarz, »Lieferant« für alle Pfeffersorten ist der in Vorderindien heimische Pfefferstrauch, der heute in vielen tropischen und subtropischen Regionen angebaut wird.

Weißer Pfeffer

Weißer Pfeffer wird aus den ausgereiften Beeren des Pfefferstrauchs gewonnen, die getrocknet und geschält werden.

Grüner Pfeffer

Als Grüner Pfeffer werden die unreif geernteten, gefriergetrockneten oder eingelegten Beeren des Pfefferstrauchs bezeichnet.

Pfeffer

Japanischer Pfeffer

Wird auf Japanisch »Sansho« genannt. Er ist nicht mit schwarzem Pfeffer, sondern mit dem Szechuan-Pfeffer (siehe auf dieser Seite ganz unten) verwandt und auch ähnlich im Aroma sowie in der Verwendung.

Rosa Pfeffer

Rosa Pfeffer oder, nach dem lateinischen Namen der Pflanze, Schinus werden die getrockneten Früchte des Peruanischen Pfefferbaums genannt. Der Geschmack ist süßlich, aromatisch-würzig und nur leicht scharf.
Verwendung: zu Fleisch, Fisch, Saucen, Käsegerichten

Szechuan-Pfeffer

Szechuan-Pfeffer heißen die getrockneten Samenschalen eins asiatischen Gelbholzbaums mit weniger pfeffrigem, sondern beißend aromatischem und säuerlichem Geschmack.
Verwendung: für fernöstliche Gerichte, insbesondere gebratenes Fleisch, Fisch und Marinaden

Pfefferblatt

Die Blätter stammen von einer Pflanze, die eng verwandt ist mit dem Pfefferstrauch, von dem die Beeren für das Gewürz geerntet werden (siehe Seite 276).
Verwendung: Pfefferblätter werden in Thailand in Gemüsesuppen mitgekocht oder, mit Ingwer, Erdnüssen oder Shrimps gefüllt, als Snack gereicht.

Pfifferling

Der sehr gute Speisepilz wird nicht zuletzt wegen wegen seiner intensiven Farbe auch Eierschwamm genannt. Er ist mit seinem milden, angenehm peffrigen Geschmack für viele Gerichte geeignet.
Zubereitung: kurz anbraten und dünsten; blanchieren, sautieren, einlegen; eignet sich sogar zum Einfrieren

Pfifferling, Trompetenpfifferling

Nicht nur von der Form her, sondern auch botanisch ist der Trompetenpfifferling mit dem Pfifferling verwandt. Allerdings ist er in der Farbe weniger auffällig: Er besitzt einen bräunlich-grauen Hut und einen glatten, gelbbräunlichen Stiel.
Verwendung: für Mischgerichte und Pasteten, als Beilage zu Fleisch, blanchiert als Salat; eignet sich zum Einlegen

→ **Pfefferminze** siehe bei **Minze**

Pfirsich

Gelbfleischiger Pfirsich

Der Wärme liebende Pfirsich stammt wie die mit ihm verwandte → Aprikose aus China. Die Sortenvielfalt ist enorm, der Schwerpunkt der Züchtung liegt in den USA. Von dort aus gelangen auch die meisten neuen Sorten nach Europa – z. B. die hier abgebildete Sorte 'Hale', eine feste, gelbfleischige Spätsorte mit mittelgroßen Früchten von gutem Geschmack.

Weißfleischiger Pfirsich

Lange Zeit bevorzugten die Verbraucher international gelbfleischige Pfirsiche (siehe das Bild oben), inzwischen steigt jedoch die Nachfrage nach den weißfleischigen, eigentlich geschmackvolleren Sorten.
Im Bild 'Iris rosso', eine frühe Sorte aus Italien mit mittelgroßen, überwiegend rotschaligen Früchten.

Weinbergpfirsich

Diese Pfirsichsorte, auch unter dem Namen 'Blutpfirsich' bekannt, ist eigentlich weißfleischig. Das Fruchtfleisch ist jedoch stark rot marmoriert. Die Früchte sind sehr aromatisch und relativ teuer.

Pflanzenöle

Pflanzenöle werden aus Samen und Früchten gewonnen, vorwiegend in Ländern mit sonnenreichem Klima. Aber auch in gemäßigten Klimazonen werden Ölsaaten wie Raps und Sonnenblumen angebaut. Pflanzliche Öle enthalten neben einem hohen Anteil an ungesättigten Fettsäuren auch viele andere wertvolle Inhaltsstoffe der Rohprodukte.

Auswahl an Pflanzenölen (von links): Sonnenblumenöl (halb im Bild), Mohnöl, Rapsöl, Walnussöl, Kürbiskernöl (ganz vorne), Distel- oder Safloröle, Arganenöl, Makadamiaöl.

PFLANZENÖLE

Herstellung von Pflanzenölen

Um das Öl aus Pflanzenfrüchten und -samen zu gewinnen, wird die Rohware in der Regel zunächst zerkleinert und eventuell gedämpft oder geröstet, um die Zellen aufzuschließen. Erfolgt die Pressung ohne Hitzeeinwirkung, ist dies auf dem Etikett vermerkt; man bezeichnet solche Öle als »nativ« oder »kaltgepresst«. Sie gelten aufgrund ihres hohen Anteils an ungesättigten Fettsäuren sowie geschmacks- und aromagebenden Fettbegleitstoffen als besonders wertvoll. Erfolgt die Pressung oder Extraktion dagegen unter Hitzeeinwirkung, müssen die Öle meist weiterverarbeitet werden. Sie sind vorher oft trüb, dunkel und haben nicht selten einen unerwünschten Beigeschmack. Der Reinigungsvorgang umfasst Entschleimung, Entsäuerung, Bleichung sowie Desodorierung und wird als Raffination bezeichnet, die so schonend wie möglich durchgeführt werden soll.

Olivenöl

Ohne das Aroma von Olivenöl wären viele Gerichte der mediterranen Küchen undenkbar. Aber: Olivenöl ist nicht gleich Olivenöl; es kann in Farbe, Konsistenz und Geschmack sehr variieren. Die Unterschiede ergeben sich aus der verwendeten Olivensorte und deren Reifegrad. Es spielen aber auch Faktoren wie Bodenbeschaffenheit, Klima, Landschaft oder Erntezeitpunkt eine Rolle. Öl von eher grünlicher Farbe

Olivenöl. Die besten Öle kommen aus Spanien, Italien, der Türkei und Griechenland.

stammt von unreifen Oliven und hat in der Regel einen intensiven, stark ausgeprägten Geschmack. Presst man dagegen reife dunkle Oliven, erhält man ein deutlich milderes Öl und eine größere Ausbeute. Solches Öl kommt vor allem dann zum Einsatz, wenn es den Geschmack der anderen Zutaten nur unterstreichen soll.

Generell stammen aus den nördlichen Lagen leichtere, aus den heißeren Zonen Olivenöle mit kräftigem Geschmack. Das wertvollste ist kaltgepresstes Olivenöl, das in der EU unter der Bezeichnung »natives Olivenöl extra« gehandelt wird.

Pflaume

Violettschalige Pflaumen

Was die Herkunft der europäischen Pflaume anbelangt, so vermutet man, dass sie aus Schlehe und Kirschpflaume entstanden ist. Zur selben Gattung zählen übrigens auch → Zwetsche, → Reneklode und → Mirabelle. (Verwendung von Pflaumen: siehe beim folgenden Stichwort.)
Im Bild Pflaumen der französischen Sorte 'Pruneau de Provence' mit weichem Fruchtfleisch, süß und saftig.

Rotschalige Pflaumen

Im Bild die Sorte 'Herman', in Schweden gezüchtet. Diese saftigen, süßsäuerlichen Früchte reifen sehr früh und lösen sich im Gegensatz zu vielen anderen Pflaumensorten gut vom Stein.
Verwendung: zum Rohessen, für Kompott, (Blech-)Kuchen, Marmelade, Mus

Trockenpflaumen

Getrocknete Pflaumen werden heute meist ohne Stein und weich (Wassergehalt: 25–32 %) angeboten.
Verwendung: als Snack und als Backobst

Pflaume

Japanische Pflaume

Botanisch gesehen zur selben Gattung wie die europäische Pflaume gehört die aus dem Fernen Osten stammende Japanische Pflaume oder Susine. Sie ist ausgesprochen saftig, hat ein sehr günstiges Fleisch-Stein-Verhältnis, ist aber zumeist schlecht steinlösend.
Im Bild die Sorte 'Shiro'; mittelspät, goldgelb, saftig und süß. Sie heißt in Italien 'Goccia d'oro' und in Spanien 'Golden Japan'.

Japanische Pflaume

Japanische Pflaumen wachsen nur im warmen Klima. Sie werden außerhalb Asiens auch in Südafrika, Südamerika, in Kalifornien und in Europa vor allem im Mittelmeerraum angebaut. Im Bild die Sorte 'Burbank', hier aus Spanien. Überzeugt durch goldgelbes, süßes Fruchtfleisch.

Japanische Pflaume

Verwendung von Japanischen Pflaumen: Diese Pflaumenform eignet sich vor allem zum Frischverzehr, die Früchte können aber auch zu Kompott oder Konfitüre verarbeitet werden.
In Spanien und Italien reifen unterschiedliche Sorten Japanischer Pflaumen von Ende Mai bis Mitte November; im Bild die früh reifenden süßen und dunkelschaligen 'Royal Black'.

Pflücksalat

Pflücksalat oder Schnittsalat nennt man Salate, die keinen Kopf ausbilden. In Bild die niederländische Sorte 'Grand Rapids'; sie wird teilweise auch im Topf angeboten, so dass man nach Bedarf Blätter von außen nach innen ernten kann. Einige Pflücksalate werden allerdings auch im Ganzen geerntet und verkauft, etwa → Lollo.

Picodon de la Drôme

Auch Picodon de l'Ardèche genannter ursprungsgeschützter mittelfester Ziegenkäse mit 45 % Fett i. Tr. Der Teig ist weich, der Geschmack mild bis pikant nussig, je reifer, desto intensiver. Die Rinde wird vor dem Verzehr abgekratzt.

Pilgermuschel

Pilgermuscheln gehören zur großen Familie der Kammmuscheln. Deren gemeinsame Kennzeichen sind die Schalen mit den strahlenförmig zum Rand hin verlaufenden Rippen, das reichliche, zarte und leicht süßlich schmeckende Fleisch sowie der große, rote oder orangefarbene Rogensack.
Im Bild die Kleine Pilgermuschel, auch Reisemantel, mit nur etwa 8 cm Durchmesser. Kommt im Ostatlantik von Norwegen bis zu den Kanaren und im Mittelmeer vor. (→ Jakobsmuschel)

→ Physalis siehe bei **Kap-Stachelbeere**
Pilchard siehe bei **Sardine**

PFLÜCKSALAT – PIOPPINO

Piment

Das Gewürz erinnert im Aroma an Gewürznelken, Zimt und Muskat: kräftig im Geschmack und von gewisser Schärfe – daher auch sein deutscher Name Nelkenpfeffer.
Verwendung: ganz und gemahlen für Desserts, Backwaren, zum Einlegen, für Chutneys, für Fisch- und Fleischgerichte, zum Würzen von Wurstwaren

Pimpinelle

Das Kraut mit den gezahnten Blättchen hat ein mildes, aber eigenwilliges, an Gurke erinnerndes Aroma. Es kommt ideal in Kombination mit Essig und Zitronensaft zur Geltung.
Verwendung: Blätter und Blütenknospen werden für Suppen, Saucen und Salate verwendet. Pimpinelle gehört zur französischen Kräutermischung »Fines herbes«.

Pinienkerne

Die länglichen elfenbeinfarbenen Samen aus den Zapfen der Pinie (aber auch anderer Kiefernarten) haben einen feinharzigen Geschmack, der sich durch Rösten erst richtig entfaltet.
Verwendung: in den Mittelmeerländern und im Nahen Osten ganz und gemahlen Zutat für pikante Füllungen, Fleisch- und Gemüsegerichte; wichtiger Bestandteil des italienischen Pesto

→ **Pinkel** siehe bei **Grützwurst**
Pioppino siehe bei **Stockschwamm**

Pistazie

Pistazien sind die Steine der Früchte des Pistazienbaums. Sie enthalten grüne bis gelbe weiche Samen, die einen milden, mandelartigen Geschmack haben.
Verwendung: als ganze Kerne zum Knabbern; gehackt oder geraspelt als farbgebende Zutat in Pasteten und Wurstwaren, zum Garnieren; gemahlen für Desserts und Eiscreme

Pitahaya

Pitahayas sind die Früchte verschiedener Arten von Schlangenkakteen aus Süd- und Mittelamerika. Im Bild gelbe Pitahayas, saftig, aromatisch und süß. Die Dornen werden vor dem Verkauf entfernt. Es gibt auch tiefrote, dornenlose Früchte. Diese sind weniger aromatisch und und nicht so süß wie die gelben.

Pollack

Von dem mit dem → Kabeljau verwandten, auch Steinköhler genannten Fisch kommen praktisch nur die tiefgefrorenen Filets in den Handel. Man serviert sie am besten gebraten.
Pollack wird darüber hinaus in großen Mengen für die Hestellung von Fisch-Convenience-Produkten und Trockenfisch (→ Klippfisch) verwendet.

→ Plötze siehe bei **Rotauge**

PISTAZIE – PONT-L'EVÊQUE

Polnische

Mittelgroße, geräucherte → Rohwürste, meist aus reinem Schweinebrät und Speck, gewürzt mit Pfeffer und Knoblauch. Man kann sie warm, z. B. in Eintopfgerichten, oder kalt essen.

Pomeranze

Diese → Zitrusfrüchte sind nicht zum Frischverzehr geeignet, da sie ungangenehm sauer und sehr bitter schmecken – daher auch ihr deutscher Name Bitterorange. Der Saft der Pomeranzen wird vielmehr vor allem zu Getränken und Likören verarbeitet. Aus der Schale stellt man Orangeat her, aus den Blüten gewinnt man ein ätherisches Öl.

Pont-l'Evêque

Einer der bedeutenden Käse der Normandie. Er gehört zur Gruppe der Halbfesten → Schnittkäse, hat Rotflora auf der Oberfläche und besitzt einen speckigen weichen Teig von würzig-pikantem Geschmack (mind. 40 % F. i. Tr.). Es gibt verschiedene Käse, die nach Art des Pont-l'Evêque hergestellt werden, wie etwa der »Backsteinkäse« Pavé d'Auge.

→ **Pomelo** siehe bei **Pampelmuse**

P

Portulak

Gemüsepflanze und Würzkraut mit zarten, fleischigen Blättern von erfrischendem, säuerlich salzigem und leicht nussigem Geschmack.
Verwendung: roh als Zutat zu Salaten, als Würze in Brühen, Suppen, kalten und warmen Saucen, Dips, Eiergerichten; gedünstet als Gemüse

Pottasche

Das körnige geruchlose Pulver besteht aus Kaliumcarbonat. Das Backtriebmittel unterscheidet sich von → Backpulver durch das Fehlen saurer Bestandteile. Pottasche verwendet man vor allem für flaches Gebäck, das lange gelagert wird, etwa Lebkuchen und Honigkuchen.

Pouligny-Saint-Pierre

Ursprungsgeschützter Ziegenkäse aus Zentralfrankreich. Ein → Weichkäse, mindestens 6 Tage gereift, mit fein strukturiertem, zartem Teig. Im Geschmack dezent, mild, mit feinem Ziegenaroma, leicht säuerlich. Wird aufgrund seiner Form auch »Eiffelturm« genannt.

Preiselbeere

Die roten, glänzenden Beeren schmecken roh säuerlich-herb, gegart verstärken sich die aromatische und die leicht süßliche Note.
Verwendung: vor allem gekocht und püriert für Saucen zu Fleisch/Wild, für Suppen, zu herzhaften Pfannkuchen, Kartoffelpuffern; für Konfitüre, Gelee, Kompott

Provolone

Ein aus Kuhmilch hergestellter, gereifter → Pasta-Filata-Käse (mind. 44 % F. i. Tr.). Die durch das Ziehen und Kneten des Teigs entstandenen Schichten sind kaum noch zu erkennen, der Teig ist fest, hell und glänzend. Der Käse schmeckt jung angenehm mild (»Provolone dolce«). Länger gereifter »Provolone piccante« zeichnet sich durch einen intensiveren Geschmack aus.

Purpurschnecke

Die im Mittelmeer verbreitete Purpurschnecke wurde nicht immer nur ihres Fleisches wegen gefangen – in der Antike stellte man aus ihr einen Farbstoff her. Die Schnecke wird in den Mittelmeerländern sowohl frisch, als auch bereits gekocht oder in Essig eingelegt angeboten.

→ **Porree** siehe bei **Lauch**
Poularde siehe bei **Geflügel**

Pute

Brust

Puten und Puter kommen frisch oder tiefgekühlt, ganz, in Teilstücken oder in küchenfertigen Portionen – wie die Schnitzel im Bild – auf den Markt. Letztere werden aus der Brust geschnitten, einem Teilstück, das mehr als ein Drittel des Gesamtgewichts einer Pute ausmachen kann.
Fleisch aus der Putenbrust ist sehr fettarm und zart, manchmal etwas trocken und findet nicht nur als Schnitzel, sondern auch geschnetzelt und als Gulasch Verwendung.

Keule

Das Fleisch der Putenkeule ist saftig und dunkel, kräftig im Geschmack, erinnert leicht an Wild. Es ist aber von festen Sehnen durchzogen, die vor dem Garen entfernt werden müssen.
Zubereitung: Der (entbeinte) Oberschenkel eignet sich für Rollbraten und zum Füllen. Das Fleisch kann aber auch für Gulasch verwendet werden. Der Unterschenkel wird am besten im Ganzen gebraten.

Flügel

Putenflügel werden oft bereits zerlegt angeboten. Will man sie selbst teilen, müssen – wie bei den Keulen – die Sehnen herausgezogen werden. Im Bild von oben nach unten Ober-, Mittel- und Unterflügel. Als Grillflügel bezeichnet man den Mittelflügel, aus dem bereits die Knochen entfernt worden sind.
Zubereitung: vor allem gebraten und gegrillt

Pute

Leber

Putenlebern sind mit einem Gewicht von bis zu 150 g im Handel. Sie haben ein kräftiges Aroma und sind gut zum Braten geeignet. Sie sind aber auch Zutat für Putenleberwurst, die neben Puten- und Schweinefleisch in Deutschland mindestens 15 % Putenleber enthalten muss.

Rollbraten

Ein Putenrollbraten kann aus Brustfleisch oder dem entbeinten Oberschenkel gebunden werden. Man kann das Fleisch bereits vorbereitet und bratfertig gewürzt beim Metzger kaufen.

Putenschinken

Als Putenschinken wird das gepökelte, gekochte und leicht geräucherte Filetstück der Putenbrust (mit der Haut) bezeichnet. Besonders fettarm, saftig, sehr mild im Geschmack.

Quahog-Muschel

Quahog-Muscheln gehören zu den → Venusmuscheln. Sie kommen an der Ostküste Kanadas und der USA sowie an der französischen Atlantikküste vor.
Zubereitung: Kleine Exemplare bis 7 cm Durchmesser werden gerne roh verzehrt; größere Muscheln, so genannte »Chowder-« oder »Steamer clams«, sind beliebte Zutat für Eintöpfe.

Quark

Der → Frischkäse aus gesäuerter Milch, in Österreich Topfen genannt, kann in beliebigen Fettstufen hergestellt werden: Die gebräuchlichsten sind Magerquark sowie Quark mit 20 % und 40 % F. i. Tr. Im Bild Magerquark, er enthält unter 10 % F. i. Tr. Der Eiweißgehalt ist im Vergleich dazu sehr hoch, deshalb ist die Masse fest und eher krümelig-trocken als cremig.

Quinoa

Die Samen dieses in den Andengebieten Südamerikas heimischen Gänsefußgewächses haben einen reisähnlichen, milden Geschmack. Sie werden wie Getreide verwendet, zum Backen eignen sie sich als Beimisch-Mehl. Man bekommt Quinoa als Körner und Flocken.

→ **Quappe** siehe bei **Trüsche**
Quargel, Olmützer siehe bei **Sauermilchkäse**
Queller siehe bei **Glasschmalz**

Quitte

Apfelquitte

Die zum Kernobst zählenden Quitten haben ein sehr festes, mehr oder weniger körniges Fleisch von herbsäuerlichem Geschmack, das reichlich gelierendes Pektin enthält.
Im Bild Apfelquitten; sie haben ein eher trockenes, aber sehr aromatisches Fruchtfleisch.
Zubereitung: siehe bei Birnenquitte (folgendes Stichwort)

Birnenquitte

Birnenquitten sind im Geschmack lieblicher als Apfelquitten, ihr Fruchtfleisch ist weicher, enthält weniger Steinzellen.
Verwendung aller Quittenformen: Die Früchte werden immer gegart. Das Fruchtfleisch lässt sich kochen, backen, dämpfen, zu Kompott, Konfitüre, Gelee verarbeiten. Es passt zu Fleisch, Wild, Geflügel, aber auch in Süßspeisen.

Scheinquitte

Die Scheinquitte, auch Japanische Zierquitte genannt, wird in Europa vorwiegend als Zierpflanze, in ihrer Heimat China und Japan aber zur Fruchtgewinnung genutzt. Ihr Fruchtfleisch hat einen recht hohen Säuregehalt.

R

Raclette

Der → Schnittkäse wird im Wallis ausschließlich aus Rohmilch hergestellt. Raclette, der in anderen Kantonen der Schweiz, auch aus pasteurisierter Milch, hergestellt wird, kommt als »Raclette suisse« in den Handel. Es gibt darüber hinaus auch französische Sorten. Der Käse hat einen sämigen Teig, er schmeckt jung mild und fruchtig, gereift aromatisch.

Radicchio di Chioggia

Das Hauptanbaugebiet der Salatpflanze mit dem angenehmen Bittergeschmack liegt in Norditalien. Neben den hier abgebildeten roten Varietäten gibt es auch Züchtungen mit gelbgrünen Blättern. Im Bild der kompakte, runde 'Radicchio di Chioggia'.
Verwendung: roter Radiccio als Salat sowie für Risotti, zum Grillen und Braten; gelbgrüne Varietäten nur roh

Radicchio di Treviso

Diese Radicchio-Varietät bildet nur lockere Rosetten aus. Bei ihr handelt es sich um einen »Winterradicchio«, der im Sommer gesät wird und erst im folgenden Frühjahr erneut austreibt und eine Blattrosette ausbildet. Da sich die Bitterstoffe in Folge des Frosts abbauen, sind Wintersorten etwas milder im Geschmack.
Verwendung: für Risotti sowie zum Braten und Grillen

Radieschen

Radieschen rot und weiß

Radieschen gehören zur → Rettichfamilie, was nicht nur am Aussehen, sondern auch am Geschmack zu erkennen ist. Auch sie enthalten reichlich Senföle, die für die Schärfe verantwortlich sind, wobei Freilandware meist schärfer ist als Treibhausware.
Verwendung: zu Brot und Butter, als Garnitur, in Salaten, auch gedünstet (wirkt »entschärfend«)

Radieschen rotweiß

Radieschen gibt es in verschiedenen Formen und (Schalen-)Farben, das Fleisch ist jedoch immer weiß. Im Bild 'Weißpunktradieschen', eine in Frankreich besonders beliebte Sorte.

Eiszapfen

Eiszapfen, nach der Form, oder auf Französisch »Blanche transparente«, nach der Farbe, wird diese lange weiße Radieschensorte genannt, die nicht nur im Aussehen, sondern auch im Geschmack besonders stark an → Rettich erinnert.

R

Rambutan

Die aus Malaysia stammende weichstachelige Frucht ist botanisch mit der → Litchi verwandt. Das zeigt sich insbesondere an Aussehen und Geschmack des weißlich durchscheinenden und süßsäuerlichen Fruchtfleisches.

Rau om

Das aromatische, prickelnd zitrusartige und leicht süßliche Kraut wird vor allem in der vietnamesischen Küche verwendet. Es harmoniert besonders gut mit Süßwasserfisch, man findet es oft in pikant süßsauren und scharfen Fischsuppen.

Rebhuhn

Das Wildgeflügel, das gebraten als Delikatesse gilt, ist ein seltener Genuss geworden, da die Rebhuhn-Bestände in Mitteleuropa stark zurückgegangen sind.

RAGUSANO – REH   R

Reblochon

Ursprungsgeschützter Halbfester → Schnittkäse mit Rotflora auf der Oberfläche; stammt aus Gebieten in Savoyen und Hochsavoyen. Er wird aus Rohmilch von der Kuh (mind. 45 % F. i. Tr.) hergestellt; sein Teig ist hellgelb, weich und elastisch, mildnussig im Geschmack.

Regenbogenmakrele

Der beliebte Speisefisch, der zu den → Stachelmakrelen gehört, ist in tropischen Meeren weltweit verbreitet.

Regensburger

Eine → Brühwurstsorte; kurz und dick in der Form, hergestellt aus feinem Brät mit mageren Schweinefleischstückchen als Einlage.

→ Ragusano siehe bei **Caciocavallo**
Rapunzel siehe bei **Feldsalat**
Rauke siehe bei **Rucola**
Reh siehe bei **Hirschwild**

Reis

Reis ist nicht gleich Reis, auch wenn alle Sorten zur gleichen Art gehören. Es unterscheiden sich z. B. die Angebotsformen: Die Körner sind mit Außenschichten und Keimling als Natur- oder besser unpolierter Reis im Handel. Häufiger aber werden sie in Reismühlen von der Schale befreit und poliert, so dass sie makellos weiß sind, aber weniger Nährstoffe enthalten.

Reisanbau ist in weiten Teilen der Welt immer noch ausschließlich Handarbeit. Im Bild Jungpflanzen, die groß genug zum Vereinzeln sind und nun umgesetzt werden müssen.

REIS

Reistypen und -sorten

Reis wird den Körnertypen entsprechend in Rund-, Mittel- und Langkornreis eingeteilt und diese wiederum in klebende und nicht klebende Sorten, die sich durch ihre Stärkezusammensetzung unterscheiden:

KLEBREIS bzw. Wachsreis enthält eine in Wasser nicht lösliche Stärkesorte, die viel Flüssigkeit aufnehmen kann. Beim Kochen von Klebreis ensteht daher eine körnig-gallertartige Reismasse – ideal für das Essen mit Stäbchen, als Basis für Sushi und puddingartige Süßspeisen. Soll Klebreis relativ körnig bleiben, dämpft man ihn.

NICHT KLEBENDE REISSORTEN enthalten eine in heißem Wasser lösliche Stärkesorte. Sie wird beim Kochen teilweise aus dem Reiskorn herausgelöst und kann die Garflüssigkeit cremig binden – eine Kocheigenschaft, die man sich bei der Zubereitung von Risotti und Milchreisgerichten zunutze macht. Will man verhindern, dass die Körner nach dem Kochen aneinander haften, etwa weil der Reis als körnige Beilage serviert werden soll, muss man ihn vor dem Garen gut waschen und so die anhaftende Stärke abspülen.

Parboiled Reis

Das Parboiling-Verfahren veredelt Reis in mehrfacher Hinsicht: Er enthält mehr Nährstoffe als »normaler« weißer Reis, ist

Risotto alla Milanese, safrangelb, ist wohl das berühmteste und gleichzeitig auch das schlichteste unter den italienischen Risotti.

in kürzerer Zeit gar und bleibt sehr körnig. Beim Parboiling werden die Reiskörner vor dem Polieren in Wasser eingeweicht, dann mit Wasserdampf unter hohem Druck behandelt, wodurch etwa 80 % der wertvollen Inhaltsstoffe des vollen Korns ins Innere gelangen und dort quasi versiegelt werden. Durch diese Dampfdruckbehandlung wird gleichzeitig auch die Stärke mit versiegelt und kann beim Kochen dann kaum mehr herausgelöst werden.

Basmati- und Wildreis

Ideal für (körnige) asiatische Reisgerichte sind Reistypen wie Basmati oder Duftreis. Als edle Beilage beliebt ist auch Wildreis (siehe Seite 304), der aber zu einer anderen Pflanzengattung gehört.

Reis

Langkornreis

Im Bild unpolierter Langkornreis aus den USA. Den Mammutanteil im Handel machen allerdings die polierten, weißen Sorten aus.

Mittelkornreis

Die Körner sind deutlich kürzer und rundlicher als die von Langkornreis. Hier ein Reis aus den USA; aber auch in Asien ein häufiger Reistyp.

Braun und weiß

Vollkornreis, Naturreis oder unpolierter Reis sind nur von den Spelzen befreite Körner, von der braunen Samenhülle umgeben, mit dem fetthaltigen Keim. Bei weißem Reis sind Schale und Keim durch Schleifen entfernt, gleichzeitig aber auch wertvolle Nährstoffe.

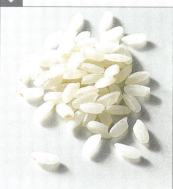

Duftreis

Im Bild Jasminreis, eine Duftreissorte (Langkorn) aus Thailand mit angenehmem Aroma. 12–15 Minuten Garzeit. Wird auch unpoliert angeboten.

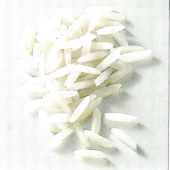

Basmati

Langkornreis mit besonders schlanken Körnern und feinem Geschmack. Eingeweicht etwa 25 Minuten Garzeit.

300

Reis

Arborio

Eine der auch außerhalb Italiens gut bekannten Rundkorn-Reissorten für Risotto. Mild, cremig kochend; 15–18 Minuten Garzeit.

Carnaroli

Italienischer Rundkornreis, Züchtung aus Vialone (s. u.) und einer japanischen Sorte. Sehr guter Risottoreis. Mild, körnig kochend, 18–20 Minuten Garzeit.

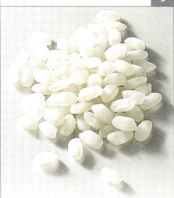

Rundkornreis

Die Körner vom Rundkornreis sind kürzer und gedrungener in der Form als die von Lang- und Mittelkornreis. Der Reis ist weicher, kalkig weiß und quillt beim Kochen stark auf. Auch Rundkornreis ist poliert und unpoliert im Handel.

Bahia

Ein Rundkornreis aus Spanien mit mildem Geschmack. Die richtige Sorte für das spanische Nationalgericht Paella, aber auch für Süßspeisen. 12–15 Minuten Garzeit.

Vialone

Sehr guter Risottoreis; wird nach Korngröße sortiert angeboten. Im Bild »Vialone nano«, die nächstgrößere Sortierung heißt »Vialone semifino«. Mild, cremig-kochend.

Reis

Rundkornreis, japanisch

Im Bild Mochi-Reis, ein unpolierter Rundkornreis, leicht süßlich im Geschmack. Mit dieser Sorte werden japanische Reiskuchen und andere Süßspeisen zubereitet. 30 Minuten Garzeit.

Roter Reis

Roter Reis – bei dem die rote Farbe allerdings lediglich in der Schale sitzt – wird in verschiedenen Regionen angebaut. Im Bild Roter Reis aus der Camargue; es gibt aber auch in Asien rote Reissorten.

Schwarzer Reis

Wie beim Roten Reis (siehe oben) auch beim Schwarzen Reis die Farbe in der Schale des Reiskorns. Im Bild Schwarzer Klebreis aus Indonesien. Wird dort gern für Süßspeisen, etwa Reispudding verwendet. Passt aber auch zu Fisch.

Reis

Sushi-Reis

Japanischer Mittelkornreis, der nach dem Kochen zusammenhaftet. Man benötigt ihn für die Zubereitung von Sushi: Dafür wird der Reis nach dem Kochen mit einer Mischung aus süßlichem Essig und Salz gewürzt. Man bekommt ihn im Asialaden und in gut sortierten Supermärkten.

Klebreis

Klebreis – Reis, dessen Körner nach dem Kochen stark zusammenkleben – gibt es als Lang-, Mittel- und Rundkornreis. Man erkennt ihn im ungegarten Zustand daran, dass die Körner durch und durch weiß sind. Im Bild Rundkorn-Klebreis aus Vietnam. Klebreis ist aber auch im Norden Thailands sehr beliebt und wird dort sowohl als Beilage gereicht als auch zu Süßspeisen verarbeitet.

Grüner Reis

Grünen Reis kennt man unter anderem in Thailand, wo er Aplati genannt wird. Für die Herstellung werden unreife Reiskörner aus der Rispe gedrückt und leicht gequetscht. Sie haben ein mildes, leicht grasartiges Aroma.
Zubereitung: ungewaschen 2–3 Minuten braten oder dämpfen; in Vietnam wird Grüner Reis zu Brei verkocht

Reis, Wildreis

Wildreis kommt immer ungeschält in den Handel. Die langen schlanken Gräsersamen werden vorher gedarrt, was ihnen ihre dunkle Farbe und und einen nussigen Geschmack verleiht. Für Schnellkoch-Wildreis wird die harte Schale angeritzt. Dadurch verliert er jedoch beim Kochen seine Form und an Geschmack.
Verwendung: wie unpolierter körniger Reis, vor allem als Beilage, auch gemischt mit normalem Reis

Reneklode

Sie ist mit der → Pflaume eng verwandt. Im Bild die 'Große Grüne Reneklode', eine sehr alte Sorte. Mittelfest, saftig und sehr süß, edelwürzig im Geschmack.
Verwendung: zum Rohessen, zum Einmachen, für die Zubereitung von Kompott und Konfitüre

Renke

Renken, Felchen (→ Blaufelchen) oder Maränen sind schlanke, silbrige Süßwasserfische mit großen Schuppen. Im Bild die Große Bodenrenke, auch Sandfelchen und Große Maräne genannt. Sie schmeckt am besten gebraten oder gegrillt, auch geräuchert.

→ **Reisemantel** siehe bei **Pilgermuschel**
Reisnudeln siehe bei **Nudeln, asiatische**

REIS – RETTICH

Rettich

Weißer Rettich

Im Bild eine kurze, gedrungene Rettichsorte mit ausgeprägt aromatischem Geschmack. Erfreut sich in Bayern großer Beliebtheit.

Roter Rettich

Auf den Geschmack hat die Farbe des Rettichs keinen Einfluss. Rot (bzw. schwarz wie links) ist auch nur die Schale, nicht aber das Fruchtfleisch.

Scharfe Wurzel

Verantwortlich für die Schärfe sind in erster Linie Senföle. Sie wecken den Appetit, fördern die Verdauung. Rettich isst man hier zu Lande überwiegend roh, wohl auch, weil sich beim Erhitzen der Großteil an ätherischen Ölen verflüchtigt.

Schwarzer Rettich

Wird auch Winterrettich genannt; hier eine runde Sorte. Schwarze Rettiche haben ein sehr festes Fleisch und eignen sich daher zum Lagern. Müssen geschält werden.

Asiatischer Rettich

Daikon-Rettich ist milder als westliche Retticharten. In Ostasien zählt er zu den wichtigsten Gemüsesorten. Er ist lang und schlank, wiegt meist etwa 2 kg.

Rhabarber

Im Handel werden alle Sorten mit hellrotem Fleisch, grünem Stielende und mildem Aroma Himbeerrhabarber genannt. Herber im Geschmack ist der rotfleischige so genannte Blutrhabarber.
Verwendung und Zubereitung: Die Stiele werden wie Obst zubereitet, v. a. als Kompott und Kuchenbelag. Die Blätter liefern ein interessantes Salatgemüse.

Ricotta

Dieser italienische Käse wird aus Molkeneiweiß hergestellt. Er kommt sowohl frisch (→ Frischkäse) als auch einige Tage an der Luft getrocknet und gesalzen, teils auch geräuchert (siehe das Bild unten) in den Handel. Im Bild frische Ricotta aus Schafmolke. Sie hat im Schnitt einen höheren Fettgehalt als Ricotta aus Kuhmilch und ist fein-geschmeidig.

Ricotta salata

Im Bild vorne eine einige Tage getrocknete »Ricotta salata« (»Gesalzene Ricotta«) aus Kuhkäsemolke; mit kompakt-geschmeidigem Teig. Im Hintergrund geräucherte Ricotta, aus »Ricotta salata« hergestellt.

RHABARBER – RIGATONI

Riesenflügelschnecke

Die Riesenflügelschnecke, besser bekannt unter ihrem englischen Namen »Conch«, ist von der Küste Floridas bis nach Trinidad anzutreffen. Dort gilt das Schneckenfleisch (»Conch meat«) als Leckerbissen. Um es zu gewinnen, muss die Schale zerschlagen, der Muskel herausgelöst und von der Haut befreit werden.

Riesengrundel

Die Riesengrundel kommt vom Ärmelkanal bis Marokko, im ganzen Mittelmeer sowie in Teilen des Schwarzen Meeres vor. Sie schmeckt am besten goldbraun gebraten.

Riesenträuschling, Rotbrauner

Wird auch auch Braunkappe genannt. Er ist ein beliebter Kulturpilz, ähnelt im Geschmack dem Steinpilz und eignet sich auch für ähnliche Zubereitungen; auch zum Rohessen. Man kann ihn außerdem gut trocknen, einfrieren und einmachen.

→ **Riesenschirmling, Großer** siehe bei **Parasolpilz**
Rigatoni siehe bei **Röhrennudeln**

Rind

Die Stammform der meisten heute wichtigen Rinderrassen ist der Ur- oder Auerochse. Aus ihm wurden so bekannte Fleischrassen wie Aberdeen, Black Angus, Galloway, Hereford, Charolais oder auch die großrahmigen Chianina-Rinder aus Italien gezüchtet, die in der Regel hervorragendes Fleisch mit kräftigem Geschmack liefern.

Hereford-Rinder – die am weitesten verbreitete Fleischrasse. Die Rinder sind leicht zu erkennen am weißen Kopf und Hals sowie an der roten Körperfarbe.

RIND

Qualität von Rindfleisch

Ausschlaggebend für die Qualität von Rindfleisch sind das Alter der Tiere, die Fettverteilung sowie der Reifegrad des Fleischs. Ein Indikator für das Alter ist die Farbe des Fetts: Bei jüngeren Tieren ist es hell bis weiß, bei älteren Tieren gelblich. Fett ist ein wichtiger Aromaträger, weshalb das Fleisch auch nicht zu mager sein sollte. Optimal ist kerniges, zart marmoriertes Muskelfleisch mit nur geringer Fettauflage.

Garmethoden

Bei Rindfleisch ist die richtige, der Struktur des Teilstücks angepasste Garmethode sehr wichtig. Die gut entwickelten Muskelpartien an Beinen, Brust, Flanke oder Nacken liefern aromareiches Fleisch, sind aber von relativ viel Bindegewebe durchzogen. Solche Stücke müssen bei niedriger Temperatur entsprechend lange garen, am besten gesiedet oder geschmort werden, um weich und zart zu werden. Während des Garens sollte viel Feuchtigkeit zugesetzt werden – Wasser, Fond, Brühe oder Dampf –, damit das Fleisch nicht trocken wird.

Teile aus Hüfte und Rücken sowie das feine Filetstück liefern das zartere Fleisch, aber auch weniger Eigengeschmack. Sie benötigen zu Beginn eine hohe Gartemperatur, damit sich die Poren schließen. Das ist zum Beispiel beim Kurzbraten, Braten und Grillen – Garverfahren mit starker, trockener Hitze – der Fall. Dies verhindert, dass der Fleischsaft austritt. Wie lange man Steaks oder Filetstücke brät, ob »rare« oder »welldone«, ist allerdings Geschmacksache.

Carpaccio. Für dieses klassische italienische Gericht eignet sich Rinderhüfte, die vor dem Schneiden in hauchdünne Scheiben am besten kurz tiefgekühlt wird.

Kauf von Fleisch und Innereien

Wichtig sind eine hellrote, appetitliche Farbe des Fleisches sowie eine gleichmäßige Marmorierung. Für die Qualität von Innereien gilt: je frischer, desto besser. Ein Zeichen von Frische ist die glänzende, leicht feuchte Oberfläche. Auch das Alter des Tieres spielt eine Rolle – je jünger, desto zarter schmecken Leber oder Herz. Da Innereien leicht verderblich sind, sollte man sie nach Möglichkeit noch am Tag des Einkaufs verarbeiten oder tiefkühlen.

Rind

Querrippe

Wird auch Spannrippe genannt; bildet den Brustkorb. Gutes Kochfleisch, das beim Kochen aufquillt. Die Rippen lassen sich dann leicht herausziehen. Ausgelöst (Bild) eignet sich das Fleisch für Eintöpfe und zur Herstellung kräftiger Brühen.

Brustfleisch

Preiswertes Kochfleisch; gerollt auch zum Schmoren geeignet. Wird zum gleichmäßigen Garen meist quer geteilt. Die dicke Brustspitze (oben) ist fleischiger als Brustkern und Nachbrust.

Schmorfleisch

Gut marmorierte Teilstücke vom Rind mit relativ hohem Bindegewebsanteil liefern hervorragendes Schmor- und Bratenfleisch von kräftigem Geschmack. Zart und saftig werden solche Stücke durch langes Garen in feuchter Hitze.

Hohe Rippe

Gut marmoriertes Fleischstück. Mit und ohne Knochen hervorragend zum Kochen und Schmoren geeignet. Von jungen Tieren ist dieses Stück (Rinderkotelett) auch zum Braten geeignet.

Hals

Rinderhals mit Fehlrippe. Bestens zum Kochen und Schmoren geeignet. Ausgelöster Rinderhals ergibt außerdem hervorragendes Gulaschfleisch.

Rind

Dickes Bugstück

In diesem Zuschnitt (mit Fett und Bindegewebsauflage) als Suppen- und Gulaschfleisch geeignet. Ohne Deckel ist das im Vergleich zu anderen Bugstücken zartfaserige Fleisch gut zum Braten geeignet, auch für Rouladen.

Mittelbugstück

Wird auch Schaufelstück, Latte, Schulterspitz genannt. Gutes Kochfleisch, auch zum Schmoren (z. B. für Sauerbraten) geeignet.

Vielseitig

Die hier vorgestellten Teilstücke vom Rind zeigen die vielfältigen Verwendungsmöglichkeiten in der Küche auf: Das Fleisch eignet sich z. B. zum Braten im Ganzen, hauchdünn aufgeschnitten als Rouladenfleisch, zur Verarbeitung zu Tatar, als Kochfleisch und zur Bereitung kräftiger Fonds.

Schulterfilet

Wird wegen seiner Form auch falsches Filet genannt. Zartfaseriges Fleisch, das zum Braten, etwa für Sauerbraten, oder für Tatar geeignet ist.

Beinscheiben

Die Markknochen der Vorderhesse, von Muskeln und Sehnen umhüllt, bringen beim Kochen viel Geschmack. Wird nur das Mark benötigt, ausgelöste Knochen (in Scheiben) kaufen, 10 Minuten kochen, das weiche Mark herausdrücken.

Rind

Roastbeef

Auch Lende oder Rostbraten genannt; hier ohne Knochen. Besteht aus dem Hohen und dem (fettärmeren) Flachen Roastbeef. Mit Kräuterkruste gebraten ist es eine Delikatesse. Aus dem Flachen Roastbeef wird Rumpsteak geschnitten.

Filet

Ohne Zweifel das wertvollste Teilstück vom Rind. Sehr mager und ausgesprochen zart. Vor allem zum Kurzbraten, aber auch zum Braten im Ganzen hervorragend geeignet.

Wertvolle Stücke

Aus dem Rücken und der Hüfte des Rinds werden sehr hochwertige Fleischstücke geschnitten: Kaum oder nur leicht marmoriert sind sie fettarm und kurzgebraten sehr delikat. Beim Kochen oder Schmoren werden sie ausgesprochen zart.

Bauchlappen

Wird auch Flanke oder Dünnung genannt. Dieser fett- und bindegewebsreiche Teil des Hinterviertels wird nur zum Kochen verwendet.

Hüfte

Sie zählt noch zur Keule (siehe rechts). Der Hüftdeckel, auch Tafelspitz, eignet sich zum Kochen, Schmoren, für Geschnetzeltes. Die Hüfte ohne Deckel (Blume, Rose) ist das zarteste Teilstück der Keule, das sogar zum Kurzbraten geeignet ist.

RIND

Rind

Oberschale

Im Bild mit Deckel. Besonders mageres und zartes Fleischstück aus der Innenseite der Keule, zum Braten und Schmoren. Der Deckel wird auch für Geschnetzeltes, Schabefleisch und Gulasch verwendet. Oberschale ohne Deckel ist das klassische Rouladenfleisch.

Unterschale

Sie ist etwas zäher und gröber in der Fleischfaser als die Oberschale (siehe links). Eignet sich zum Schmoren und Braten, für Gulasch sowie Rouladen.

Keule

Zerlegt man eine Rinderkeule, erhält man die folgenden Zuschnitte, die teils zum Schmoren, teils zum Kurzbraten oder auch als Gulaschfleisch beliebt sind: Ober- und Unterschale, Rolle, Nuss, Hüfte (siehe linke Seite unten) und Bein.

Bürgermeisterstück

Wird auch Pastorenstück genannt. Über der Kugel liegendes, sehr zartes Fleischstück. Zum Kurzbraten, bestes Schmorfleisch, für Geschnetzeltes und Ragouts.

Dicke Wade

Dieser Teil der Hinterhesse ist zäher und bindegewebsreicher als die anderen Fleischteile der Keule. Eignet sich zum Kochen, für Gulasch und Ragouts.

313

Rind

Herz

Im Bild ein Herz vom Jungrind; mit festem und feinfaserigem Muskelfleisch von kräftigem, typischem Rindfleischgeschmack.
Zubereitung: gebraten und geschmort; je nach Alter und Gewicht in 2–4 Stunden gar

Leber

Die Leber des Rinds ist fester, dunkler und strenger im Geschmack als die anderer Schlachttiere. Vorher in Milch eingelegt schmeckt sie milder. Erst nach dem Garen salzen, sonst wird sie zäh.

Niere

Rinderniere ist fest im Biss, saftig und arteigen im Geschmack. Sie kann gebraten, gegrillt oder geschmort werden. Zuvor müssen aber alle weißen Häutchen und Harnwege entfernt werden (siehe Bild).

Rind

RIND

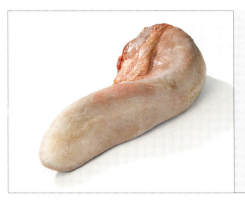

Zunge

Junge Rinderzunge ist sehr geschätzt: Sie bietet zartes und saftiges Muskelfleisch von kräftigem Geschmack. Kann mehr als 2 kg Gewicht erreichen. Rinderzunge ist frisch, geräuchert und gepökelt im Handel.

Magen

Die Mägen des Rinds werden auch Kutteln genannt. Im Bild von links nach rechts: Blättermagen, Labmagen und Pansen. Sie sind oft vorgegart erhältlich.
Zubereitung: Gekocht (dabei werden sie schneeweiß) sind Rindermägen eine regionale Spezialität.

Schwanz

Der Schwanz vom Rind, sowohl vom männlichen wie auch vom weiblichen Tier, wird als »Ochsenschwanz« gehandelt. Er eignet sich für die Zubereitung von Fonds, Suppen und Ragouts, auch zum Dünsten.

R

Robiola

Robiola ist ein Name für recht unterschiedliche italienische Käse, hergestellt aus Kuh- oder Ziegenmilch. Im Bild »Robiola osella«, ein → Frischkäse aus dem Piemont. Er ist sahnig in der Konsistenz (70 % F. i. Tr.) und mildsäuerlich im Geschmack. Robiola gibt es aber auch gereift, als Halbfesten → Schnittkäse, der dann je nach Milchart mild bis pikant schmeckt.

Rocamadour

Der ursprungsgeschützte → Weichkäse aus dem Südwesten Frankreichs ist einer der bekanntesten französischen Ziegenkäse. Die für ihn verwendete Milch darf nur von den Ziegen bestimmter, extensiv gehaltener Rassen stammen. Rocamadour schmeckt frisch leicht säuerlich und hefig, gereift nussartig.

Rocambole

Wird auch Schlangenknoblauch oder Italienischer Knoblauch genannt. Eine kleine und sehr zarte Knoblauchvarietät, von der alle Teile verwendet werden können. Die am Stiel entstehenden Brutzwiebeln eignen sich zum Marinieren wie Perlzwiebeln.

Rochen

In der Küche verwendet wird das Fleisch der Bauchflossen (»Flügel«). Es kommt meist bereits von Haut und Knorpeln befreit in den Handel, der nicht zwischen den Rochenarten unterscheidet (im Bild ein Fleckenrochen).
Zubereitung: Dünsten oder Pochieren. Der in Nordeuropa häufig gefangene Glattrochen wird – meist unter dem Namen »Seeforelle« – auch geräuchert oder mariniert angeboten.

Roggen, Korn

Nach dem Weizen das zweitwichtigste Brotgetreide in Europa; im Geschmack herzhaft-würzig.
Verwendung: das ganze Korn – über Nacht eingeweicht und etwa 1 1/2 Stunden gegart – für herzhafte Getreidegerichte und Füllungen, die Flocken für Müslimischungen (Verwendung von Schrot und Mehl siehe unten)

Roggenschrot

Schrot wird allgemein relativ grob gemahlenes Getreide genannt. Im Bild Vollkorn-Roggenschrot der Type 1800. Roggenmehl ist viel feiner zerkleinert. Auch das Mehl gibt es in der Vollkorn-Variante sowie höher ausgemahlen, d. h. mit weniger bis keinen Schalenanteilen und damit relativ hell, allerdings immer in der Farbe grauer als → Weizenmehl.
Verwendung: Schrot für rustikale Brote (Sauerteigbrote) und Roggenmischbrote, eingeweicht auch für Müsli; Roggenmehl für feinere Brötchen und für Brotfladen

→ **Rockfish** siehe bei **Felsenfische**

Röhrennudeln

Ditali

Ditali heißt übersetzt Fingerhüte. Diese sehr kurzen Röhrennudeln sind in Kampanien und Ligurien – dort schneidet man sie schräg – beliebt. Es gibt sie gerillt und glatt.
Verwendung: für dicke (Gemüse-)Suppen, zu Muscheln

Rigatoni

Die kurzen, dicken Röhrennudeln mit Riffelung gehören zu den bekanntesten Pastaformen.
Verwendung: zu Tomaten- und Gemüseragouts, zu klassischer Sauce Bolognese, für Nudelaufläufe

Bucatini

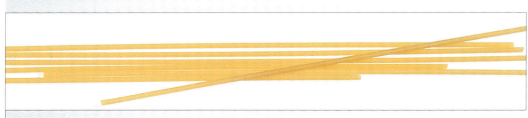

Diese langen, spaghettiähnlichen (aber dickeren), hohlen Nudeln aus Süditalien passen sehr gut zu passierten oder sämigen Gemüse-, Sahne- bzw. Käsesaucen.

RÖHRENNUDELN

Röhrennudeln

Penne

Im Bild »Penne lisce«, Penne mit einer glatten Oberfläche; es gibt auch Penne mit geriffelter Oberfläche (»Penne rigate«) sowie halblange Penne. Sie sind in verschiedenen Durchmessern erhältlich.
Verwendung: klassisch zu scharfer Tomatensauce

Cannelloni

Die großen Röhrennudeln eignen sich bestens zum Füllen (mit Fleisch, Meeresfrüchten oder auch Gemüse). Um die Füllung in die Röhren zu bekommen, verwendet man am besten einen Spritzbeutel.

Zite

Diese langen Röhrennudeln aus Kampanien ähneln den Maccheroni. Sie passen zu vielerlei Saucen und Ragouts und eignen sich auch zum Überbacken.

Rohwurst

Auch wenn sie in der Regel roh zum Verzehr gelangen – ihren Namen haben Rohwürste von der Art der Herstellung: Alle Zutaten werden roh verarbeitet. Anders als → Brühwurst und → Kochwurst sind in Rohwurst weder zugesetztes Wasser noch Innereien enthalten. Sie bestehen aus Muskelfleisch, Fett, Schwarten, Salz und gegebenenfalls Gewürzen.

Italienische Rohwurstvielfalt – von rechts unten: Abruzzese im Anschnitt und ganz, Montanaro, Vesurio im Anschnitt und ganz.

Streichfähige Rohwürste

Die Steichfähigkeit einer Rohwurst wird durch einen relativ hohen Anteil an fein zerkleinertem und zusätzlich sehr fein verteiltem Fett erreicht. Zu den streichfähigen Rohwürsten gehören beispielsweise → Mettwürste oder Westfälische. Sie sind in Kunst- oder Naturdärme (Kochmettwurst) gefüllt, besitzen einen nur geringen Abtrocknungsgrad, damit einen hohen natürlichen Wassergehalt. Sie sind aus diesem Grund nur beschränkt und nur gekühlt lagerfähig (Verderbserreger vermehren sich leichter im feuchten Milieu). Manche der streichfähigen Rohwurstsorten werden zusätzlich geräuchert, was sie zum einen haltbarer macht, zum anderen aber auch wesentlich zum Aroma beiträgt.

Schnittfeste Rohwürste

Zu diesen Würsten gehören z. B. → Salami, Plockwurst, → Fuet, → Saucisson sec, Landjäger. Ihnen allen ist eine mehr oder weniger lange Reifung gemeinsam. Für ihre Herstellung wird rohes Fleisch unter Salzzugabe zerkleinert. Dabei geht das Fleischeiweiß in Lösung und kann beim anschließenden Vermischen Fleisch- und Fettteilchen filmartig überziehen und um diese herum eine Art Gitternetz bilden. Diese Masse wird in Kunst- oder Naturdärme gefüllt und bei manchen Sorten noch gepresst. Während der anschließenden Reifungsphase verfestigt sich die Wurstmasse –

Auswahl an spanischer Rohwurst. Von links nach rechts im Vordergrund: Fuet, Salami, Palacios, Fuet-Variante.

zum einen, weil Wasser verdunstet, zum anderen aber auch, weil Milchsäurebakterien das Eiweiß-Gitternetz stocken lassen. Die Säure bildenden Bakterien sorgen darüber hinaus für eine gute Haltbarkeit der Würste, da sich Verderbserreger im sauren Milieu schlecht vermehren, und für die Bildung eines charakteristischen Aromas. Besonders lange gereifte (abgehangene) Rohwürste bezeichnet man auch als Dauer- oder Hartwürste.

Insbesondere Naturhüllen von schnittfesten Rohwürsten können zusätzlich mit aromagebenden und gleichzeitig konservierenden Edelschimmelkulturen (z. B. bei ungarischer Salami), Hefen (bei manchen italienischen Salamisorten) oder würzigen Tauchmassen behandelt sein.

Romadur

Der Halbfeste → Schnittkäse mit Rotschmiere aus Deutschland wird in Stangenform hergestellt. Es gibt ihn mit 20–50 % F. i. Tr. Die Reifezeit beträgt nicht mehr als 1 1/2–2 Wochen, dann ist der hellgelbe Teig in der Konsistenz weich, aber noch nicht fließend, und im Geschmack mild bis kräftig pikant.

Romana-Salat

Wird auch Sommerendivie genannt. Bis zu 40 cm hoch wachsend, dunkle Außenblätter und gelbes Herz. Es gibt ovale und runde Sorten (im Bild). Als »Romana-Salatherzen« werden Sorten mit kompakten, leicht süßlichen Herzen ohne die Umblätter angeboten. Romana-Salat hat relativ kräftige, robuste Blätter, darum ist er gekühlt bis zu 3 Tage haltbar.
Zubereitung: als Salat, mancherorts auch gedünstet

Rondino

Das Kürbisgemüse ist nicht nur optisch, sondern auch botanisch nahe mit dem → Zucchino verwandt. Rondini sind allerdings nicht nicht zum Rohverzehr geeignet.
Verwendung: Rondini eignen sich gekocht und ohne die Kerne als Vorspeise (auch gefüllt) oder Beilage.

Roquefort

Einer der beliebtesten → Blauschimmelkäse. Ursprünglich war die Produktion des pikanten Käses auf die Gegend um Roquefort-sur-Soulzon, ein Städtchen am Südrand der Cevennen, beschränkt. Heute reicht jedoch die Milch jener Schafe, die auf den kargen Hochebenen dort weiden, bei Weitem nicht mehr aus. Darum werden frische (ungereifte) Roquefortlaibe bis von Korsika oder den Atlantischen Pyrenäen angeliefert, die dann in den Höhlen um Roquefort pikiert werden und ausreifen.

Rosenkohl

Wird auch Sprossenkohl genannt. Die »Rosen« sind Mini-Kohlköpfe, die am Ansatz der Stängelblätter wachsen. Rosenkohl kommt meist geputzt, seltener an der Pflanze in den Handel.
Zubereitung: Rosenkohl schmeckt gedünstet oder gekocht, mit Béchamelsauce oder mit Käse überbacken; wird als Beilage auch vor dem Garen in die einzelnen Blättchen zerteilt.

Rosine

Rosinen ist der Oberbegriff für getrocknete Weinbeeren verschiedener Rebsorten. Damit die helle Farbe der Trauben erhalten bleibt, werden Rosinen oft mit schwefliger Säure gebleicht. Sie sollten dann nur gegart verzehrt werden. Sultaninen heißen die getrockneten (kernlosen) Sultana- oder Thompson-Trauben (→ Weintrauben). Sie sind ebenso wie die kleinen dunklen → Korinthen stets ungeschwefelt.
Verwendung: u. a. für Schmorgerichte, Desserts, Backwaren

Rosmarin

Robustes Würzkraut von einem verholzenden Strauch; mit harzigem, herbaromatischem Geschmack.
Verwendung: Nadeln oder Zweige passen frisch und getrocknet (am besten im Ganzen mitgegart) zu allen Arten von Fleisch, zu Fisch und mediterranem Gemüse sowie in Marinaden und zu Käse.

Rotauge

Der vor allem in stehendem Wasser lebende Süßwasserfisch wird auch Plötze genannt.
Zubereitung: Fische vor dem Braten oder Frittieren filetieren. Die feinen Gräten kann man durch mehrmaliges Einschneiden der Filets genießbar machen.

Rotbarsch

Wird auch Goldbarsch genannt. Der in den kalten Gewässern von Nordsee und Atlantik vorkommende Fisch gehört zur Familie der → Drachenköpfe (siehe auch → Felsenfische). Er ist ein wichtiger Nutzfisch mit festem, rötlich weißem, etwas fettem Fleisch. In den Handel kommen vor allem Filets.

ROSMARIN – ROTKAPPE

Rotbrassen

Der leicht rötliche Fisch kommt im warmen Ostatlantik und im Mittelmeer vor. Er ist mit seinem festen Fleisch einer der schmackhaftesten Meerbrassen. Wird frisch und tiefgefroren angeboten.

Rote Bete

Die intensiv farbige und färbende Rübe mit ihrem angenehm süßsäuerlichen Aroma ist hier zu Lande ganzjährig auf dem Markt. Zunehmend wird sie auch bereits vorgegart und geschält vakuumverpackt angeboten.
Verwendung: In der Schale gekocht und geschält für Salate, zum Einlegen, für Gemüsesuppen. Das Laub kann als Blattgemüse zubereitet werden.

Rotkappe

Der festfleischige Speisepilz mit dem orangebräunlichen Hut ist von angenehmem Geschmack. Er eignet sich zum Kochen, Braten, Frittieren usw., auch zum Einlegen und Trocknen.

→ **Rötel** siehe bei **Saibling**

Rotkohl

Wird in Süddeutschland auch Blaukraut genannt. Der Kohl mit seinen intensiv violetten Blättern bildet festere Köpfe als → Weißkohl und hat im Vergleich zu letzterem einen leicht süßlichen Geschmack.
Verwendung: fein gehobelt als Salat, als Schmorgemüse (zu Ente), die Blätter im Ganzen für Rouladen usw.

Rotzunge

Der Plattfisch wird in Europa vor allem im Spätsommer häufig gefangen und ist fast ausschließlich filetiert im Handel. Die eng verwandte Pazifische Rotzunge wird an der nordamerikanischen Pazifikküste in großem Stil kommerziell gefischt.
Zubereitung: ein idealer Bratfisch, ob mit oder ohne Haut; auch zum Pochieren geeignet

Rübe

Die nahrhaften Speiserüben haben in Mitteleuropa über die Jahrhunderte ihre Bedeutung als Grundnahrungsmittel verloren. Es gibt eine Vielzahl an Rüben-Varietäten, die alle zur selben Art gehören: Im Bild Mairüben, zusammen mit den Teltower Rübchen (rechts oben) die feinsten unter den Speiserüben. Sie eignen sich auch zum Rohessen. Andere Varietäten schmecken vor allem in Eintopfgerichten und eignen sich zum Pürieren.

ROTKOHL – RUTTE

Rübe, Teltower Rübchen

Die kleinen Teltower Rübchen gehören zu den Speiserüben (links unten); sie sind eine Zwergform der weißen Rüben. Ihr Geschmack ist süßlich mild.
Zubereitung: Die Rüben werden gedünstet, glasiert oder gekocht (etwa als Zutat in Gemüseeintöpfen).

Rübenkraut

Das dickflüssige Süßungsmittel, auch Rübensirup oder Rübensaft genannt, erhält man durch das Einkochen gereinigter, geschnitzelter Zuckerrüben. Im Geschmack würzig süß.
Verwendung: als Brotaufstrich, auch zum Süßen von dunklem Gebäck oder Backwaren aus Vollkorn

Rucola

Wird auch Senf- oder Ölrauke genannt. Das Kraut schmeckt erfrischend scharf und senfartig. Es ist inzwischen ganzjährig im Handel und wird vor allem frisch, z. B. für Salate und Garnituren verwendet.

→ **Rotschmierekäse** siehe bei **Weichkäse**
Rotwild siehe bei **Hirschwild**
Rutte siehe bei **Trüsche**

Safran

Das kostbarste Gewürz überhaupt besteht aus den leuchtend orangefarbenen Narbenfäden einer Krokusart. Echten Safran erkennt man an seinen feinen, borstigen Fäden. Helle Stellen können ein Hinweis darauf sein, dass es sich nicht um das echte Gewürz handelt. Echter Safran bewirkt selbst in starker Verdünnung noch eine intensive Gelbtönung. Er schmeckt leicht süßlich, honigartig und zartbitter.

Sägebarsch

Der Seefisch, der vor allem im östlichen Mittelmeergebiet ins Angebot kommt, gehört zu den → Zackenbarschen. Sein zartes, trockenes Fleisch schmeckt besonders gut gebraten, da es dabei delikat mürbe wird.

Sahne

Wird auch als Rahm bezeichnet. Durch Abschöpfen oder Zentrifugieren gewonnener fetthaltiger Anteil der Milch. Enthält mind. 10 % und bis zu 60 % Fett. Ist erst ab einem Fettgehalt von etwa 25 % schlagbar. Zum Mitkochen (ohne Ausflocken) eignet sich Sahne ab etwa 30 % Fett. Sahne ab 40 % Fett kommt als Crème double in den Handel. (Weitere Informationen siehe bei → Sauerrahm)

→ Sablefish siehe bei **Kohlenfisch**
Sago siehe bei **Stärkemehle**

SABLEFISH – SAINTE-MAURE

Saibling

Alle Saiblinge sind hoch begehrte Speisefische. Die Süßwasserfische schmecken hervorragend pochiert, aber auch gedünstet oder in Butter gebraten und eignen sich sehr gut zum Räuchern. Im Bild der Seesaibling oder Rötel.

Saint-Nectaire

Der Halbfeste → Schnittkäse aus Kuhmilch (mind. 45 % F. i. Tr.) stammt aus dem französischen Massif Central. Er zeigt eine reiche, ziemlich trockene Oberflächenflora. Entsprechend kräftig ist er im Geschmack.

Sainte-Maure de Touraine

Ein Strohhalm verleiht dem zarten Teig des milden ursprungsgeschützten französischen Ziegenkäses Festigkeit. Er wird sowohl in Molkereien gefertigt (mit eher weißer Oberflächenflora und rotem Etikett) als auch in bäuerlichen Betrieben (hier mit einer mehr bläulichen Flora und grünem Etikett). Vergleichbare Käse aus anderen Regionen heißen »Chèvre long«.

Salami

Deutsche Salami

Rohwurst aus Schweinefleisch, Speck, Gewürzen, manchmal auch mit Rotwein.

Ungarische Salami

Mit relativ feinem Brät und gleichmäßiger weißer Edelschimmelflora außen.

Variantenreich

Die aromatischen → Rohwürste können aus dem Fleisch verschiedenster Tiere hergestellt sein (v. a. Schwein, Rind, Wildbret, aber auch Pute, regional Pferd, Esel). Sie unterscheiden sich darüber hinaus in Feinheit, Form und Größe sowie in der Art der Umhüllung.

Salame toscano

Eine der bekanntesten italienischen Salamisorten. Mit relativ grobem Brät aus Schweinefleisch und Speck. Mit Knoblauch und Fenchelsamen gewürzt.

Italienische Minisalami

»Salame mignon de Maiale«, eine kleine norditalienische Salamisorte, ebenfalls aus reinem Schweinefleisch.

SALAMI – SALSIZ

Salbei

Im Bild Dalmatinischer Salbei, der Gourmet-Salbei schlechthin: Zum typischen, leicht bitteren und harzigen Salbeiaroma kommt bei ihm eine süßlich feine und frische Note. Zum Trocknen eignet sich das Kraut weniger, besser, man konserviert die Blätter, indem man sie mit Öl bestreicht und, schichtweise zwischen Folie gelegt, einfriert.
Verwendung: in Maßen dosiert für (mediterrane) Fleisch- und Pastagerichte, zu Innereien, Wild, fettem Fisch, auch Gemüse

Salsicchia

»Salsicchia« heißen in Italien überwiegend würzige lange, dünne frische → Rohwürste. Manche Sorten werden aber auch getrocknet angeboten. Im Bild eine »Salsicchia fresca« aus grobem Schweinehack – zuweilen wird das Brät auch aus einer Mischung von Rind- und Schweinefleisch hergestellt.

Salsiz

Eine kleine, gepresste und in den meisten Fällen luftgetrocknete → Rohwurst aus dem Schweizer Kanton Graubünden. Das Fleisch für das Brät wird vor dem Zerkleinern mariniert, daher ist die Wurst sehr würzig.

Salz

Salz ist weltweit einer der wichtigsten Würzstoffe, da es den Eigengeschmack von Speisen verstärkt und deren Aromen (auch süße) besser hervortreten lässt. Chemisch gesehen besteht Salz zum größten Teil aus Natriumchlorid. Meist enthalten Salze aber darüber hinaus weitere Mineralstoffe, die für den unterschiedlichen Geschmack verantwortlich sind.

In Indonesien wird Salz noch unverpackt auf dem Markt feilgeboten.

SALZ

Wertvoll und unentbehrlich

Salz – seit jeher Zeichen von Reichtum und Macht – galt in Babylon als die »Speise der Götter«. Römische Soldaten wurde teilweise in Salz ausbezahlt. Und nicht von ungefähr steckt im Wort Salär (vom französischen salaire = Lohn) das lateinische Wort für Salz: sal. Städte entlang der ehemaligen Salzstraßen wie Schwäbisch Hall, Salzburg oder Bad Reichenhall künden von den Zeiten des großen Salzhandels – etymologisch gehen viele Namen auf das keltische »hal« zurück. In vielen Kulturen war Salz schließlich Teil der Opfergabe – man konnte ja den Göttern keine ungesalzenen Speisen vorsetzen.

Konservierend

Große Bedeutung hatte Salz seit jeher auch als Konservierungsstoff, nicht zuletzt deshalb wurde es zum Symbol für Dauerhaftigkeit und feste Bündnisse (Bibel). Salz wird heute verwendet zum Würzen der Speisen, um Flüssigkeit und Bitterstoffe zu entfernen, zur Konservierung von Fleisch, Fisch, Gemüse und Wurstwaren.

Salz in der Suppe

Unentbehrlich ist Salz für den menschlichen Organismus: Er benötigt es vor allem zur Regulierung des Wasserhaushalts. Aus gesundheitlichen Gründen reichert man es teils auch mit Fluor, Jod und Folsäure an.

Salzgewinnung aus Meerwasser. In flachen Becken verdunstet das Wasser nach und nach, zurück bleiben Salzkristalle.

Die gute Rieselfähigkeit ist ein wesentlicher Faktor, deshalb muss das Wasser anziehende Salz trocken aufbewahrt werden.

Salzsorten

Steinsalz, das unraffiniert eine graue Farbe hat und erst durch weitere Verarbeitung weiß wird, heißen die bergmännisch abgebauten Verdunstungsrückstände früherer Meere. Siedesalz bzw. Solesalz wird durch Verdampfen von Sole (durch die unterirdischen Salzstöcke gepresstes, daher sehr salzhaltiges Wasser) gewonnen. Meersalz erhält man durch Verdunsten von Meerwasser. Es ist ernährungsphysiologisch dem Kochsalz nicht überlegen. Mit Gewürzen versetzte Salze, vor allem selbst zubereitete, werden von manchen Köchen sehr geschätzt.

Salz

Meersalz

Es wird in so genannten Salzgärten gewonnen: Ein System aus flachen Becken wird mit Meerwasser geflutet. Bei der Verdunstung durch Wärme und Wind entstehen Salzkristalle, die mit einer Art Rechen eingeholt werden.
Im Bild grobes Meersalz – auf Französisch »le gros sel«. Es hat oft eine braungräuliche Farbe.

Fleur de Sel

Bei dem aus der Bretagne stammenden Meersalz »Fleur de Sel« (de Guérande), übersetzt Salzblume, werden die auf der Wasseroberfläche entstehenden Kristalle von Hand abgelesen, »gepflückt«. »Fleur de Sel« ist vom Geschmack her eines der besten Salze. Offen in Schälchen bei Tisch reichen, zwischen den Fingern portionieren.

Kristallines Meersalz

Meersalz mit Kristallen, die an Schneeflocken erinnern, ist sehr fein und weich und löst sich sofort auf. Man verwendet es zur Herstellung von Gewürz- und Kräutermischungen und findet es mitunter auch in Supermärkten. Sehr dekorativ in durchsichtigen Salzmühlen.

SALZ – SALZKRAUT

Salz

Feines Tafelsalz

Es wird auch Sole- oder Speisesalz genannt und ist besonders fein gemahlen. Durch Verdampfung aus in Wasser gelöstem Steinsalz und anschließende Raffination gewonnen.

Grobes Tafelsalz

Wird auch Brezelsalz genannt und besitzt flache Kristalle. Wird hauptsächlich von der Industrie verwendet. Aus Steinsalz. Gut geeignet für Salzmühlen sowie zum Bestreuen von Backwerk.

Schwarzes Steinsalz

Das auffällig dunkle Salz aus Pakistan und Nordindien, dort »Kala namak« genannt, wird aufgrund seines speziellen, leicht rauchigen Geschmacks geschätzt.

→ Salzkraut siehe bei **Glasschmalz**

S

Sambal oelek

Sehr scharfe indonesische Würzpaste auf der Basis roter Chilischoten. Wird als Zutat zum Kochen, als Dipsauce und würzende Beigabe verwendet.

Sanddorn

Der Baum mit den orange- bis korallenroten Beerenfrüchten ist in Europa und Asien heimisch. Die Beeren sind im Geschmack herbsäuerlich und erfrischend. Sie eignen sich zum Einkochen, zur Zubereitung von Gelee, Marmelade, als Zutat zu Süßspeisen und Milchprodukten.

Sardelle

Die Heringsfische sind bei uns vor allem als Konserve – gesalzene oder in Öl eingelegte Filets – bekannt. Aber auch frisch zubereitet, etwa gebraten, frittiert, gegrillt, schmecken Sardellen äußerst kräftig und würzig.

→ Sansho siehe bei **Pfeffer, Japanischer**

SAMBAL OELEK – SAUERAMPFER

Sardine

Die Sardine kommt von der südlichen Nordsee bis zur Atlantikküste Marokkos sowie im Mittelmeer und im Schwarzen Meer vor. Als Sardinen werden im Handel Fische bis 16 cm Länge bezeichnet, größere – bis 26 cm – heißen Pilchards. Die Fische mit ihrem relativ fettreichen Fleisch sind selten als Frischfisch zu bekommen, der überwiegende Teil der Fänge wird zu Fischkonserven verarbeitet.

Saucisson sec

»Saucisson sec«, »trockene Wurst«, ist in Frankreich der Oberbegriff für getrocknete → Rohwurst – Produkte, die hier zu Lande Salami, Dauer- oder Hartwurst genannt werden. Die meist groben Würste sind in der Regel sehr aromatisch.

Sauerampfer

Das Wildkraut ist mit seinem zitronenähnlichen Aroma beliebt zum Würzen von Suppen und Salaten. Verwendet werden sollten aber nur junge Blätter, große, ältere Blätter schmecken unangenehm herb.

→ Satsuma siehe bei **Mandarine**

Sauermilchkäse

Sauermilchkäse ist eine fettarme Käsespezialität mit pikantem Geschmack. Traditionell wird er in einigen Regionen Deutschlands mit »Musik«, das heißt mit Essig, Öl, Salz, Pfeffer und Zwiebeln gegessen. In Deutschland, Österreich, Tschechien und der Slowakei wird er aus Sauermilchquark mit Milchsäurebakterien, ohne die Verwendung von Lab hergestellt.

Sauermilchkäse aus Deutschland, obere Reihe von links: goldgelber Bauernhandkäse (auch in der Mitte), Vienenburger Schimmelkäse, Korbkäse; untere Reihe: hausgemachter Bauernhandkäse mit Kümmel, Harzer-Käse als pikanter Gelbkäse.

SAUERMILCHKÄSE

Deutsche Sauermilchkäse

Man unterscheidet in Deutschland grundsätzlich zwei Arten von Sauermilchkäse: die Gelbkäse und die Sauermilchkäse mit Edelschimmel. Viele Sauermilchkäse, vor allem Gelbkäse-Sorten, enthalten traditionell Kümmelsamen als Zusatz. Dieser sorgt für eine bessere Verdaulichkeit.

Zu den GELBKÄSEN, deren Oberfläche mit Gelb- oder Rotschmiere behandelt wurde, gehören → Harzer Käse (Harzer Roller) und → Mainzer Käse sowie der → Olmützer Quargel. SAUERMILCHKÄSE MIT EDELSCHIMMEL haben dagegen einen milderen Geschmack und Geruch. Sie sind mit einer feinen weißen Schimmelschicht überzogen. Einige Sauermilchkäse gibt es sowohl in der Gelbkäse- als auch in der Edelschimmel-Variante: dazu gehören z. B. Korbkäse, Handkäse sowie Bauernhandkäse, Stangenkäse und Spitzkäse.

Aus Österreich und der Schweiz

In den Alpenländern reifen manche Käsesorten auch ohne Oberflächenschimmel oder -flora, beispielsweise die österreichischen → GRAUKÄSE. Sie sind eine alte Käsespezialität, die auf den Almen hergestellt wurde. Die Graukäse reifen zuweilen so lange und werden dabei so hart, dass man sie sogar reiben kann. Ein solcher Käse ist etwa der Schweizer Schabzieger.

Handkäs mit Musik nennt man im Frankfurter Raum Handkäse, der mit Marinade und Zwiebeln angerichtet wird.

Skandinavische Sauermilchkäse

In den skandinavischen Ländern produziert man spezielle Sauermilchkäse. Es sind dies Molkenkäse, die in Norwegen auch Braunkäse heißen. Dieser Name ergibt sich aus der Art der Herstellung: Die Molke wird hierfür eingekocht, dabei karamellisiert der Milchzucker, und es entstehen die namensgebende braune Farbe sowie der leicht süßliche Geschmack. Ein bekannter Vertreter dieser Molkenkäse ist der norwegische → Gamalost.

Sauerrahm

Wird auch Saure Sahne genannt. Sauerrahm ist mehr oder weniger stark mit Milchsäurebakterien gesäuerte → Sahne. Im Handel gibt es Produkte mit Fettgehalten von 10 bis etwa 40 %. Als Schmand wird Sauerrahm mit 24 % Fett bezeichnet, als Crème fraîche Sauerrahm ab einem Fettgehalt von 30 %.
Verwendung: zum Verfeinern von kalten und warmen Gerichten

Sauerteig

Sauerteig entsteht ohne weitere Zusätze aus den in Mehl und Luft vorhandenen Essig- und Milchsäurebakterien, wenn man dem Mehl warmes Wasser zusetzt. Sauerteig wird als Backtriebmittel für Roggenteige benötigt, denn er hemmt die im Roggenmehl enthaltenen, ein stabiles Klebergerüst verhindernden Enzyme. Er ist als Fertigprodukt erhältlich, kann aber aus Roggenmehl und Wasser auch selbst angesetzt werden (benötigt 3–5 Tage Gärzeit).

Sbrinz

Der aus Rohmilch von der Kuh hergestellte → Hartkäse mit mind. 45 % F. i. Tr. stammt aus der Innerschweiz und wird in Laiben von 25–45 kg hergestellt. Nach 1 1/2–2 Jahren Reifezeit ist Sbrinz ein aromatisch-würziger Reibkäse. Jüngere Exemplare haben einen festen, aber noch schnittfähigen Teig von vollmundig aromatischem Geschmack. Auch sie kann man gut als Hobelkäse verwenden.

SAUERRAHM – SCHELLFISCH

Scamorza

Leicht gereifte Büffelmozzarella (→ Mozzarella) ohne Lake oder birnenförmiger italienischer → Pasta-Filata-Käse aus Kuhmilch mit hellem Teig von mildem Geschmack. 300–500 g schwer, häufig auch geräuchert (»Scamorza affumicata«; im Bild).

Scharbe, Pazifische

Die Pazifische Scharbe oder auch Pazifische → Kliesche ist der beliebteste Plattfisch an der amerikanischen Pazifikküste. Ihr festes weißes Fleisch ist von hervorragendem Geschmack.

Schellfisch

Der zur Familie der Dorsche gehörende Fisch wird meist frisch oder tiefgefroren, auch geräuchert angeboten, man verarbeitet ihn aber auch zu Trockenfisch (→ Klippfisch).
Zubereitung: Schellfisch eignet sich gut zum Braten und Pochieren.

→ Scampo siehe bei **Kaisergranat**
Schaf siehe bei **Lamm**
Schalotte siehe bei **Zwiebel**

341

Schinken-Spezialitäten

Schinken

Schinken wird seit jeher in vielen Ländern der Erde produziert. Ob geräuchert, gekocht oder getrocknet, Schinken ist überall dort ein wichtiges Lebensmittel, wo das Schwein als Fleischlieferant eine dominante Rolle spielt. Ursprünglich ging es darum, eine Schweinekeule möglichst lange haltbar zu machen. Heute dagegen ist ein guter Schinken einfach ein Genuss.

Gute Räucherschinken sind mager, saftig-zart und haben ein mildes, aber charakteristisches Aroma. Am Stück sind die Schinken lange haltbar; dünn aufgeschnitten schmecken sie am feinsten.

SCHINKEN

Fleischspezialitäten

Obwohl Ausgangsprodukt und Herstellung im Prinzip immer sehr ähnlich sind, entstanden im Laufe der Jahrhunderte viele köstliche Schinkenspezialitäten von ganz unterschiedlichem Geschmack und Aroma. Verantwortlich dafür ist nicht nur die Art der Herstellung, sondern auch das verwendete Fleisch. Denn ein Schinken muss durchaus nicht immer aus der Schweinekeule sein, auch andere Schweineteile, etwa die Hüfte (siehe Seite 347), Schulter oder Lachs oder auch Fleisch von ganz anderen Tieren können als Ausgangsprodukt dienen (siehe Seite 346, Rindersaftschinken).

Jambon persillé. Saftige Schinkenscheiben zwischen Petersiliengelee sind eine klassische Schinkenzubereitung aus dem Burgund.

Rohschinken

Bei der Produktion von Rohschinken werden noch dieselben Techniken angewandt, wie sie schon die Römer kannten: Einsalzen und anschließendes Räuchern oder Trocknen. **RÄUCHERSCHINKEN** bekommen ihr charakteristisches Aroma durch die zugesetzten Gewürze, Temperatur und Dauer des Räuchervorgangs sowie das dafür verwendete Holz. Für **LUFTGETROCKNETE SCHINKEN** – hier sind vor allem jene aus Italien und Spanien berühmt – werden die Keulen zunächst gesalzen. Das Salz selbst, die Dauer des Einsalzens und das Klima während des anschließenden, bis zu 18-monatigen Reifeprozesses haben einen erheblichen Einfluss auf den Geschmack und das Aroma des Schinkens.

Kochschinken

Kochschinken wird nicht »nur« gekocht: Zunächst muss er gepökelt werden. Dann müssen Fleischstücke ohne Knochen in Form gebracht werden. Damit die einzelnen Teile gut zusammenhaften, werden sie anschließend häufig im so genannten Tumbler bewegt. Dadurch tritt Eiweiß aus, und dieses ist für die Bindung der einzelnen Teile verantwortlich. Schließlich presst man den Schinken in Formen, Folien oder Netzen. Zur Geschmacksverbesserung wird er nicht selten noch kurz heiß geräuchert, bevor man den Schinken dann bei geringer Temperatur gart.

345

Schinken, gekocht

Gekochter Beinschinken

Bevor diese französische Spezialiät in Bouillon langsam gar zieht, wird sie getrocknet und kurz geräuchert. Überzeugt durch seine schöne rosa Farbe, ist wunderbar zart und saftig, weil mit Knochen gegart.

Braunschweiger Schinken

Für diesen auch als »Brunswick ham« bezeichneten mildaromatischen Schinken wird die Schweinekeule entbeint, nass gepökelt, in Form gepresst und gekocht.

Rindersaftschinken

Ihn stellt man oft aus dem zarten Schwanzstück junger Mastrinder her. Wird in gewürzte Lake eingelegt oder gespritzt, dann in Form gebunden und gekocht.

Schinken, roh

Schwarzwälder Schinken

Ausgangsprodukt ist der entbeinte Hinterschinken, der gepökelt und über Tannenholzspänen, Tannenzapfen und -reisig kalt geräuchert wird. Dadurch erhält er sein besonderes Aroma sowie die dunkle Außenfarbe. Abschließend muss diese Schinkenspezialität noch 3 Wochen trocknen.

Westfälischer Hüftschinken

Ebenfalls ein Schinken ohne Knochen, allerdings aus der Hüfte des Schweins. Er wird über Buchenholz und Wacholder kalt geräuchert. Charakteristisch sind die dunkelrote Fleischfarbe sowie die helle Schwarte.

Rollschinken

Dieser Schinken besteht aus ausgelösten Teilen der Keule, die entweder vor oder nach dem Pökeln in Form gerollt und gebunden werden. Nach der Lakepökelung wird der Schinken warm geräuchert und kann nach einer Reifezeit von nur 5 Wochen verzehrt werden. (Rollschinken gibt es auch als Kochschinken.)

Schinken, luftgetrocknet

Spanischer Schinken

Im Bild »Jamón ibérico«. Er stammt von schwarzen, teilweise mit Eicheln gemästeten Schweinen. Gilt als einer der besten der Welt.
Ein weiterer sehr bekannter spanischer Schinken ist »Jamón serrano«, unter strengen Qualitätsanforderungen ausschließlich aus den Keulen bestimmter weißer Schweinerassen hergestellt.

Italienischer Schinken

Im Bild San Daniele, einer der feinsten unter den luftgetrockneten Schinken. Jeder Schinken wird geprüft, bevor er das Siegel erhält.
Und auch der wohl bekannteste italienische Schinken, der Parmaschinken, bekommt sein Brandsiegel (eine fünfzackige Herzogskrone) nicht ohne vorherige Qualitätsprüfung.

Culatello

Der mildaromatische Culatello wird in der italienischen Po-ebene hergestellt. Ausgangsprodukt ist das Kernstück der entbeinten Schweinekeule. Dieses wird mit Meersalz eingerieben, in eine Haut aus Naturdarm gesteckt und in Form gebunden, bevor sich die mehrmonatige Reifung – im längsten Fall bis zu 2 Jahren – anschließt.

SCHINKEN – SCHMALZ

Schlehe

Die Schlehe ist die Stammform der europäischen Pflaumen. Erst nach Herbstfrost sind die blauschwarzen kugeligen herbsäuerlichen und fruchtig würzigen Steinfrüchte genießbar.
Verwendung: für die Herstellung von Saft, Sirup, Gelee oder Mus; passt gut zu Wildgerichten; auch zum Trocknen geeignet

Schleie

Der Süßwasserfisch eignet sich mit dem kräftigen Aroma seines Fleisches vor allem für deftige Suppen, Eintöpfe und Ragouts, man kann ihn aber auch braten und grillen. Am besten schmecken Fische mit einem Gewicht zwischen 1 und 2 kg.

Schmalz, Butterschmalz

Butterschmalz oder Butterreinfett ist weitgehend von Eiweiß und Wasser befreite Butter. Es besteht zu über 98 % aus Fett und ist daher hoch erhitzbar. Man kennt dieses Kochfett nicht nur in Europa, sondern auch in Indien (Ghee).
Verwendung: für alle Garmethoden, bei denen stark erhitzt wird, auch zum Backen
(weitere Schmalzsorten siehe Seite 350)

Schmalz, Gänseschmalz

Das ausgelassene Unterhautfett der Gans verfeinert mit seinem typischen, aber dennoch milden Geschmack beispielsweise geschmortes Kohlgemüse. Es eignet sich aber auch als Brotaufstrich.

Schmalz, Schweineschmalz

Das aus dem Rückenspeck oder Bauchfett des Schweins ausgelasse Fett ist streichfähig und von angenehmem Geschmack.
Verwendung: zum Ausbacken, Braten und Kochen, auch – vermischt mit Grieben – als Brotaufstrich

Schmelzkäse

Der erste Schmelzkäse wurde 1911 in der Schweiz durch das Schmelzen von Emmentaler unter Zusatz von Zitronensäuresalzen hergestellt. Es entstand ein haltbares, nicht mehr weiter reifendes Produkt. In den USA gelang derselbe Prozess mit Cheddar, den man mit Phosphorsäuresalzen schmolz.
Die Festigkeit des Ausgangskäses bestimmt die des Schmelzkäses. Das erklärt, warum es feste und streichfähige Sorten gibt. Oft werden in die Käsemasse noch weitere Zutaten eingearbeitet, z. B. Gewürze, Kräuter oder Schinken (siehe rechts).

→ **Schmand** siehe bei **Sauerrahm**

SCHMALZ – SCHNAPPER

Schmelzkäse

Kochkäse

Diese Schmelzkäsesorte entsteht durch das Schmelzen von Sauermilch- oder Labquark. Der würzige Teig ist entsprechend den Fettstufen des Ausgangskäses (10–60 % F. i. Tr.) mehr oder weniger streichfähig.

Räucherkäse

Räucherkäse nennt man Schmelzkäsezubereitungen, die zusätzlich geräuchert werden. Der Teig ist schnittfest und besitzt einen würzigen Geschmack. Er kann auch mit weiteren Zutaten, etwa Schinken, verfeinert sein.

Schmelzkäsetorte

Geschichtete Schmelzkäsetorten gibt es in großer Vielfalt. Im Bild eine Variante, bei der man gut die abwechselnden Schmelzkäse- und Walnussfrischkäse-Schichten erkennt. Es gibt aber beispielsweise auch Torten mit Schichten von Kräuter- oder Paprikakäse.

→ **Schnabelsalat** siehe bei **Harlekin**
Schnapper siehe bei **Snapper**

Schnittkäse

Schnittkäse wie Gouda und Edamer waren bereits im Mittelalter auch außerhalb Hollands so beliebt, dass beispielsweise in Frankreich die Kosten für den Import das Budget des Finanzministers Colbert am Hofe Ludwigs XIV. sprengten und er die Einfuhr verbot. Stattdessen entwickelte Frankreich einen eigenen, dem Edamer ähnlichen Schnittkäse, den Mimolette.

Tommes, wie sie in Frankreich genannt werden, oder auf Italienisch Tomas sind berühmte Vertreter der (Halbfesten) Schnittkäse. Sie werden in kleinen bis mittelgroßen runden Laiben gefertigt, ihr Teig ist stark gelocht, die Rinde ausgeprägt und meist mehr oder weniger grau. Im Bild ein »Toma piemontese«.

SCHNITTKÄSE

Einteilungskriterien

Die Klassifizierung eines Käses richtet sich in Deutschland einzig nach der Festigkeit des Käseteigs. Sie hat nichts mit anderen Charakteristika wie etwa der Art der Herstellung, dem Geschmack, dem Fettgehalt oder der Rindenbeschaffenheit zu tun. Kriterium für die Festigkeit des Käseteigs ist sein »Wassergehalt in der fettfreien Käsemasse«. In Deutschland zählen danach zu den Schnittkäsen Käse mit einem Wassergehalt in der fettfreien Käsemasse von über 54 % bis 63 %, zu den Halbfesten Schnittkäsen solche mit mehr als 61 % bis 69 %. Diese Grenzwerte sind allerdings nicht in allen Ländern einheitlich. Und in Frankreich beispielsweise gruppiert man Käse nach ganz anderen Kritierien: Dort wird nach Herstellungsmerkmalen unterschieden, etwa ob der Käsegrundteig vor dem Formen nochmals erhitzt wird, ob er gepresst wird oder nicht.

Schnittkäse-Vielfalt

Der Wassergehalt eines Käses hängt eng zusammen mit seiner Reifezeit: Je länger ein Käse reift, desto mehr Wasser verliert er, desto härter wird er. Schnittkäse und Halbfeste Schnittkäse sind daher weniger lang gereift als → Hartkäse. Dieser Zusammenhang zwischen Reifezeit und Wassergehalt macht aber auch deutlich, dass ein und dieselbe Käsesorte, je nachdem wie lange man sie reifen lässt, entweder noch zu den

Spezialität aus Savoyen: Tartiflette mit Reblochon und Kartoffeln – hier eine herzhafte Variante mit Speck und Zwiebeln.

Schnittkäsen gehören kann oder aber bereits zu den Hartkäsen (z. B. → Montasio, → Gouda, → Pecorino).

Schnittkäse und Halbfeste Schnittkäse können ganz unterschiedlich aussehen: Manche haben einen kompakten ungelochten Teig, andere weisen große runde, wieder andere viele kleine unregelmäßige Löcher auf. Es gibt Käse mit Naturrinde (trocken oder mit Rotschmiere) und rindenlose Sorten (in der Folie gereift, mit Wachsüberzug). Zu den Halbfesten Schnittkäsen gehören unter anderem auch → Blauschimmelkäse wie → Roquefort und Lakekäse wie der → Feta.

Schnittknoblauch

Wird auch Chinesische Zwiebel, Chinesischer Lauch oder Nira genannt. Besitzt ein mildes Knoblaucharoma.
Verwendung: Blätter zum Würzen, die ganze Pflanze gedünstet oder sautiert als Gemüse

Schnittkohl

Die Blätter der zur großen Kohlfamilie gehörenden Pflanze ähneln geschmacklich dem → Wirsing und werden auch wie dieser zubereitet.

Schnittlauch

Seine hohlen glatten Blätter haben einen zwiebelscharfen und lauchartigen Geschmack.
Verwendung: frisch universelle Würzzutat für kalte und warme (insbesondere gekochte) Speisen; nicht mitgaren

SCHNITTKNOBLAUCH – SCHWEBRENKE

Scholle

Sie ist der kommerziell wichtigste Plattfisch Europas; besonders wohlschmeckend im Mai (Maischolle), wenn die Fische laichen. Beim Einkauf von frischen Fischen auf die Zeichnung der dunkler gefärbten Seite achten: Die Fische sind absolut frisch, wenn die roten Punkte noch zu sehen sind.
Zubereitung: im Ganzen und filetiert für alle Zubereitungsarten geeignet

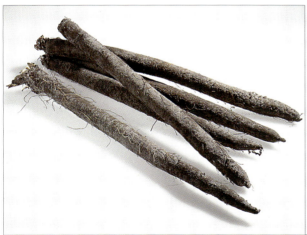

Schwarzwurzel

Die auch Winterspargel genannten Wurzeln sind ein hochwertiges Wintergemüse mit weißem Fleisch von leicht säuerlichem, mildwürzigem Geschmack.
Zubereitung: vor allem gekocht – bevorzugt mit hellen Saucen serviert, auch für Suppen und Salate

→ Schnittsalat siehe bei **Pflücksalat**
Schwarzkohl siehe bei **Grünkohl**
Schwarznessel siehe bei **Shiso**
Schwebrenke, Große siehe bei **Blaufelchen**

Schwein

Die Hausschweine stammen vom → Wildschwein ab, das man in Asien ab etwa 10.000 v. Chr., in Europa ab etwa 6.000 v. Chr. domestizierte. Doch begann man erst ab Mitte des 18. Jahrhunderts in England mit einer systematischen Zucht. Heute ist das Schwein eines der nützlichsten Haustiere, denn nahezu jedes Teil von ihm lässt sich verarbeiten.

Stielkoteletts, geschnitten aus dem Kotelettstück, das an die Schulter anschließt, sind durch den Knochenanteil sehr würzig.

SCHWEIN

Haltung und Fleischqualität

Trotz eines etwas rückläufigen Konsums ist Schweinefleisch nach wie vor sehr beliebt. Wichtig, insbesondere für die Fleischqualität, ist, dass die Tiere artgerecht gehalten werden. Schweine, die mit einem Mischfutter mit Getreide und Kartoffeln ernährt werden und genügend Auslauf haben, liefern aromatischeres Fleisch als solche aus Massentierhaltung.

Minderwertiges Fleisch stammt oft aus der so genannten Magerzucht, bei der die Schweine auf viel Fleisch und wenig Fett hin unter nicht artgerechten Bedingungen aufgezogen werden. So entsteht das mager und blass wirkende PSE-Fleisch (pale, soft, exudative), das beim Erhitzen sehr viel Flüssigkeit abgibt, beim Braten »zusammenschnurrt« und zäh wird.

Einkauf von Schweinefleisch

Schweinefleisch wird am besten frisch gekauft und verwendet. Ein Abhängen – wie z. B. bei Rind- und Lammfleisch – ist nicht nötig. Gutes Schweinefleisch hat eine zartrosa bis rosarote Farbe, ist feinfaserig und am besten leicht marmoriert. Der Speck muss weiß und fest sein, die Schnittflächen dürfen nicht trocken aussehen. Schweinefleisch sollte im Kühlschrank aufbewahrt und möglichst bald verarbeitet werden (Hackfleisch am Tag des Einkaufs, Frischfleischstücke innerhalb von 3–4 Tagen).

Bayerische Schweinshaxe, während des Bratens mit Bier begossen, ist eine außen knusprige und innen saftig-kernige Spezialität.

Schweinefleisch in der Küche

Schweinefleisch ist Bestandteil der deftigen wie auch der gehobenen Küche, wo die edleren Stücke wie Filet oder Schinken verarbeitet werden. Während sich Schnitzel und Koteletts aus Rücken oder Ober- bzw. Unterschale zum Kurzbraten eignen, ist Fleisch aus der Schulter ideal zum langen Kochen oder Schmoren. Bei Innereien ist auf absolute Frische zu achten. In der Küche Verwendung findet neben Herz, Leber, Niere u. a. auch das Schweinenetz, die Gewebehaut des Bauchfells. Es dient zum »Einwickeln«, gibt beim Braten z. B. von Hackfleisch oder Fleisch mit Auflage Halt. Regional beliebt sind auch Teile des Kopfes sowie die Pfötchen, die meist Zutat für Sülzen oder Wurstspezialitäten sind.

Schwein

Kamm, Nacken

Gut marmoriertes saftiges Bratenfleisch, auch zum Pökeln, Marinieren, Grillen. Nackenkoteletts (mit und ohne Knochen) eignen sich gut zum Braten und Grillen.

Schulter

Von links nach rechts: flaches Schulterstück, falsches Filet, dickes Schulterstück. Alle Teile eignen sich zum Braten – die flache Schulter auch für Rollbraten –, für Gulasch und Ragouts.

Vielseitig

Auf viele Arten verwendbar sind die Rippenstücke, die Brustspitze und das Bauchfleisch vom Schwein. Sie werden häufig gepökelt und geräuchert angeboten und dann beispielsweise in gehaltvollen Eintöpfen mitgekocht.

Brustspitze

Wird auch Dicke Rippe genannt (im Bild mit Knochen). Das grobfaserige, durchwachsene Fleisch eignet sich – auch gefüllt – zum Kochen, Schmoren, Grillen.

Leiterchen

Meist werden die etwa 10 x 30 cm langen Leiterchen halbiert, gekocht und mariniert für die Zubereitung von Spareribs verwendet. Leiterchen sind oft bereits gepökelt und gekocht im Handel.

SCHWEIN

Schwein

Filet

Wird auch Lende, Lummer genannt. Hochwertig, zart, saftig. Es liegt an der Unterseite des hinteren Kotelettstranges. Im Ganzen als Braten, in Scheiben als Medaillons verwendbar.

Lende

Nicht zu verwechseln mit dem Schweinefilet (siehe links). Aufgrund fehlender Marmorierung trockener als das Filet. Zubereitung als Braten und als Koteletts.

Rücken

Die Teile aus dem Rücken gehören neben denen aus der Keule (siehe Seite 360) zu den feinsten Teilstücken vom Schwein. Das zarte und fettarme Fleisch eignet sich vor allem zum (Kurz-)Braten.

Stielkotelett

Das klassische Kotelettstück. Nicht ganz so saftig wie die stärker marmorierten Nackenkoteletts. Gepökelt und geräuchert als Kasseler beliebt.

Haxen

Fast als deutsches Nationalgericht gelten Schweinshaxen gepökelt und gekocht. Man kennt sie aber auch mit der Schwarte knusprig gegrillt.

359

Schwein

Hüfte

Bestes, zartes und mageres Bratenfleisch. Mit Speck und Schwarte wird es oft auch zur Herstellung von Schinkenspeck verwendet.

Unterschale

Im Bild mit Speck und Schwarte, zart marmoriert. Mit Nelken und Lorbeerblättern gespickt ein würziger Braten. Eingeschnitten wird die Schwarte schön knusprig.

Keule

Die Keule oder der Schinken macht etwa ein Viertel der Schlachthälfte eines Schweins aus. Gut pariert liefern die einzelnen Teile feinstes, saftiges Bratenfleisch. Aus Ober- und Unterschale werden außerdem zarte und magere Schweineschnitzel geschnitten.

Oberschale

Wird auch Huft gennant; im Bild verkaufsfertig pariert. Für erstklassigen Braten und für Schnitzel geeignet. Besonders mager.

Nuss/Maus

Ausgezeichnetes Bratenstück, eignet sich auch zum Grillen oder für Fleischfondues. Wird gepökelt und geräuchert als »Nussschinken« verkauft.

Schwein

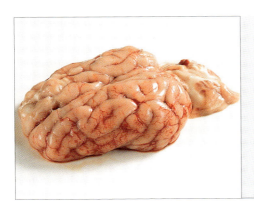

Hirn

Sehr empfindlich und leicht verderblich. Vor dem Braten sollte es blanchiert werden, da es sonst aufgrund seiner zarten Struktur zerfällt.

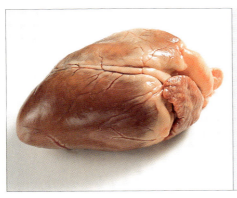

Herz

Stark beanspruchter, fester Muskel, der am besten geschmort oder im Ofen langsam gegart wird. Zuvor gut waschen und alle Blutgerinnsel entfernen.

Leber

Schweineleber ist zart und aromatisch im Geschmack. Wird häufig zu Farcen verarbeitet, kann aber auch – aufgeschnitten wie im Bild – gebraten werden.

Schwein

Schweinenetz

Wie ein Netz sieht die aus Fett bestehende feine Gewebehaut des Bauchfells aus. Sie dient meist als Hülle für Farcen oder Ähnliches; das Fett schmilzt beim Braten.

Backe

Bindegewebereiches, relativ fettes, durchwachsenes Fleisch. Gepökelt und geräuchert ideal für Eintöpfe. Auch gepökelt und gekocht eine herzhafte Delikatesse.

Schweinsfuß

Wird auch Spitzbein oder Pfötchen genannt. Hoher Gehalt an gelierenden Stoffen, deshalb hervorragend zur Zubereitung von Sülzen geeignet. Roh oder gepökelt im Handel.

→ Schweinebauch, Bauchfleisch siehe bei Speck

SCHWEIN – SCHWERTFISCH

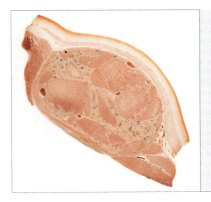

Schweinebauch, gefüllter

→ Brühwurst mit einem kräuterwürzigen feinen Brät und großen Stücken von gekochtem Schinken als Einlage (vergleiche → Jagdwurst, → Bierschinken). Wird auch als Römerbraten angeboten. (Römerbraten im eigentlichen Sinne bezeichnet allerdings lediglich einen Braten aus zerkleinertem Fleisch.)

Schweinsfuß, gefüllter

Diese norditalienische Spezialität wird auch bei uns unter ihrem italienischen Namen »zampone« angeboten. Dafür wird der gepökelte Schweinsfuß mit einem Brät aus gewürztem Schweinehack und Schwarte gefüllt und langsam gegart.
Verwendung: in Scheiben geschnitten zu Kartoffeln (Püree) oder Gemüseeintöpfen

Schwertfisch

Der riesige Fisch mit seinem torpedoförmigen schnittigen Körper kommt in allen warmen und gemäßigt warmen Meeren vor. Wegen seines festen, mageren Fleischs wird er insbesondere auf mediterranen Märkten als Delikatesse gehandelt und häufig in Scheiben geschnitten angeboten. »Auf den Punkt« gegrillt, mit Olivenöl und Zitronensaft beträufelt, sind solche Schwertfischsteaks ein Genuss.

Schwertmuschel

Die Gerade Mittelmeer-Schwertmuschel ist in allen mediterranen Ländern beliebt. Ihr Fleisch ist cremeweiß und zart, allerdings oft sehr sandig.

Seebarsch, Gefleckter

Der Gefleckte Seebarsch ist zwar weniger bekannt als der eng verwandte → Wolfsbarsch, aber genauso delikat. Er eignet sich für alle Zubereitungsarten.

Seehecht

Die Hauptfanggebiete für den Seehecht oder Hechtdorsch liegen im Atlantik vor Frankreich, Spanien und Portugal, auch vor der südafrikanischen und südamerikanischen Küste. Der Raubfisch wird vor allem tiefgefroren (in Filets) angeboten.

SCHWERTMUSCHEL – SEELACHS

Seeigel

Der dunkelviolette bis bräunliche Steinseeigel (im Bild) ist die in Europa häufigste essbare Seeigelart. Aber auch in der Karibik werden Seeigel, beziehungsweise vielmehr nur die Keimdrüsen (Gonaden) der Tiere, in großen Mengen verzehrt. Sie gelten dort roh wie gegart als Delikatesse.

Seekuckuck

Er ist einer der häufigsten und gleichzeitig der geschmacklich wohl beste Vertreter der → Knurrhahn-Familie. Er besitzt delikates, festes Fleisch, doch wegen seines großen Kopfes ist der Fleischanteil relativ gering.

Seelachs

Wird auch Köhler genannt. Der Seefisch ist Ausgangsprodukt für viele Convenience-Produkte (z. B. Fischstäbchen, Filets in Teig oder mit würziger Auflage). Filets oder Tranchen eignen sich zum Braten. Das Fleisch wird, gesalzen, gefärbt und in Öl eingelegt, auch als Lachsersatz gehandelt.

→ **Seehase** siehe bei **Kaviar**
Seekarpfen siehe bei **Graubarsch**
Seekohl siehe bei **Algen**

365

Seeohr

Seeohren, Meerohren oder Abalonen sind in Nordamerika, Ostasien und Australien beliebte Meeresschnecken. Manche besitzen spiralig gewundene Schneckenhäuser, andere könnte man auf den ersten Blick mit Muscheln verwechseln, so flach ist ihr Kalkgehäuse.
Im Bild das in Südaustralien verbreitete Glatte Seeohr.

Seespinne

Das Fleisch einiger Seespinnen-Arten ist so wohlschmeckend, dass es den Vergleich mit Hummerfleisch nicht zu scheuen braucht. Hier zu Lande kommt lediglich die Große Seespinne (im Bild) lebend auf den Markt. In der französischen Küche etwa wird ihr Fleisch in gewürztem Salzwasser gekocht und mit Sauce gereicht. Andere Arten werden als Dosenware oder gekocht und tiefgefroren angeboten.

Seeteufel

Von dem nach seinem französischen Namen auch Lotte genannten Fisch kommt meist nur das Schwanzstück – mit oder ohne Haut – in den Handel. Abgesehen vom Rückgrat ist dieses nahezu grätenfrei; das Fleisch ist weiß, fest und zählt zu den erlesensten – und teuersten – Fischdelikatessen.

→ Seesaibling siehe bei **Saibling**

Seewolf

Der Gestreifte Seewolf oder Katfisch (im Bild) wie auch der Gefleckte Seewolf sind meist unter ihrem französischen Namen »Loup (atlantique)« filetiert oder in Koteletts geschnitten im Angebot. Gut zum Braten.
Zu Missverständnissen kann führen, dass auch Filets vom → Wolfsbarsch als »Loup (de mer)« bezeichnet werden.

Seezunge

Die im Atlantik und der Nordsee, von Afrika bis Norwegen, in der westlichen Ostsee und im Mittelmeer vorkommende Seezunge ist weltweit der feinste und wertvollste Plattfisch.

Sellerie, Knollensellerie

Knollen- oder Wurzelsellerie ist mit seinem würzigen Aroma ein unverzichtbarer Bestandteil des klassischen Bouquet garni. Er ist aber auch als Gemüse in heller (säuerlicher) Sauce sowie für Sauerkonserven beliebt.
Dasselbe unverwechselbare Aroma hat auch der Stangensellerie (Seite 368).

Sellerie, Stangensellerie

Er wird auch Stauden- oder Bleichsellerie genannt. Sein Selleriearoma ist etwas milder als das des Knollenselleries (siehe Seite 367).
Zubereitung: Staudensellerie schmeckt roh und gekocht, geschmort oder gebraten.

Selles-sur-Cher

Handgeschöpfter ursprungsgeschützter Ziegenkäse. Unter der mit Weißschimmel überzogenen und mit Holzkohle bestreuten Rinde verbirgt sich ein zart schmelzender Teig von angenehm mildem Geschmack.

Semmelstoppelpilz

Wird auch Semmelpilz genannt. Von den Pilzen mit den blassgelben bis hell orangefarbenen Hüten sollte man nur junge Exemplare verwenden. Sie passen mit ihrem mildsäuerlichen Geschmack gut zu Fleisch und Fisch.

SELLERIE – SENF

Senf

Weißer Senf

Wird auch Gelber Senf genannt. Seine Samen sind größer als die des Schwarzen Senfs und blassbraun.
Verwendung: ganz zum Einlegen von Sauerkonserven, gemahlen zur Herstellung von Senfpaste und Tafelsenf (siehe Seite 370), insbesondere amerikanischem und englischem

Schwarzer Senf

Verwendung: Gemahlen als Grundlage für Tafelsenf (siehe Seite 370) – vor allem für französischen Senf; die ganzen Körner als Zutat zu Currygerichten und eingelegtem Gemüse. Ähnlich wird der helle Indische oder Sareptasenf verwendet.

Senfpulver

Senfpulver kennt man nicht nur in der englischen und amerikanischen, sondern auch in der japanischen Küche.
Verwendung: Mit Wasser und eventuell würzenden Flüssigkeiten angerührt wie Tafelsenf. Aus japanischem Senfpulver im Bild, das man in Asialäden unter dem Namen »Kona karashi« bekommt, wird der schärfste Senf überhaupt zubereitet.

Senf

Dijon-Senf

Scharf, aber fruchtig, weil dieser Senf traditionell mit Traubenmost angerührt wird.

Estragonsenf

Er verdankt frischen Estragonblättern seine intensive grüne Farbe und den typischen Geschmack.

Tafelsenf

Er wird aus zerstoßenen oder zermahlenen Senfsamen (Weißer, Schwarzer oder Indischer Senf) sowie sortenspezifischen Würzzutaten hergestellt. Der typische scharfe Senfgeschmack entsteht durch eine chemische Reaktion bei Zugabe von kalter Flüssigkeit.

Bayerischer Senf

Eine Mischung aus süßen, scharfen und würzigen Aromen: mit reichlich Zucker, Meerrettich und Wacholder. Klassisch zu → Weißwurst.

Moutarde de Meaux

Hergestellt aus grob gemahlenem Schwarzem Senf, mit Essig und Gewürzen abgeschmeckt.

SENF – SEPIA

Senfkohl

Wird auch Blattsenf oder asiatisch Amsoi genannt. Der würzig-bittere Kohl wird überwiegend in Südostasien kultiviert. Es gibt unterschiedlichste Formen, unter anderen solche mit kopfbildenden Blättern wie im Bild. Würzig bitter im Geschmack.
Zubereitung: nur kurz gedünstet oder gekocht

Senfspinat

Das dem Spinat im Aussehen sehr ähnliche Kraut stammt aus dem Fernen Osten. Es gehört zur Kohlfamilie und ist vermutlich eine Kreuzung aus → Chinakohl, → Pak-Choi und der Speiserübe (→ Rübe).
Zubereitung: Man kann Senfspinat wie → Spinat verwenden, etwa zum Dünsten oder Gratinieren, auch zum Rohverzehr.

Sepia

Die Sepia oder der Gemeine Tintenfisch besitzt einen ovalen bis runden Körper – typisch ist das »Zebrastreifenmuster« auf dem Rücken – und zehn Fangarme.
Verwendung: für alle Zubereitungsarten, im Ganzen und in Stücke/Ringe geschnitten, auch gefüllt

→ **Senfkohl, Chinesischer** siehe bei **Pak-Choi**

Sepiole

Wird auf Deutsch auch Kleine Sprutte oder Zwerg-Sepia genannt. Die nur 3–6 cm großen Tintenschnecken sind vor allem im Mittelmeer verbreitet. Sie sind so zart (mit nur sehr kleiner innerer Schale), dass sie im Ganzen zubereitet werden können.

Sesam, brauner

Wird auch als Indischer Sesam bezeichnet. Samen einer Ölpflanze. Brauner Sesam ist wie auch der schwarze (siehe unten) immer ungeschält. In dieser Form hat er einen intensiv nussig-aromatischen Geschmack. Geschält sind beide Sorten cremefarben und milder.
Verwendung: Sesam ist Grundzutat für viele orientalische, auch indische und afrikanische Gerichte und Würzmischungen. Das nussige Aroma intensiviert sich durch Rösten.

Sesam, schwarzer

Die Pflanze gehört zur selben Art wie der braune Sesam (siehe oben), sie entwickelt aber dunkle Samen von etwas erdigem Geschmack.
Verwendung: vor allem für asiatische/exotische Gerichte, wird z. B. in Japan geröstet über Reisgerichte gestreut

→ Sevruga siehe bei **Kaviar**

SEPIOLE – SHRIMP

Sharonfrucht

Als Sharonfrucht wird diese Kakisorte aus Israel gehandelt. Sie ist kernlos, festfleischig, enthält im Gegensatz zur → Kaki keine Gerbstoffe und besitzt eine dünnere Schale.
Verwendung: zum Rohverzehr, püriert für süße Cremes und als Garnitur

Shiitake

Er ist inzwischen nicht mehr nur in seinen Herkunftsländern Japan und China (dort auch Tongu genannt), sondern auch hier zu Lande frisch und getrocknet beliebter Kulturpilz. Von frischen Pilzen harte Stiele vor dem Garen entfernen.

Shiso

Wird auch Schwarznessel genannt. Mit seinem leicht pfeffrigen Aroma ist der grüne Aka-Shiso (im Bild) wie auch der rote Ao-Shiso – aus Ostasien stammend – ein traditionelles Sushi-Gewürz. Blätter, aber auch Blüten und Samen werden zudem als Gemüse zu Fleisch und Fisch gereicht.

→ **Shrimp** siehe bei **Garnele**

Sichel-Brachsenmakrele

Die im Nordpazifik lebenden, auf Englisch »Sickle pomfrets« genannten Fische werden meist mit einem Gewicht von etwa 150 g verkauft. Sie besitzen wie alle Brachsenmakrelen (siehe auch Pazifische → Brachsenmakrele, Silberner → Pampel) ein schmackhaftes festes weißes Fleisch von guter Qualität.

Signalkrebs

Der aus den USA stammende Flusskrebs ähnelt von oben gesehen stark dem → Edelkrebs, ist aber an seinen blauen Bauchseiten und den roten Scherenunterseiten gut zu erkennen.

Silberkarausche

Wird auch Giebel genannt. Der wohlschmeckende Karpfenverwandte, die Stammform der Goldfische, wird selten über 20 cm lang. Er ist vor allem in Osteuropa beliebt.
Zubereitung: blau gekocht, gedünstet, (auf Müllerin Art) gebacken

→ **Silberohr** siehe bei **Morchel, Chinesische**
Silver pomfret siehe bei **Pampel, Silberner**

SICHEL-BRACHSENMAKRELE – SOFTSHELL CRAB

Snapper

Zur Familie der Schnapper, englisch »Snapper«, gehören mittelgroße bis große Raubfischarten, die in küstennahen subtropischen und tropischen Gewässern weltweit verbreitet sind. Im Bild der Gelbschwanz-Schnapper, ein wichtiger Speisefisch in der Karibik.

Snapper

Rot gefärbte Arten gehören zu den wohlschmeckendsten Snappern. Der Red Snapper (im Bild) etwa wird auch bei uns angeboten, seltener schon der Kaiser-Schnapper (auch »Bourgeois«, in Australien »Red Emperor« und in Südafrika »Emperor snapper« genannt).

Sobras(s)ada

Als Sobras(s)ada wird in Spanien paprikascharfe Streichwurst bezeichnet. Sie ist teils im Naturdarm, teils auch ohne Hülle, in Portionspackungen erhältlich. Im Bild »Sobrassada de Mallorca«, eine mit Paprika gewürzte, 1 1/2 Monate gereifte Streichwurst, deren Name und Herkunft geschützt sind.

→ Soba siehe bei **Nudeln, asiatische**
Softshell crab siehe bei **Krabben**

Sojaprodukte

Die Sojabohne wird in China schon seit Jahrtausenden kultiviert und hat sich inzwischen zu einer der weltweit bedeutendsten Wirtschaftspflanzen entwickelt. Über 3.000 Sorten gibt es von diesem wertvollen, eiweißreichen Lebensmittel, den gelben, weißen oder schwarzen Samen der einjährigen, an Buschbohnen erinnernden Sojapflanze.

Tofu in verschiedener Form: In der Mitte gepresster Tofu. Er kann in Stücke geschnitten gekocht, gebraten oder roh in Salaten gegessen werden. Es gibt ihn auch geräuchert. Weicher ist der so genannte Seidentofu, der sich gut zur Bereitung von cremigen Süßspeisen eignet.

SOJAPRODUKTE

Stellenwert von Soja

In Asien ist die Sojabohne (→ Bohnen, → Bohnenkerne) schon lange eine wichtige Zutat in der Küche. Aber auch in der westlichen Welt gewinnt Soja zunehmend an Bedeutung, nicht nur als Futtermittel, sondern auch in der Lebensmittelwirtschaft. Für Vegetarier etwa ist Soja eine hochwertige pflanzliche Eiweißquelle. Über die medizinische Wirkung der sekundären Pflanzenstoffe in Soja, etwa bei Wechseljahres-Beschwerden, erhöhtem Cholesterinspiegel und zur Krebsvorbeugung wird geforscht. Anbau und Verwendung von gentechnologisch modifiziertem Soja wird kontrovers diskutiert.

Sojaöl

Das aus Sojabohnen gewonnene Öl ist hoch erhitzbar und neutral im Geschmack. Es wird in vielen Fertigprodukten verarbeitet und ist gehärtet Grundlage für Margarine.

Sojamilch und Tofu

Auch aus der ganzen Sojabohne werden verschiedene Produkte hergestellt: etwa Sojamilch aus den eingeweichten gemahlenen Bohnen. Sie dient als Milchersatz für Veganer und Allergiker. Inzwischen gibt es eine Vielfalt an Getränken und Milchprodukten nachempfundenen Produkten auf Sojamilch-Basis. Sojamilch ist auch das Ausgangsprodukt für Tofu, eine Art Quark. Er

Sojasaucen – je nach Region in Würzkraft und Farbe unterschiedlich – sind in den asiatischen Küchen unverzichtbar.

schmeckt relativ neutral, weshalb man ihn sowohl für süße als auch für pikante Gerichte verwenden kann.

Aus Sojamehl und -eiweiß

Sojamehl kann zur Herstellung von → Tempeh, von Nudeln und Backwaren verwendet werden, mit Sojaschrot für Sojabratlinge, und aus der Sojabohne extrahiertes Eiweiß wird zu Fleischersatz verarbeitet.

Würzsaucen

Süße und pikante Würzsaucen und -pasten auf Sojabasis sind aus den fernöstlichen Küchen nicht wegzudenken. Dazu gehören z. B. die japanischen, chinesischen und indonesischen Sojasaucen sowie → Miso.

377

Spaghetti

Capellini

Auf Deutsch bedeutet Capellini Härchen, was sehr gut darauf hinweist, dass es sich hier um besonders dünne Spaghetti handelt. Ähnlich dünne Nudeln werden aber auch unter dem Namen Vermicelli, Würmchen, angeboten. Sie werden oft schlicht mit Butter bzw. Öl und Reibkäse vermischt gereicht.

Spaghetti

Die langen dünnen Nudeln mit ihrem vom italienischen Wort für Faden abgeleiteten Namen sind fast ein Synonym für Pasta. In der feineren Form Spaghettini, in der etwas dickeren Spaghettoni genannt, werden sie mit geriebenem Käse und Butter oder Ölsaucen vermischt oder mit Saucen obenauf serviert.

Spaghetti alla chitarra

Übersetzt Gitarrennudeln heißen diese Spaghetti mit quadratischem Querschnitt, deren Herstellung in den Abruzzen Tradition hat: Dazu wird der fein ausgerollte Teig durch einen Rahmen mit eng nebeneinander liegenden, gitarrenartig gespannten Metallsaiten gedrückt.

→ Somen siehe bei **Nudeln, asiatische**

SOMEN – SPARGEL

Spargel

Weißer Spargel

Der mehrjährige Spargel ist in weiten Teilen der Welt in der Wildform vertreten (siehe Wildspargel, Seite 380). Am besten gedeiht er auf leichten, lockeren, sandigen Böden. Im Bild weißer Spargel, der in aufgeworfenen Erddämmen gezogen wird und einzeln von Hand gestochen werden muss, was sich im Preis niederschlägt.
Zubereitung: geschält gedämpft oder gekocht

Weißvioletter Spargel

Im Bild weißvioletter Spargel mit mitteldicken Stangen und einem feinen Aroma. Er wächst teils unter, kurzzeitig auch über der Erde, wodurch er sich verfärbt.
Verwendung: siehe unten

Grünvioletter Spargel

Die grünviolette Spargelsorte mit mitteldicken Stangen wächst in vollem Sonnenlicht und ist daher kräftig aromatisch im Geschmack.
Verwendung von farbigen Spargelsorten: gedämpft und warm mit Sauce wie weißer Spargel, häufig auch mariniert als Vorspeise

379

Spargel, Grüner

Farbiger Spargel gewinnt zunehmend an Bedeutung. Er zeichnet sich durch einen kräftigeren, leicht bitteren Geschmack aus. Im Bild mitteldicker grüner Spargel, der in verschiedenen Ländern kultiviert wird.
Verwendung: ungeschält gekocht oder gedämpft als Beilage, in Gemüsemischungen (Wokgerichten), Eierspeisen, Salaten usw.

Spargel, Wildspargel

Die grünen, sehr dünnen Stangen des Wildspargels, der beispielsweise in Sizilien und auf Sardinien wächst, sind angenehm bitter und besonders aromatisch.
Verwendung: wie Grüner Spargel (siehe oben), auch sautiert; als Beilage, edle Vorspeise

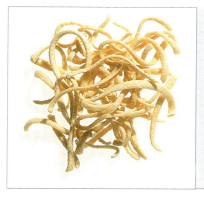

Spätzle

Für die in Schwaben, der Ostschweiz und Tirol beliebten Nudeln wird ein zähflüssiger, sehr elastischer Teig mit hohem Eigehalt zubereitet. Diesen schabt man vom Brett oder mit dem Spätzlehobel ins Garwasser oder drückt ihn durch die Presse. Spätzle werden als Beilage gebraten oder einfach mit Käse überbacken und mit reichlich gebratenen Zwiebeln serviert. Im Bild getrocknete industriell gefertigte Spätzle. Auch sie besitzen eine raue Oberfläche und verbinden sich deshalb gut mit Saucen.

Speck

Grüner Speck

Wird auch fetter Speck genannt. Frischer, unbehandelter Rückenspeck. Dient zum Spicken größerer Braten. Gesalzen und geräuchert auch zum Aromatisieren von Eintöpfen.

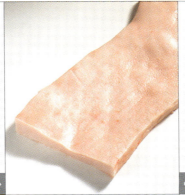

Bauchfleisch

Auch Bauchspeck und regional Wammerl genannt. Roh zum Grillen geeignet. In Italien Ausgangsprodukt für Pancetta, aufgerolltes Bauchfleisch, das meist luftgetrocknet wird.

Vom Schwein

Speck gibt es teils mit, teils ohne Muskelfleisch-Anteil. Der Rücken liefert den fetten Speck. Vom Bauch stammt durchwachsener Speck, aus der Keule der zarte Schinkenspeck – mehr Schinken als Speck. Viele Speckarten werden auch geräuchert angeboten.

Südtiroler Speck

Dieser Schinkenspeck mit dem typischen Aroma wird aus der Schweinekeule, hier ohne Oberschale, hergestellt. Nach dem Pökeln und der Krlträucherung muss er 22 Wochen reifen.

Bauchspeck, geräuchert

Gepökelt und kalt geräuchert wird Schweinebauch als würzende Zutat in der warmen Küche geschätzt, findet aber auch dünn geschnitten als »Frühstücksspeck« zu Brot Verwendung.

Spinat

Winterspinat

Bei Spinat unterscheidet man nicht nach Sorten, sondern nach der Jahreszeit des Anbaus. Im Bild Winterspinat, der bis ins Frühjahr hinein in den Handel kommt. Er ist recht grob und hat relativ stark gewellte Blätter.
Verwendung: ohne Wurzel und dicke Stiele blanchiert, gehackt, verfeinert und als Beilage serviert, auch für Füllungen, als Basis für Cremesuppen

Sommerspinat

Sommerspinat gibt es aus heimischem Anbau von April bis Mitte Juni. Er ist um Einiges zarter als → Winterspinat und wird meist als Blattspinat serviert, nach Belieben mit Olivenöl und Sahne verfeinert (als Beilage, auch Auflage, etwa von Pizza).

Frühlingsspinat

Am zartesten ist der ganz junge Frühlingsspinat, der sehr feine Blätter hat. Er wird gern roh als Salat verzehrt, eignet sich aber auch für die Zubereitung als Blattspinat.

→ Spelz siehe bei **Dinkel**

SPELZ – SPRINGKREBS

Spiralnudeln

Eliche

Auf Deutsch »Schrauben«, im Bild eine dickere Sorte, es gibt auch dünnere. Eliche werden vor allem mit kräftigen Fleisch- oder Tomatensaucen gereicht.

Fusilli

Im Bild kurze Fusilli (»Fusilli corti«) aus Süditalien. Traditionell werden diese Spiralnudeln jedoch als »pasta lunga«, als lange Nudeln hergestellt. Es gibt sie in verschiedenen Dicken.

Strozzapreti

Die kordelartig gedrehten »Priesterwürger« sind eine für Apulien typische Nudelform. Ähnlich sind Caserecce bzw. Gemelli (»Zwillingsnudeln«): Sie bestehen ebenfalls aus zwei miteinander verdrehten dünnen Strängen.

→ **Springkrebs** siehe bei **Tiefwasser-Springkrebs,** siehe bei **Chile-Langostino**

Sprossen

Sprossen bereichern den Speiseplan vor allem im Winter, etwa als zusätzlicher Vitaminspender im Salat oder auch als Gemüse. Meist können Sprossen roh verzehrt werden, während die Samen ungekeimt, so etwa bei Hülsenfrüchten, nur gekocht genießbar sind. Außerdem vervielfacht sich während des Keimens der Gehalt an Mineralstoffen und Vitaminen.

Brunnenkressesalat mit Sprossen: Für die Vinaigrette 1 EL Honig, Salz, Pfeffer, 2 EL Himbeeressig und 1 EL Zitronensaft verrühren. 60 ml Traubenkernöl einrühren. 300 g Brunnenkresse mit 100 g Mungbohnensprossen mischen, mit der Vinaigrette beträufeln. Mit Himbeeren garnieren.

SPROSSEN

Verwendung

Bei der Verwendung von Sprossen sollte man nicht zu verschwenderisch sein, meist genügen 1/2–2 Esslöffel pro Portion. Nicht fehlen dürfen Sprossen – vornehmlich gekeimte Mungbohnen – auch bei den bunten Gemüsegerichten aus dem Wok oder der bekannten Frühlingsrolle. Die asiatischen Esskulturen wissen schon lange um das Geheimnis der unscheinbaren Keimlinge, und einen entsprechenden Stellenwert haben diese in den asiatischen Küchen. Doch auch hier zu Lande greift man immer öfter zu Sprossen und Co.; sie sind mittlerweile – bereits fertig gekeimt – in den Gemüseabteilungen der Supermärkte zu finden.

Weizensprossen ziehen: Weizenkörner 6 bis 12 Stunden einweichen, anschließend 2–5 Tage keimen lassen, dabei 1 Mal täglich wässern.

Sprossen selbst züchten

Wer in puncto Qualität sicher gehen will, der »züchtet« seine Sprossen einfach selbst. Mehrere Methoden und Gerätschaften stehen hier zur Wahl: Die wohl einfachste besteht darin, die gewünschte Menge an Samen in ein Einmachglas zu füllen, sie darin mit lauwarmem Wasser zu bedecken und das Glas mit einem Mulltuch luftdurchlässig zu verschließen. Nach der – je nach Samenart unterschiedlichen – Einweichzeit gießt man das Wasser ab, spült mehrmals durch und füllt frisches Wasser ein. Nach 10 Minuten das Wasser abgießen und die Samen gut abtropfen lassen; sie sollten feucht, aber keinesfalls nass sein, da sie sonst schimmeln. Bei genügend Wärme (etwa 20 °C) und Licht wird nun ein Wachstumsprozess in Gang gesetzt. Nach ein paar Tagen können die Sprossen »geerntet« werden. Keimgeräte kann man kaufen: beispielsweise in Form von übereinander stapelbaren, lichtdurchlässigen Schalen oder auch die so genannten Keimfrischboxen.

Zum Keimen geeignet sind unbehandelte Getreide-, Kräuter- oder Gemüsesamen. Manche, etwa Senf, Leinsamen oder Kresse, sondern allerdings nach dem Anfeuchten Schleim ab, der die Schlitze des Keimapparats verstopfen würde. Darum verteilt man solche Samen am besten auf einem flachen Teller und besprüht sie drei- bis viermal täglich mit Wasser. Hülsenfrüchtesprossen sollte man vor dem Verzehr blanchieren.

S

Sprotte

Die kleinen Heringsfische bekommt man bei uns fast nur geräuchert als 'Kieler Sprotten': im Ganzen und unausgenommen heiß geräuchert. Sprotten sind aber auch frisch in der Pfanne gebraten sehr delikat. Pikant eingelegt sind sie als Anchovis im Handel.

Stachelbeere

Botanisch eng verwandt mit der → Johannisbeere ist die Stachelbeere, von der es ebenfalls rote und weiße Sorten gibt. Im Bild eine weiße Sorte mit süßsäuerlichem Geschmack. Rote Stachelbeeren haben ein milderes, feinsäuerliches Aroma.
Verwendung: zum Frischverzehr, Einkochen (auch für pikante Chutneys; hierfür werden vor allem unreife Beeren verwendet), für Kaltschalen, Kuchen usw.

Stachelmakrele

Stachelmakrelen, auf Englisch »Jacks«, leben in allen gemäßigten und tropischen Meeren. Sie sind wertvolle Speisefische. Im Bild die Schwarze Stachelmakrele, die in tropischen Gewässern weltweit anzutreffen ist.
(weitere Stachelmakrelen siehe bei → Trevally, → Regenbogenmakrele)

→ **Stängelkohl** siehe bei **Cima di rapa**
Stangenkäse siehe bei **Sauermilchkäse**

Stärkemehle

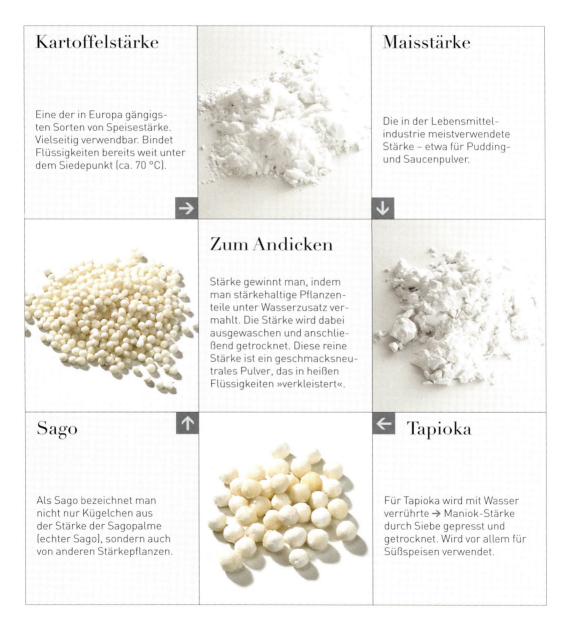

Kartoffelstärke

Eine der in Europa gängigsten Sorten von Speisestärke. Vielseitig verwendbar. Bindet Flüssigkeiten bereits weit unter dem Siedepunkt (ca. 70 °C).

Maisstärke

Die in der Lebensmittelindustrie meistverwendete Stärke – etwa für Pudding- und Saucenpulver.

Zum Andicken

Stärke gewinnt man, indem man stärkehaltige Pflanzenteile unter Wasserzusatz vermahlt. Die Stärke wird dabei ausgewaschen und anschließend getrocknet. Diese reine Stärke ist ein geschmacksneutrales Pulver, das in heißen Flüssigkeiten »verkleistert«.

Sago

Als Sago bezeichnet man nicht nur Kügelchen aus der Stärke der Sagopalme (echter Sago), sondern auch von anderen Stärkepflanzen.

Tapioka

Für Tapioka wird mit Wasser verrührte → Maniok-Stärke durch Siebe gepresst und getrocknet. Wird vor allem für Süßspeisen verwendet.

S

Steinbutt

Er ist einer der begehrtesten Speisefische des Atlantiks; man erkennt ihn an seinen unverwechselbaren »Hautknochen«, wie die verhärteten Schuppen auf der Oberseite genannt werden.
Zubereitung: filetiert oder in Tranchen geschnitten

Steinkrabbe

Steinkrabben gehören zu den Krebsen. Die Kaltwassertiere kommen in allen Weltmeeren vor – je wärmer das Wasser, in desto größeren Tiefen. Steinkrabben sind von großer wirtschaftlicher Bedeutung. Da sie lebend jedoch nicht weit transportiert werden können, sind sie hier zu Lande vor allem als Crabmeat-Konserven bekannt.

Steinpilz

Wird auch Herrenpilz genannt; einer der besten Speisepilze. Mit seinem ausgezeichneten Geschmack, dem herrlichen Aroma und seiner angenehm fleischig-festen Konsistenz ist er überaus vielseitig verwendbar und schmeckt in dünnen Scheibchen sogar roh als Salat. Er eignet sich zudem gut zum Trocknen.

STEINBUTT – STINKFRUCHT

Steppenkäse

Der → Schnittkäse war vor allem im früheren Österreich-Ungarn weit verbreitet. Er wird heute auch in Südosteuropa, in Deutschland, Skandinavien und Russland produziert. Im Bild deutscher Steppenkäse, der in unterschiedlichen Fettstufen hergestellt wird. Er schmeckt mild bis voll und besitzt einen geschmeidigen Teig. Es gibt ihn mit rotgelber Naturrinde oder mit einer Wachsschicht überzogen.

Sternanis

Sternanis sind die holzigen Früchte eines immergrünen Baumes, der in Südostasien und der Karibik verbreitet ist. Jedes Segment der sternförmigen Früchte enthält einen Samen mit dezentem süßlichem Aroma.
Verwendung: für Currygerichte, Pickles; ist Bestandteil des Fünf-Gewürze-Pulvers; auch zum Aromatisieren von Tees

Stilton

Er ist der bekannteste englische → Blauschimmelkäse; wird heute überwiegend aus pasteurisierter Milch (48 % F. i. Tr.) hergestellt. Wie jeder Blauschimmelkäse reift auch Stilton von innen nach außen, wodurch seine charakteristische gefurchte Rinde entsteht. Je nach Herstellung und Reifestadium schmeckt der Käse mild bis kräftig oder säuerlich bis salzig pikant. Er wird gerne als Dessertkäse genossen.

→ **Steinköhler** siehe bei **Pollack**
Stinkfrucht siehe bei **Durian**

Stint

Der Fisch lebt in tiefen Seen Nordeuropas, er erreicht meist nur Längen von etwa 20 cm. Mit seinem eigenartigen, etwas an Gurken erinnernden Geruch ist er kulinarisch nicht jedermanns Sache, doch in Großbritannien wird der »Smelt« sehr geschätzt.

Stöcker

Wird auch Bastardmakrele genannt. Im Mittel- und Schwarzmeerraum ein wichtiger Nutzfisch, gilt im Nordatlantik jedoch eher als geringwertig.

Stockschwamm

Der kleine, sehr gute Speisepilz wächst in Büscheln an Laub und Nadelholz. Er lässt sich aber auch gut züchten: Im Bild Pioppini, eine italienische Kulturform des Stockschwamms.
Verwendung: gedünstet, gebraten, für Suppen, Saucen; eignet sich zum Einlegen und Trocknen

→ Stockfisch siehe bei **Klippfisch**

STINT – STRANDKRABBE   S

Stopfleber

Stopfleber entsteht durch eine spezielle und nicht unumstrittene Mastmethode, die bei Gänsen, seltener bei Enten angewendet wird. Stopflebern kommen heute vor allem aus Frankreich (»Foie gras«), aber auch aus Ungarn, Polen oder Israel auf den Markt – allerdings selten frisch wie auf dem Bild, sondern meist vorgegart oder als Pastete.

Stör

Der Osietra oder Waxdick (im Bild) ist die heute am häufigsten angebotene Störart. Das zarte, magere Fleisch schmeckt gegrillt hervorragend; es kommt auch geräuchert auf den Markt. Störe sind darüber hinaus Lieferanten des Echten → Kaviar.

Strandkrabbe

Strandkrabben kommen in allen europäischen Küstengewässern vor. Im Bild die Mittelmeer-Strandkrabbe. Sie liefert nur wenig, aber sehr schmackhaftes Fleisch. An der Adriaküste gilt sie als Delikatesse und wird gerne als Butterkrebs (→ Blaukrabbe) frittiert gegessen.

→ **Strandauster** siehe bei **Klaffmuschel**

Strandschnecke

Die im Nordatlantik sehr häufige, oft auch mit ihrem französischen Namen »Bigorneau« bezeichnete, schmackhafte Meeresschnecke wird in Frankreich, England und Irland regelmäßig auf den Märkten angeboten. Sie stammt unter anderem aus Muschelzuchten.
Verwendung: zum Rohessen, Dünsten, Pochieren

Straßenkehrer, Blaustreifen-

Der (oliv-)gelbe Fisch mit Streifen auf dem Rücken und der bläulich schimmernden Rückenseite kommt im Pazifik sowie im Indischen Ozean vor. Er wird von den Seychellen als »Capitaine rouge« exportiert.

Straßenkehrer, Weißer

Wird auch als »Capitaine blanc« gehandelt. Er besitzt ein zartes weißes, vielseitig verwendbares Fleisch. Er eignet sich, wie auch der Blaustreifen-Straßenkehrer (siehe oben), besonders gut zum Garen im Ofen.

STRANDSCHNECKE – STREICHWURST

Strauß

Der Strauß ist traditionell vor allem in Südafrika ein beliebter Fleischlieferant. Er wird heute auch in Mitteleuropa, in Israel und den USA gezüchtet. Das dunkelrote, fettarme Fleisch erinnert in Geschmack und Konsistenz eher an Rind als an Geflügel.
Im Bild die zerlegte Brust. Sie liefert im Vergleich zu den Schenkeln nur wenig Fleisch – da die Tiere flugunfähige Laufvögel sind, ist die Brustmuskulatur nur relativ schwach ausgebildet.

Der Oberschenkel des Laufvogels weist naturgemäß die stärksten Muskelstränge auf – sie werden in Portionen von etwa 1 kg zerlegt. Teilstücke davon sind gut zum Kurzbraten geeignet.

Der Unterschenkel vom Strauß liefert mehrere mittelgroße Portionen um 500 g, die Schnittführung beim Zerlegen erfolgt nach dem Muskelverlauf. Diese Stücke sind ideal zum Braten und Schmoren.

→ Streichwurst siehe bei **Kochwurst**, siehe bei **Rohwurst**

Streifenbarbe

Diese → Meerbarbe kommt im Ostatlantik von den Kanarischen Inseln bis Südnorwegen und im Mittelmeer vor.
Verwendung: Da die Fische keine Galle besitzen, werden insbesondere kleine Exemplare auch unausgenommen gegrillt und gebraten.

Strohpilz

Wird auch Reisstrohpilz genannt. Die Pilze sind etwa taubeneigroß, ihr abgerundeter Hut wird nach oben hin dunkler. Besonders beliebt sind sie in China (»Chao gwoo«) und Japan (»Namekotake«). Hier zu Lande kommen sie meist in Dosen oder getrocknet in den Handel.

Sucuk

Türkische salamiartige Wurst aus fein gekuttertem Rind- und/oder Hammelfleisch mit viel Knoblauch, Kreuzkümmel und Pfeffer. Schmeckt zu Fladenbrot, gebraten oder in Eintöpfen.

→ Stubenküken siehe bei **Geflügel**
Succanat siehe bei **Zucker, Ursüße**

STREIFENBARBE – SÜSSKARTOFFEL

Sumpfkrebs

Wird auch Galizierkrebs genannt; derzeit in Europa wichtigste Flusskrebsart. Das Fleisch schmeckt gekocht – auch in Suppen, Saucen und Aspik – sowie gebacken, gedämpft, gedünstet, gegrillt und geschmort.

Suppennudeln

Viele der kleinen Suppennudeln gleichen in der Form den großen Pastasorten, es gibt aber darüber hinaus auch Sternchen, Buchstaben oder reiskornförmige Nudeln.
Verwendung: Suppennudeln bereichern nicht nur klare Suppen – in denen sie oft auch gleich gegart werden –, sondern auch Eintöpfe wie die italienische Minestrone.

Süßkartoffel

Nicht von der botanischen Zugehörigkeit her, sondern viel mehr aufgrund ihres Stärkereichtums und ihrer Verwendung haben Süßkartoffeln den Namen »Kartoffeln« verdient. Der steckt übrigens auch in ihrem zweiten Namen: Batate.
Im Bild eine weißfleischige Sorte mit hellbrauner Schale. Es gibt aber auch gelbfleischige Süßkartoffeln sowie rotschalige mit lachsfarbenem Fleisch.

→ Sultanine siehe bei **Rosine**
Susine siehe bei **Pflaume, Japanische**

T

Taleggio

Der quaderförmige ursprungsgeschützte Käse aus Norditalien wird traditionell aus Rohmilch von der Kuh, heute zunehmend auch aus pasteurisierter Milch hergestellt. Sein weißer bis gelber, von kleinen Löchern durchsetzter Teig ist cremigelastisch in der Konsistenz, die Oberfläche ist mit Rotflora bedeckt. Taleggio schmeckt mildaromatisch und leicht säuerlich.

Tamarillo

Die auch Baumtomate genannte (und mit der Tomate tatsächlich auch botanisch verwandte) Frucht stammt aus den peruanischen Anden. Sie kommt ganzjährig auf den Markt, allerdings außerhalb der Anbaugebiete nur in kleinen Mengen.
Verwendung: Zum Purverzehr – man halbiert die herbsüßen, aromatischen Früchte längs und löffelt das geleeartige Fruchtfleisch aus der Schale.

Tamarinde

Aus dem Mark der bräunlichen Schoten der zu den Hülsenfrüchtlern gehörenden Pflanze gewinnt man ein in den asiatischen Küchen häufig verwendetes herbsäuerliches Würzmittel. Es wird meist zu Blöcken gepresst verkauft.
Verwendung: für Currys, Chutneys, Saucen, Fischgerichte usw.

→ **Tafeltraube** siehe bei **Weintraube**
  Tagliatelle siehe bei **Bandnudeln**

TAFELTRAUBE – TARO

Tandooripaste

Indische Würzpaste; meist relativ scharf. Besteht unter anderem aus Chilis, Fenchel, Ingwer, Knoblauch, Kurkuma, Essig und Öl.
Verwendung: zu Fleisch, Geflügel, auch zum Würzen von Saucen

Taro

Die Taro oder Wasserbrotwurzel zählt zu den bedeutendsten Kulturpflanzen der Tropen und Subtropen. Zubereitet werden die stärkereichen Knollen ganz ähnlich wie → Kartoffeln: Man kocht sie in Salzwasser, kann sie aber auch rösten, frittieren, backen. In jedem Fall benötigen sie lange Garzeiten.

→ Tangelo siehe bei **Mandarine**
Tangor siehe bei **Mandarine**
Tapenade siehe bei **Oliven**
Tapioka siehe bei **Stärkemehle**

Taschenkrebs

Der Taschenkrebs ist die in Europa am häufigsten angebotene Krabbenart. Sein Fleisch schätzt man vor allem an der französischen Atlantikküste.
Der zur selben Gattung gehörende Kalifornische Taschenkrebs, in den USA »Dungeness crab« genannt, ist das kulinarisch beliebteste Krustentier an der Westküste des Landes.

Taschenkrebs, Italienischer

Diese im gesamten Mittelmeergebiet vorkommende Krabbe wird auch Gelbe Krabbe genannt. Sie gehört trotz ihres Namens zu einer anderen Gattung als der oben abgebildete Taschenkrebs. Wird vornehmlich lokal gehandelt, ist sehr schmackhaft, aber wenig ergiebig.

Taube

Das Fleisch junger Masttauben ist aromatisch, zart und bekömmlich; sie werden bevorzugt gebraten oder als Frikassee zubereitet. Ältere Tiere eignen sich besser für die Zubereitung von Suppen und Farcen.

TASCHENKREBS – TEPPICHMUSCHEL

Taybeere

Diese Beere ist (ebenso wie die kalifornische Loganbeere) eine Kreuzung aus → Brombeere und → Himbeere. Sie bildet purpurrote, längliche Früchte von säuerlich-aromatischem Geschmack aus.

Tempeh

Das aus Indonesien stammende Tempeh ist eine Art Sojabrot, hergestellt aus fermentiertem Sojamehl. Die Mehl-Wasser-Mischung wird mit einem Pilz geimpft, der den Teig lockert.
Verwendung: Tempeh wird meist in Scheiben bzw. Stücke geschnitten und frittiert oder gebraten als eiweißreiche Beilage zu Gemüsegerichten gereicht. Der leicht gärige Geschmack verschwindet beim Garen.

Teppichmuschel

Teppichmuscheln gehören zur großen Famile der → Venusmuscheln. Im Bild die Kreuzmuster-Teppichmuschel, eine der schmackhaftesten Teppichmuscheln, in der Bretagne als »Palourde croisée« beliebt. Eine andere Art, die delikate Japanische Teppichmuschel mit der lebhaft gemusterten Schale, wird mittlerweile in den Lagunen der nördlichen Adria gezüchtet; sie ist aber auch an der Westküste der USA sehr begehrt. Dort wird sie gern lebendfrisch serviert.

→ Teewurst siehe bei **Mettwurst**

Tête de Moine

Der schmackhafte, milde bis würzige Halbfeste → Schnittkäse aus der französischen Schweiz (mind. 52 % F. i. Tr.) wird traditionell hauchdünn gehobelt zum Purverzehr serviert: Oben wird ein Deckel abgeschnitten, dann wird der Käse auf eine Schneidevorrichtung (die »Girolle«) gesteckt und der Käse horizontal kreisförmig abgehobelt. Zum Aufbewahren legt man den Deckel wieder auf, damit der Käse nicht austrocknet.

Thymian

Von diesem Wärme liebenden Kraut gibt es viele Arten, die sich im Aroma deutlich unterscheiden. Gartenthymian (im Bild) etwa schmeckt würzig scharf, andere Arten haben Zitrusnoten oder eine herbe Aromakomponente.
Verwendung: frisch und getrocknet (oft auch als Bestandteil von Kräutersträußchen) zu mediterranen Schmorgerichten; sollte mitgegart werden

Tiefseekrabbe

Unterschiedliche Arten der kräftig roten Krabben kommen an der Atlantikküste Amerikas, aber auch im Ostatlantik vor. Ihr Fleisch ist in der Qualität mit dem der → Königskrabbe vergleichbar. Auf spanischen Fischmärkten kommen vor allem die Scheren ins Angebot; sie sind eine beliebte Zutat für Paella.

Tiefwasser-Springkrebs

Die einzige Springkrebs-Art, die in Europa auf den Markt kommt (ebenfalls zu den Springkrebsen gehören → Chile-Langostinos). Zuweilen wird er an der spanischen und französischen Atlantikküste – in Frankreich als »Galathée rouge« – frisch vermarktet. Es wird nur das Schwanzfleisch verwertet, das allerdings eine denkbar geringe Ausbeute liefert.

Tilsiter

→ Schnittkäse nach Tilsiter Art werden in verschiedenen Ländern hergestellt. Sie zeichnen sich durch eine lebhafte kleine Lochung aus, die den gesamten Teig durchzieht. Der weiche bis kompakte Teig schmeckt leicht säuerlich und mild, wenn die Käselaibe in Folie reifen, und würzig, wenn sie mit Rotflora auf der Oberfläche gereift sind.

Tilsiter, Schweizer

Schweizer Tilsiter (mind. 45 % F. i. Tr.) ähnelt im Aussehen eher dem → Appenzeller als dem klassischen Tilsiter (siehe oben). Das rote Etikett kennzeichnet Käse aus Rohmilch, das grüne solche aus pasteurisierter Milch.

→ **Teufelsdreck** siehe bei **Asant**
Tintenfisch, Gemeiner siehe bei **Sepia**
Tofu siehe bei **Sojaprodukte**

Tomate

Runde Tomaten

Die für den Handel wichtigsten Sorten zählen zu den roten runden Tomaten. Sie haben meist einen vergleichsweise hohen Anteil an Fruchtsäuren sowie relativ viele Samen.

Eiertomaten

Sie besitzen viel Fruchtfleisch und nur wenige Samen, sind aromatisch und süßer als runde Tomaten. Für Salate ideal, aber auch zum Einkochen gut geeignet, da leicht zu schälen.

Formenvielfalt

Grundsätzlich lassen sich bei den Tomaten drei Gruppen unterscheiden: Die »normalen« runden Tomaten, die länglichen Eier-, Pflaumen- oder Flaschentomaten und die Fleischtomaten. Zunehmend beliebt sind außerdem die kleinen Kirsch-, Cherry- oder Cocktail-Tomaten (rechts).

Eiertomaten

Im Bild 'Roma', eine der klassischen italienischen Eiertomaten-Sorten. Meist aus Freilandanbau (Sizilien, Kampanien), ideal für Saucen.

Fleischtomaten

Sie weisen im Vergleich zu runden Sorten mehr oder weniger ausgeprägte »Rippen« auf, sind unregelmäßiger geformt und haben eine dickere Fruchtfleischschicht.

Tomate

Strauchtomaten

'Elegance', eine schmackhafte runde rote Sorte, kommt häufig als Strauchtomate ins Angebot. Die prallen, glänzenden Früchte sind lange haltbar.

Gelbe Tomaten

'Locarno' heißt diese gelbe runde Sorte, die als Strauchtomate oder lose angeboten wird. Das Aroma ist ausgeprägt und intensiv, die Früchte sind knackig und saftig.

Rot und gelb

Von nahezu allen Tomatengruppen gibt es auch gelbe oder orangefarbene Früchte. Sie haben eine etwas dickere Schale und schmecken teils süßer als die roten. Bis auf die Fleischtomaten kommen viele Sorten in letzter Zeit auch als Strauchtomaten, also noch an der Rispe, in den Handel.

Gelbe Kirschtomaten

'Sunny Gold', eine Neuzüchtung, ist eine gelborangefarbene Kirschtomate mit frischem, säuerlichem Geschmack.

Rote Kirschtomaten

'Favorita' ist eine häufig angebaute rote Kirschtomatensorte, die saftig-süße und tiefrote Früchte liefert.

T

Tomatillo

Die Tomatillo oder Grüne Tomate stammt aus Mittelamerika. Wie bei den nah verwandten → Kap-Stachelbeeren reifen auch hier die Früchte in einer papierartigen Hülle heran. Tomatillos sind in Mexiko und den USA beliebt für die Zubereitung von Eintöpfen, Suppen und Saucen bzw. Salsas.

Tomme

Tomme genannte Käse werden in verschiedenen Regionen Frankreichs hergestellt, aus Kuh- und Schafmilch, mit Weiß-, Blauschimmel oder auch Rotflora überzogen. In Italien nennt man diese Käsefamilie »Toma«.
Im Bild ein Tomme de Savoie, ein Halbfester → Schnittkäse, der ursprünglich nur in Savoyen hergestellt wurde. Typisch ist die graubräunliche Rinde, die vor dem Verzehr entfernt wird.

Topinambur

An den Wurzeln der mit der Sonnenblume verwandten Pflanze bilden sich – wie bei der Kartoffel – zahlreiche, oft bizarr geformte Knollen, die auch Erdbirnen, Erdäpfel oder Erdartischocken genannt werden. Im Bild Topinambur mit leicht violetter Schale, andere Sorten sind bräunlicher. Das Fleisch ist jedoch bei allen Sorten weiß bis cremefarben.
Verwendung: ungeschält zum Rohverzehr, gebraten, gedünstet, gratiniert, frittiert

→ Tongu siehe bei **Shiitake**
Topfen siehe bei **Quark**

404

Totentrompete

Wird auch Herbsttrompete genannt. Dünnfleischiger trichterförmiger, graubrauner bis schwärzlich brauner Speisepilz. Er gehört zur Familie der → Pfifferlinge. Nur jung und ausschließlich gegart essbar. Frisch im Geschmack mild, getrocknet recht aromatisch und (gemahlen) als Würzpilz geeignet.

Trappistenkäse, französischer

Eine große Gruppe innerhalb der Halbfesten → Schnittkäse bilden die kräftig aromatischen Trappistenkäse. »Erfunden« im Kloster Notre Dame de Port-du-Salut in der Bretagne, gibt es allein in Frankreich heute mehr als zehn ähnliche Trappistenkäse. Port-(du-)Salut (im Bild) heißen diejenigen, welche in Lizenz des Klosters hergestellt werden, Käse ohne Lizenz dagegen werden unter dem Namen Saint-Paulin verkauft.

Trappistenkäse, deutscher

Auch außerhalb Frankreichs, vor allem in den Ländern des ehemaligen Österreich-Ungarns und in Osteuropa, sind Trappistenkäse bekannt. Allerdings bestehen in Teigbeschaffenheit und Geschmack große Unterschiede zwischen den Sorten.
Im Bild deutscher Trappistenkäse. Er ist in Laib- oder in Brotform erhältlich; mild bis kräftig im Geschmack.

T

Traubenhyazinthe

Die Zwiebeln der mediterranen Schopfigen Traubenhyazinthe sind in Italien, Spanien und Portugal – von Bitterstoffen befreit und gekocht – ein beliebtes Gemüse.

Trevally

Der zu den → Stachelmakrelen gehörende Fisch kommt in den Gewässern rund um Neuseeland vor. Wird bis zu 70 cm lang und 6 kg schwer. Er besitzt ein sehr aromatisches Fleisch.

Trogmuschel

Trogmuscheln sind weltweit in allen Meeren reichlich vertreten. Im Bild die Dickschalige Trogmuschel; sie kommt entlang der östlichen Atlantikküste bis nach Nordafrika vor. Ihr Fleisch ist vor allem gedünstet ausgesprochen delikat.

→ Trauben siehe bei **Weintrauben**

TRAUBEN – TRÜFFEL

Trüffel

Piemont-Trüffel

Wird auch Weiße Trüffel genannt, kommt in Nord- und Mittelitalien, auch Istrien und Sardinien vor. Sie hat eine sehr unregelmäßige Form und besitzt ein weißlich marmoriertes Fleisch von ausgezeichnetem Aroma mit einer leichten Note von Knoblauch und Gorgonzola.
Verwendung: frisch über warme Gerichte, z. B. Carpaccios, Risotti, Omeletts, Käsegerichten, Teigwaren, gehobelt; Piemont-Trüffeln sind auch konserviert erhältlich

Perigord-Trüffel

Wird auch Schwarze Trüffel genannt. Sie wächst in Südfrankreich, auch in Norditalien und Spanien. Rundliche, schwarzbraune, von kleinen Warzen bedeckte Knollen, innen bräunlich-schwarz, von weißlichen Adern durchzogen.
Verwendung: frisch wie die Piemont-Trüffel (siehe oben) oder kurz gekocht als Würzbeigabe; auch konserviert erhältlich

Sommertrüffel

Schwarze, warzenartige Außenhaut, das Innere von weißlichgrauen Adern durchzogen. Wächst u. a. in Frankreich, Italien, auch in Süddeutschland. Nicht so aromatisch, aber im Preis erschwinglicher als Perigord- oder Piemont-Trüffeln.
Verwendung: wie andere Trüffeln, kann wegen des geringeren Aromas in größeren Mengen verwendet werden

Trüsche

Der auch (Aal-)Rutte oder Quappe genannte Süßwasserfisch ist in Europa nördlich der Alpen und Pyrenäen, in Nordasien und -amerika verbreitet. Als Delikatesse gilt ihre große Leber, doch auch das zarte, aromatische Fleisch ist nicht zu verachten. Am besten schmeckt die Trüsche in Butter gebraten.

Tulsi

Das mit dem → Basilikum eng verwandte Grüne Tulsi, auch Basilienkraut genannt, hat rötlich violette Stängel und Blattadern. Beißend aromatisch im Geschmack, mit würzigem Duft.
Verwendung: frisch zum Würzen von Salaten, kalten Speisen

Tunfisch

Weltweit verbreitet sind Weißer Tunfisch (Albacore) und Roter Tunfisch (im Bild). Der Gelbflossen-Tun ist eine wichtige Art in Ostasien, der Schwarzflossen-Tun an der Atlantikküste der USA.
Zubereitung: Mit ihrem festen, mageren Fleisch schmecken Tunfische gebraten, gegrillt und, auf japanische Art, roh.

→ **Truthahn** siehe bei **Geflügel**, siehe bei **Pute**

TRÜSCHE – VANILLE

Umberfisch

Die im Westatlantik lebenden Umberfische sind in Nord- und Südamerika geschätzte Speisefische. Sie heißen auf Englisch »Drums«, der trommelnden Geräusche wegen, die sie erzeugen. Im Bild der Rote Umberfisch, der qualitativ beste Umberfisch. Sein Fleisch ist aromatisch und fest, dabei saftig.

Vacherin

Jung zählt er zu den Halbfesten → Schnittkäsen, mit fortschreitender Reife zu den → Weichkäsen. Ursprünglich stammt der Vacherin aus dem Schweizer Jura, schon lange wird er aber auch im französischen Jura in verschiedenen Varianten gekäst. Im Bild ein Vacherin Fribourgeois, ein Freiburger Vacherin (mind. 45 % F .i .Tr.). Auch ihn gibt es weich, für Fondues, und zum direkten Verzehr in festerer Konsistenz.

Vanille

Vanilleschoten sind die unreif gepflückten und fermentierten Schoten einer tropischen Orchideenart. Erst durch die Fermentation entstehen die dunkle Farbe und das typische Aroma. **Verwendung:** Mark und Schoten dienen zum Aromatisieren von Süßspeisen und Gebäck.

→ **Udon** siehe bei **Nudeln, asiatische**
Ursüße siehe bei **Zucker**

Venusmuschel

Im Bild die Strahlige Venusmuschel, als »vongola« in Italien beliebt. Ihr Fleisch ist zart und von sehr gutem Geschmack. Im Mittelmeer und an der französischen Atlantikküste werden auch andere Venusmuschelarten gefischt, z. B. die große braune Glatte Venusmuschel oder die helle Raue Venusmuschel.

Vermilion

Der Raubfisch gehört zu den geschätzten pazifischen → Felsenfisch-Arten (siehe auch → Drachenköpfe). Sein exzellentes Fleisch schmeckt jedoch nur ganz frisch; beim Einfrieren büßt es an Qualität ein.

Vollkornnudeln

Inzwischen gibt es viele der international gängigen Nudelsorten auch in der Vollkorn-Variante. Vollkornnudeln schmecken im Gegensatz zu weißen Nudeln intensiver nach Getreide. Der überwiegende Teil wird aus Hart- oder Weichweizen hergestellt; es finden sich aber auch Sorten mit Roggen-, Buchweizen-, Dinkel-, Grünkern-, Hirse- oder Maismehl auf dem Markt. Im Bild Spiralnudeln aus Vollkorn-Weizenmehl.

→ Vermicelli siehe bei Spaghetti, Capellini

VENUSMUSCHEL – WAHOO

Wacholder

Die würzigen Beeren des immergrünen Nadelgehölzes haben ein bitterharziges Aroma mit einer leicht süßlichen und würzigen Note. Sie werden ganz, zerdrückt oder gemahlen, oft auch als Bestandteil von Gewürzsäckchen, für kräftige Braten-, Eintopf- und Krautgerichte, auch zu Pilzen und Roten Beten verwendet. Sie aromatisieren Marinaden und Pasteten.

Wachtel

Mit einem Gewicht von gut 100 g sind die kleinen Hühnervögel, die zum Wildgeflügel zählen, ideale Portionsvögel. In den Handel kommen Wachteln aus Mastbetrieben (die Wachtel steht hier zu Lande unter Naturschutz), überwiegend frisch und küchenfertig vorbereitet. Ihr zartes und saftiges Fleisch schmeckt wildähnlich nussig.

Wahoo

Der große Fisch (er erreicht Längen bis zu 2 m) ist in warmen Meeren weltweit verbreitet, vereinzelt auch im Mittelmeer. Hauptfanggebiete sind die Karibik und die Antillen. Sein Fleisch ist von exzellentem Geschmack.

Wakame

Die nach → Nori wichtigste japanische → Alge wird frisch (blanchiert) als Gemüse und getrocknet gegessen. Zerstoßen ergibt Wakame ein mineralstoffreiches Würzmittel.

Waldmeister

Das Kraut mit den gefächerten Blättern hat einen ausgeprägten, würzig-bitteren Geschmack, der in Verbindung mit Zucker gut zur Geltung kommt. Für Süßspeisen und (Mai-)Bowle.

Walnuss

Der Walnussbaum ist weltweit in warm-gemäßigten Klimazonen verbreitet. Die weichen, aromatischen Samenkerne seiner grünen Steinfrüchte eignen sich als Snack, aber auch als Zutat zu süßen und pikanten warmen Gerichten sowie zu Backwerk aller Art. Auch unreife Walnüsse finden in der Küche Verwendung: Sie können mitsamt der grünen Außenschale süßsauer eingelegt werden.

→ **Waller** siehe bei **Flusswels**
Wammerl siehe bei **Speck**

WAKAME – WAXDICK

Wasabi

Eine in Aussehen und Geschmack meerrettichähnliche japanische Wurzel; auch Japanischer Meerrettich genannt. Wasabi wird auch das daraus gewonnene scharfe Pulver genannt.
Verwendung: Sowohl die frisch geriebene Wurzel als auch die aus der getrockneten pulverisierten Wurzel angerührte Paste ist klassische Beilage zu Sushi; Wasabi passt aber auch zu allem, zu dem man in Europa → Meerrettich reicht.

Wasserkastanie

Trotz ihres Namens und Aussehens sind Wasserkastanien nicht mit der → Esskastanie verwandt; bei ihnen handelt es sich um die süßlich nussig schmeckenden Sprossknollen eines Riedgrasgewächses. Wasserkastanien haben in Ostasien, vor allem in China, kulinarische Bedeutung: geschält und gegart als Gemüsebeilage, Suppeneinlage und für Füllungen.

Wasserspinat

Das tropische Blattgemüse wird vorwiegend in Asien, in Australien und vereinzelt auch in Afrika angebaut. Es wächst teils direkt im Wasser, teils auf dem Land (im Bild). Gegessen werden sowohl die langen zarten Triebe als auch die Blätter, entweder roh oder wie Spinat gekocht.

→ **Wasserbrotwurzel** siehe bei **Taro**
Waxdick siehe bei **Stör**

413

Weichkäse

In der Gruppe der Weichkäse sind höchst unterschiedliche Käsesorten zusammengefasst, die aufgrund ihres Wassergehalts zwischen Halbfestem Schnittkäse und Frischkäse eingeordnet werden. Weichkäse braucht keine langen Reifezeiten, er reift innerhalb weniger Wochen. Viele der berühmten Sorten sind im Mittelalter in den Klöstern entstanden.

Eine Auswahl an gut durchgereiften Weißschimmelkäsen. Im Uhrzeigersinn von links: Reverend (quadratisch), Brie, Champignon de Luxe, Champignon Camembert.

WEICHKÄSE

Aussehen

Die Oberfläche von Weichkäse kann blank und trocken, aber auch von einer mehr oder weniger feuchten Käseflora überzogen sein. Sind sie nur kurz gereift, können die Käse ziemlich fest sein. Je reifer sie aber sind, desto weicher und geschmeidiger wird der Teig. Manche Sorten werden deshalb mit Banderolen umwickelt oder in Schachteln angeboten, die sie in Form halten.

Weißschimmelkäse

Der Inbegriff von Weichkäse sind wohl der → Camembert und andere mit einer weißen Schimmelschicht überzogene Sorten. Diese Käse werden vor der Reifung mit einer Penicillum-Schimmelkultur besprüht, die sie dann nach und nach mit einem gleichmäßigen Teppich überzieht. Zur Familie der Weißschimmelkäse gehört auch der französische → Brie. In Italien werden feine, weniger bekannte Weißschimmelkäse-Arten zubereitet, z. B. Paglietta und Tomino. Sie alle können, je nach Reife, mild bis sehr pikant schmecken. Manche Weißschimmelkäse werden zusätzlich – im Teig – noch mit Blauschimmelkulturen versetzt, was ihnen einen pikanten Geschmack verleiht.

Rotschmierekäse

Bekannte Vertreter dieses Weichkäsetyps sind beispielsweise → Munster, → Chaumes, → Saint-Albray, → Cabrales, → Limburger,

Langres ist ein typischer Vertreter der Weichkäse mit Rotschmiere. Je reifer er ist, desto stärker sinkt seine Oberseite nach innen.

Andechser oder → Romadur. Sie sind alle im Geschmack mehr oder weniger pikant. Während der Reifephase werden diese Käse mehrfach mit schwacher Salzlake eingerieben. Das fördert die Entwicklung von bestimmten auf die Oberfläche aufgebrachten Bakterien, die für die Farbe der Rinde und den charakteristischen Geschmack verantwortlich sind.

Genuss zu Hause

Von Weichkäse sollte man keine zu großen Mengen kaufen – er kann je nach Reifezustand nur bis zu 2 Wochen aufbewahrt werden. Rotschmierekäse wird bei längerer Lagerung bitter. Zur Aufbewahrung gehört Weichkäse in beschichtetes Papier oder in Pergamentpapier gewickelt.

Weinbergschnecke

Weinbergschnecken für den Handel werden in so genannten Schneckengärten gezüchtet und gemästet. Sie werden meist küchenfertig vorbereitet und tiefgefroren oder als Dosenkonserven angeboten. Klassisch serviert man die Schnecken gekocht, mit Kräuterbutter.

Weinbergschnecke, Gesprenkelte

Die kleine Schnecke gehört zur selben Gattung wie ihre große Verwandte (siehe oben) und wird genauso zubereitet bzw. serviert. Sie kommt aus Deutschland, Polen, der Türkei, auch aus Asien in den Handel.

Weinstein

Salz einer organischen Säure, früher Bestandteil jedes Backpulvers, heute nur noch von Backpulvern für die Vollwertküche. Weinstein wird außerdem z. B. zum Säuern von Brause- und Puddingpulver sowie von Süßwaren genutzt.

→ Weichsel siehe bei **Kirsche, Sauerkirsche (S. 176)**

WEICHSEL – WEINTRAUBEN

Weintrauben

Alphonse Lavallée

Eine blaue Sorte, die weltweit kultiviert wird. Fast ganzjährig auf dem Markt.

Dan-Ben-Hannah

Wichtige blaue Traubensorte aus Israel. Auch als 'Black Emperor' auf dem Markt.

Anspruchsvoll

Nicht in jedem Weinbaugebiet reifen auch gute Tafeltrauben. Denn diese verlangen nach einem warmen, milden Klima; schließlich sind die Beeren ja auch größer und süßer als die der reinen Keltertrauben.

Palieri

Kommt häufig aus Italien und Spanien auf den Markt. Große, lockere Trauben mit dunklen Beeren.

Cardinal

Eine amerikanische Sorte, die auch in Europa häufig angebaut wird. Rötliche Beeren mit grünem Fleisch.

417

Weintrauben

Ohanes

Häufig für den Export angebaute Sorte, da sich diese Trauben relativ lange halten. Wird auch unter dem Namen 'Almeria' angeboten.

→

Sultanina

Eine kernlose Sorte; auch als 'Sultana' auf dem Markt. Aus den Beeren dieser Traube werden Sultaninen (→ Rosinen) hergestellt.

↓

Sonnensüß

Knackig und vor allem süß sollen die Beeren der Tafeltrauben bereits bei der Lese sein. Denn Trauben reifen nach der Ernte nicht nach.

Muskattrauben

↑

Sie besitzen ein typisches süßes und sehr würziges Aroma. Eignen sich als Keltertraube und als Frischobst.

← ## Thompson seedless

Kernlose Sorte, zeichnet sich durch längliche, festschalige, sehr knackige und süße Beeren aus. Wird auch für die Produktion von Sultaninen verwendet.

Weißkohl

Das auch Weißkraut genannte Gemüse ist das wichtigste unter den kopfbildenden Kohlarten. Je nach Sorte können die Köpfe spitzer oder runder sein; im Bild eine plattrunde Weißkohlsorte. Ebenfalls sortenabhängig ist der Geschmack: frühe Sorten wie z. B. der Spitzkohl haben nur ein dezentes Kohlaroma, spätere schmecken intensiver.
Verwendung: als Rohkost, milchsauer vergoren (Sauerkraut), als Zutat für Eintöpfe, die Blätter als Hüllen für Rouladen

Weißlacker

Eine süddeutsche Spezialität, wird in Bayern auch Bierkäse genannt. Der → Weichkäse (40–50 % F. i. Tr.) besitzt keine Rinde, sondern hat eine feuchte, durch spezielle Käseflora lackartig glänzende Oberfläche. Kräftig-deftig im Geschmack, wird er insbesondere als »Brotzeitkäse« verzehrt.

Weißwurst

Eine bayerische → Brühwurst-Spezialität mit einem Brät aus Kalbfleisch, Schweinefleisch, Speck und gekochter Schwarte, mit Petersilie, Zwiebeln, Zitrone und weißem Pfeffer gewürzt. Wird heiß, traditionell zu Brot und mit süßem Senf serviert.

Weizen

Korn

Im Bild Weichweizen bzw. Saatweizen. Er ist mit mehr als 10.000 Sorten die formenreichste Weizenvarietät.
Beim zur selben Gattung gehörenden Hartweizen oder Durumweizen sehen die Körner etwas glasiger aus, der Mehlkörper ist gelber und enthält mehr Eiweiß.

Grieß

Im Bild Hartweizengrieß. Er behält auch beim Kochen gut seine Struktur, daher eignet er sich insbesondere für die Herstellung von Teigwaren oder Klößchen.
Der hellere Weichweizengrieß zerkocht leichter, wird schneller weich und sämig. Wird für Grießsuppen und -breie verwendet.

Mehl

Weizenmehl, überwiegend aus Weichweizen gemahlen, gibt es in verschiedenen Ausmahlungsgraden: Das bei uns am häufigsten verwendete Mehl der Type 405 ist das weißeste, geeignet für feine Backwaren, Teigwaren und Süßspeisen. Mehl der Type 550 (im Bild) enthält mehr Schalenanteile (Kleie), ist nicht ganz so fein und etwas dunkler. Es kann aber genauso wie Mehl der Type 405 verwendet werden. Das noch dunklere Weizenvollkornmehl schließlich enthält alle Bestandteile des Korns.

Wellhornschnecke

Die Meeresweichtiere werden mit bis zu 11 cm Gehäuselänge relativ groß. Gefischt werden sie vorwiegend im Ärmelkanal und im Nordatlantik.
Zubereitung: in der Schale gekocht, auch gedünstet, pochiert, ausgebacken, als Einlage für Suppen und für Füllungen

Wermut

Das Kraut ist extrem bitter im Geschmack und herbwürzig.
Verwendung: zu fettem Fleisch (z. B. Gans) und Wild, für pikante Tomatensuppen und -saucen, Eintöpfe; auch für die Herstellung von Likören und Kräuterweinen

Wiener (Würstchen)

Die → Brühwürstchen hat ein aus dem Fränkischen eingewanderter Metzger im 19. Jahrhundert in Wien in Anlehnung an die → Frankfurter kreiert. Das Brät besteht aus fein zerkleinertem Rindfleisch, Schweinefleisch und Speck.

Wild

Als Wild werden grundsätzlich alle jagbaren Tiere bezeichnet. Je nach Großregion und den dort wild lebenden Tieren haben in der jeweiligen Wildküche die unterschiedlichsten Arten Bedeutung. In Europa sind neben Wildhase und Wildkaninchen vor allem verschiedene Arten von → Hirschwild, das → Wildschwein sowie Wildgeflügel bekannt.

Wildfleisch wird gerne als kräftiges Ragout zubereitet. Hier eine klassische Kombination mit Pilzen, aromatischen Kräutern und Gewürzen.

Verwendung in der Küche

In der Küche geschätzt sind von allen Wildarten insbesondere die jungen Tiere. Sie besitzen ein feinfaseriges, bindegewebsarmes und mageres Fleisch von arttypischem aromatischem Geschmack, das beim Garen zart und saftig bleibt. Es muss in der Regel abgehangen werden.

Wildfleisch eignet sich für dieselben Zubereitungsarten wie das Fleisch von Schlachttieren: Stücke vom Hals, von der Brust und vom Bauch eignen sich für Suppen und Ragouts, Fleisch aus Blatt und Schulter für Braten, Geschnetzeltes und Gulasch. Der Rücken kann im Ganzen gebraten werden, aus dem ausgelösten Fleisch schneidet man Koteletts und Medaillons. Keule und Schlegel werden ebenfalls im Ganzen gebraten, aber auch als Schnitzel.

Wildgeflügel

Sehr begehrt unter Feinschmeckern ist Wildgeflügel. Sein Fleisch ist sehr mager, gleichzeitig ausgesprochen zart und wohlschmeckend. Es eignet sich für alle Zubereitungsarten außer zum Grillen, sollte aber auch beim Braten oder Schmoren vor zu starker Hitze geschützt werden (etwa durch das Belegen oder Einwickeln mit Speck).

Lediglich Wildente (→ Ente) und → Rebhuhn stammen noch heute aus wild lebenden Beständen. Der größte Teil des übrigen

Das Moor(schnee)huhn ist auf den Britischen Inseln das beliebteste Wildgeflügel.

Wildgeflügels, sei es → Taube, → Perlhuhn, → Wachtel oder → Fasan, kommt heute aus Mastfarmen. Vor allem in Frankreich wird Wildgeflügel in großen Mengen gezüchtet. Von dort kommt auch Ware mit besonderen Gütesiegeln, wie etwa Perlhühner aus Freilandhaltung. Weitere bedeutende Produzenten sind Italien und die USA.

Junge Masttauben, Perlhühner und Wachteln bekommt man im Geflügel- oder Wildfachhandel sowie in Feinkostgeschäften mit Frischfleischabteilung. Wachteln dagegen werden zuweilen auch in gut sortierten Supermärkten angeboten.

Wildschwein

Filets

Sie werden von der Unterseite des Rückens abgelöst. Zartes Wildbret, hervorragend zum Braten im Ganzen oder in Medaillons geschnitten. Gewürfelt für Fondues.

Nacken

Auch Träger genannt; aufgrund des kurzfaserigen, saftigen Fleisches als Braten geschätzt. Wird er frisch verarbeitet, kann eine dünne Fettschicht am Fleisch bleiben.

Küchenpraxis

Fleisch vom Wildschwein ist von recht fester Struktur. Es empfiehlt sich, aufliegendes Fett am Fleischstück zu belassen, denn dadurch bleibt dieses schön saftig. Will man Wildschwein einfrieren (bis zu 6 Monate), muss jedoch alles sichtbare Fett entfernt werden, sonst wird es ranzig.

Rücken

Ganzer Rücken mit aufliegendem Fettgewebe. Er wird entweder im Ganzen gebraten oder auch geschmort. Nach T-Bone-Art geschnitten eignet er sich auch zum Kurzbraten.

Rippen

Der Rippenbogen von innen gesehen, ohne Bauchlappen. Für die Küche wird das Fleisch entlang dem Rippenbogen von den Knochen gelöst. Geeignet für Ragouts oder Rollbraten.

WILDSCHWEIN

Wildschwein

Schulter

Die ausgebeinte Schulter eignet sich zum Braten im Ganzen, aber auch für Ragouts und Gulasch. Aus den ausgelösten Knochen kocht man am besten einen Fond.

Keule, ausgebeint

Rechts die Unterschale, eignet sich wie die Oberschale zum Braten, Schmoren, für Schnitzel. Links die Nuss, gut u. a. für Steaks, rechts vorne die Haxe (siehe auch links unten).

Jung und zart

Bei Kennern begehrt, weil sehr zart, ist das Fleisch von jungen Tieren. Frischlinge und Überläufer – so nennt man die bis zu einjährigen Wildschweine – haben im Verhältnis zum Gewicht in der Regel einen hohen Wildbretanteil. Mit zunehmendem Alter wird das Fleisch dann zäher.

Haxe

Zum Schmoren oder für deftige Eintöpfe gut geeignet. Aus den Haxen vom Wildschwein lässt sich aber – mit Gemüse und Gewürzen – auch ein kräftiger Wildfond herstellen.

Schinken

Im Bild geräucherter Schinken aus der entbeinten, parierten und in Form gebundenen Keule; zart und wohlschmeckend. Es gibt auch gepökelten und getrockneten, teils auch gepressten Wildschweinschinken.

425

Wilstermarsch

Der Halbfeste → Schnittkäse (45 oder 50 % F. i. Tr.) stammt aus Holstein und ähnelt dem ursprünglichen → Tilsiter. Kennzeichnend ist die feinporige gleichmäßige Lochung des hellgelben Teiges. Wilstermarsch schmeckt frisch und feinaromatisch.

Wirsing

Diese Kohlart hat je nach Sorte mehr oder weniger krause Blätter. Im Bild Frühwirsing, der ab Mai im Handel ist. Er bildet einen kleinen gekrausten Kopf mit hellem Herz aus. Wirsing gehört zu den zartesten Kohlgewächsen, er hat einen angenehm würzigen, feinnussigen Geschmack.
Verwendung: blanchiert und kurz gegart als Gemüsebeilage, in Suppen, Eintöpfen, als Hülle für Rouladen, Frühwirsing auch als Rohkost bzw. Salat

Wittling

Der im Nordostatlantik, in Nord- und Ostsee sowie im Mittelmeer vorkommende Fisch hat ein sehr mageres, aber feinaromatisches Fleisch. In Butter gebraten entfaltet er sein Aroma am besten. In den Handel kommt er frisch, geräuchert, auch mariniert.

WILSTERMARSCHKÄSE – WON-TAN-BLÄTTER W

Witwenfisch

Der zu den → Drachenköpfen gehörende Fisch wird – wie sein auffällig gefärbter Verwandter, der Kanariengelbe Felsenfisch mit den orangefarbenen Flossen, – im Pazifik von Alaska bis nach Kalifornien gefischt.

Wolfsbarsch

Er zählt mit seinem festen, grätenarmen und delikaten Fleisch zu den begehrtesten Speisefischen in Europa. Wird überwiegend unter seinem französischen Namen »Loup de mer« gehandelt. (Nicht zu verwechseln mit Filets vom Seewolf, die ebenfalls als »Loup«-Filets angeboten werden.)

Wollhandkrabbe

Diese in Ostasien heimische, dort auch »Shanghai crab« genannte Krabbe hat ihren deutschen Namen von den dick bepelzten Scheren der männlichen Tiere (im Bild). Sie kann zwischen Meer-, Brack- und Süßwasser wandern. Die Krabbe wurde zwar in die Nordsee eingeschleppt, wird aber hier zu Lande nicht vermarktet. In China dagegen ist sie eine hoch bezahlte Delikatesse.

→ **Wollmispel** siehe bei **Loquat**
Won-Tan-Blätter siehe bei **Nudeln, asiatische**

427

Wurst

Als Wurst wird ein schnitt- oder streichfähiges Nahrungsmittel bezeichnet, das in seinen Hauptbestandteilen aus zerkleinertem Fleisch und Fett, auch Blut und Innereien von Schlachttieren, Geflügel oder Wild hergestellt wird. Deutschland gehört zu den Ländern mit der größten Vielfalt von Wursterzeugnissen: Hier existieren um die 1.500 Wurstsorten.

Ein Ausschnitt aus der deutschen Wurstvielfalt: Gemischter Aufschnitt von Frischwurst (zusammengefaltet), Scheiben von Leberwurst (Mitte) und Sülze (links unten).

Rationelle Fleischverwertung

Die Wurstherstellung hat in vielen Ländern lange Tradition. Diese Art der Verarbeitung von Fleisch bot zum einen die Möglichkeit, auf andere Art nicht oder nur schlecht verwertbare Teile des Schlachttierkörpers als Nahrungsmittel nutzbar zu machen (z. B. Blut, Schwarten). Zum anderen konnte man damit ungekühlt nur wenige Stunden haltbare Teile des geschlachteten Tiers (Innereien) vor dem Verderb bewahren. Nicht zuletzt aber machte die Verarbeitung zu Wurst es auch möglich, wertvolles Muskelfleisch ungekühlt für eine gewisse Zeit aufzubewahren – insbesondere, wenn man die Würste zusätzlich trocknete oder räucherte.

Im Prinzip kann man jede Fleischmasse, die in eine Hülle (traditionell Därme, auch der Magen von Schlachttieren) gefüllt wird, als Wurst bezeichnen. Die meisten Wurstsorten werden aber nach wie vor aus Schweinefleisch und -speck hergestellt. Und selbst wenn das Muskelfleisch anderer Tierarten – insbesondere von Geflügel – verarbeitet wird, der zugefügte Speck stammt doch meist vom Schwein.

Weitere Zutaten

Zusätzlich zu den Fleisch- und Speckbestandteilen, enthält eine Wurst immer auch Salz. Dieses ist unter anderem für die Wasserbindung, die Schaffung der richtigen Konsistenz und die Haltbarmachung

Exquisit im Geschmack und haltbar. In Italien gibt es eine Vielfalt an Salamispezialitäten, deren Herstellung eine lange Tradition hat.

wichtig. Darüber hinaus kommen in eine Wurstmasse sortenspezifische geschmacksgebende Würzutaten: herbe Kräuter (etwa Salbei, Majoran oder Thymian), Gewürze (z. B. Pfeffer, Piment, Chilipulver, Paprikapulver) oder auch farbgebende Zutaten wie Pistazien oder Paprikastücke.

In vielen Ländern werden der Wurstmasse auch nichttierische »streckende« und/oder bindende Zutaten zugefügt, etwa Grütze (→ Haggis) oder gekochte Kartoffeln. In Deutschland ist dies ausschließlich bei bestimmten regionalen Wurstspezialitäten erlaubt (→ Pinkel, Pfälzer Saumagen).

Informationen zu den einzelnen Wurstgruppen finden sich unter den Stichworten → Brühwurst, → Kochwurst, → Rohwurst.

Yam

Alle Yam-Arten sind Pflanzen der tropischen und subtropischen Regionen, die unterirdische, stärkereiche Knollen ausbilden – daher auch ihr deutscher Name Brotwurzel. Im Bild eine Yam-Sorte, die Knollen mit einem Gewicht von bis zu 60 kg bildet. Es gibt aber auch Sorten mit kleineren Knollen.
Zubereitung: Yam kann man wie → Kartoffeln kochen, dämpfen, frittieren und backen. In den Anbauländern wird Yam auch zu Chips, Flocken, Mehl oder Stärke verarbeitet.

Ysop

Das Kraut hat ein schwach bitteres, kräftig würziges und minzeähnliches Aroma, womit es – sowohl frisch als auch getrocknet – ein ideales Fleischgewürz ist. Es sollte jedoch immer nur kurz mitgegart werden.

Yufka

Die hauchdünnen türkischen Teigblätter werden in runder, dreieckiger oder rechteckiger Form in türkischen Lebensmittelläden oder gut sortierten Supermärkten angeboten.
Verwendung: Yufkablätter können herzhaft oder süß gefüllt werden; mit ihnen kann auch eine Art Blätterteig hergestellt werden, indem die einzelnen Blätter mit reichlich Fett eingepinselt übereinander geschichtet werden.

→ **Yabbie** siehe bei **Australkrebs, Kleiner**

Zackenbarsch

Zackenbarsche leben in allen gemäßigten und tropischen Meeren. Ihr festes, weißes und saftiges Fleisch ist von hoher Qualität. Der Braune Zackenbarsch beispielsweise ist in Italien hoch geschätzt. Er wird dort gerne kurz angebraten für Schmorgerichte verwendet. Im Bild der Schwarze Zackenbarsch.

Zahnbrassen

Die zu den Meerbrassen gehörenden Speisefische sind von ausgezeichnetem Geschmack; es kommen über 20 Arten allein im Mittelmeer vor. Im Bild Buckel-Zahnbrassen, die im südlichen und östlichen Mittelmeergebiet beliebt sind.

Zander

Der Süßwasserfisch genießt als Speisefisch höchstes Ansehen. Vor allem in Mitteleuropa und Russland ist er mit seinem festen weißen und sehr mageren Fleisch äußerst beliebt und wird in großen Mengen gezüchtet. Der Zander eignet sich für alle Zubereitungsarten.

→ **Zampone** siehe bei **Schweinsfuß, gefüllter**

Zichorie

Salatzichorie, Blattzichorie

Zur großen Gruppe der Salatzichorien zählen u. a.
→ Radicchio, → Chicorée, Herbstzichorien (siehe das folgende Stichwort) und Blattzichorien. Letztere wird v. a. südlich der Alpen kultiviert; auf Italienisch heißt sie »Catalogna«. Charakteristisch sind die löwenzahnähnlichen Blätter sowie der herbbittere Geschmack.
Verwendung: siehe bei Herbstzichorie

Salatzichorie, Herbstzichorie

Herbstzichorie der Sorte 'Zuckerhut'. Ihren Namen verdankt sie der spitzen Kopfform. Auch Herbstzichorien haben den zichorientypischen Bittergeschmack, der allerdings mit fortschreitender Reife zurückgeht.
Verwendung: als Salatgemüse, aber auch blanchiert und (in Olivenöl mit Knoblauch) gedünstet

Wurzelzichorie

Wie bereits der Name nahe legt, finden bei diesem Zichorientyp nur die Wurzeln Verwendung – sie schmecken roh geraspelt, aber auch gekocht.

ZICHORIE – ZIEGENROLLE

Ziege/Zicklein

Zickleinfleisch stammt von 6–16 Wochen alten Tieren, es hat einen feinen Eigengeschmack. Das Fleisch von Ziegen ist dunkler, fester und intensiver im Geschmack.
Zubereitung: wie → Lamm, sparsam gewürzt, evtl. mariniert; Zicklein auch im Ganzen am Spieß gebraten

Ziegenfisch, Gefleckter

Diese im Westatlantik über den Golf von Mexiko bis nach Brasilien verbreitete → Meerbarbe ist ein wirtschaftlich bedeutender Speisefisch.
Zubereitung: schmeckt gebraten, gegrillt, gedünstet und pochiert

Ziegenrolle

Ein → Weichkäse aus Ziegenmilch, kräftig im Geschmack. Typisch sind der weiße Teig und der leichte Schimmelrasen auf der Oberfläche. Aufgrund seiner Rollenform lässt sich der Käse gut und dekorativ portionieren.

Zi(e)ger

Dieser Schweizer Frischkäse aus Kuhmilch wird traditionell auf den Glarner und Sarganser Alpen hergestellt, und zwar durch Erhitzen und Säuern von Magermilch, worauf das Eiweiß ausflockt und abgenommen wird. Er ist das Ausgangsprodukt für die Herstellung von Schabzieger, einem würzigen Hartkäse, der als Reibkäse dient.

Zimt

Im Bild rechts der im Geschmack feinere Echte oder Ceylonzimt. Er ist relativ hell, sehr dünn und zerbrechlich. Links die von einer anderen Pflanze stammende im Geschmack brennend würzige Kassiarinde, auch Cassia oder Chinesischer Zimt genannt. Sie ist etwas dunkler und dicker. In der Mitte gemahlener Zimt.
Verwendung: Das süßliche und brennend würzige Gewürz passt u. a. zu Äpfeln und Zwetschen, zu süßen Milch- und Grießspeisen, auch zu Lamm, Wild und Fisch.

Zimtblatt

Getrocknete Zimtblätter stammen von Bäumen, die derselben Gattung angehören wie die das Zimtgewürz liefernden Pflanzen (siehe das vorangehende Stichwort). Sie gleichen in der Form und mit ihrer glänzenden Oberfläche Lorbeerblättern, haben aber lange, ovale Blattadern.
Verwendung: Zimtblatt ist Bestandteil von Aromen, die in der Naturmedizin verwendet werden. In Asien wird damit auch schwarzer Tee aromatisiert.

ZI(E)GER – ZITRONENGRAS

Zirbelnuss

Zirbelnüsse sind die Früchte der in den Alpen, den Karpaten und in Nordrussland heimischen Zirbelkiefer oder Arve. Sie haben einen mandelartigen Geschmack und werden pur als Knabberei verzehrt, aber auch für die Ölgewinnung verwendet.

Zitrone

Zitronen werden weltweit in den Subtropen angebaut. Im Gegensatz zu anderen Citrus-Arten können Zitronenbäume das ganze Jahr über blühen und fruchten.
Verwendung: Schale und Saft würzen in vielen Küchen der Welt die verschiedensten pikanten und süßen Speisen. Zitrone harmoniert darüber hinaus gut mit frischen Kräutern.
Im Bild Zitronen der Sorte 'Eureka', saftig, kernlos, mit angenehmem, ausgewogen süßsauren Aroma.

Zitronengras

Wird auch Citronelle oder Zitronellgras bzw. »Lemongrass« genannt. Es dient in ganz Südostasien als Gewürz für herzhafte und süße Speisen sowie Getränke. Es harmoniert mit Knoblauch, Zwiebeln, Chilis und Koriandergrün. Zitronengras gibt es in Asienläden, in Zeitungspapier eingewickelt hält es sich im Gemüsefach des Kühlschranks mehrere Wochen.

→ **Zite** siehe bei **Röhrennudeln**

Zitrusfrüchte
Über die

Zitrusfrüchte

Zitrusfrüchte werden in allen tropischen und subtropischen Regionen sowie in den Mittelmeerländern angebaut. Die innerste Schicht bildet das essbare, saftige Fruchtfleisch, die äußere enthält in der Schale die artspezifischen ätherischen Öle. Zitrusfrüchte gibt es ganzjährig, sie werden vorwiegend frisch gegessen, aber auch zu Saft und Konserven verarbeitet.

Exotischer Rumtopf mit Kumquats, Mandarinen und Limettten.

ZITRUSFRÜCHTE

Ursprung und Geschichte

Zitrusfrüchte kommen aus den Monsungebieten Südostasiens, wo vermutlich schon vor 4.000 Jahren mit der Kultivierung dieser Früchte begonnen wurde. Alexander der Große brachte sie in den Mittelmeerraum. Kurze Zeit später blühten die ersten Zitronenbäume in Spanien und Italien, wo die Früchte aufgrund des warmen Klimas bis heute gedeihen. Während → Zitronen auch kalte Nächte brauchen, damit sich ihre Schale gelb färben kann, sind → Limetten kälteempfindlich.

Zitronen wachsen an immergrünen Bäumen, die gleichzeitig blühen und Früchte tragen.

Orangen und Mandarinen

Apfelsinen bzw. → Orangen unterteilt man in Gewöhnliche Orangen, Navel-, Blut- und Zuckerorangen; letztere haben bei uns keine Bedeutung. Navelorangen sind kernlos und eignen sich besonders gut zur Saftgewinnung. Bei → Mandarinen unterscheidet man Gewöhnliche Mandarine, Satsuma und King-Mandarine sowie die in den USA beliebte Tangerine. Alle Mandarinen lassen sich leicht schälen, haben wenig Kerne und ein zartes Fruchtfleisch. Mandarinenarten lassen sich leicht untereinander kreuzen, so dass immer wieder neue Arten entstehen.

Pampelmuse und Grapefruit

Die Pampelmuse ist die größte Zitrusfrucht mit bis zu 25 cm Umfang und bis zu 6 kg Gewicht. Im Handel sind jedoch vor allem Grapefruits, eine Zufallskreuzung aus Pampelmuse und Orange. Schale und Fleisch sind je nach Sorte hellgelb (etwas herber und bitterer im Geschmack) bis rosarot.

Kumquat und Bergamotte

Kumquats und ihre Hybriden sind mit nur etwa 4 cm Länge die Minis unter den Zitrusfrüchten. Sie schmecken hervorragend und eignen sich zudem gut als Dekoration auf Salaten und Desserts. Weitere Zitrusfrüchte sind Pomeranzen, die man allerdings nicht roh essen kann (sie werden zu Orangenmarmelade verarbeitet), sowie die Bergamotte, aus deren Schalen man ein ätherisches Öl zum Aromatisieren von Getränken, Tee (z. B. Earl Grey), Tabak und Parfüm gewinnt.

Zucchini

Grüne Zucchini

Zucchini gehören zu den Kürbissen und werden vor allem in den Mittelmeerländern angebaut. Beim Einkauf auf feste Früchte mit makelloser Schale achten. Im Bild die in Deutschland am weitesten verbreitete Sorte 'Elite'.
Zubereitung: Zucchini kann man braten, dünsten und (über-)backen. Ganz junge Früchte eignen sich auch als Rohkost oder Salat.

Gelbe Zucchini

Im Bild die Sorte 'Goldrush', die ursprünglich aus den USA kommt, inzwischen aber auch in Europa angebaut wird. Im Geschmack – nussig und entfernt an Gurke erinnernd – sowie in der Verwendung gleichen sie den grünen Sorten.

Runde Zucchini

Sie unterscheiden sich im Geschmack und auch im Aussehen des Fruchtfleisches nicht von den länglichen Sorten, sind jedoch aufgrund ihrer Form hervorragend zum Füllen geeignet.

ZUCCHINI – ZUCKER

Zucker

Kristallzucker

Er ist die erste Stufe von reinem Zucker, der aus Zuckerrüben durch Extraktion und Kristallisation gewonnen wird. Als Raffinade bezeichnet man Zucker, der nochmals aufgelöst und kristallisiert wird; ist noch reiner und hochwertiger.

Melasse

Wird auch (Zucker-)Rübenkraut genannt. Dickflüssiger Zuckersirup, der bei der Zuckerherstellung als Nebenprodukt anfällt. Wird als Brotaufstrich und zum Süßen von Backwaren verwendet.

Aus der Rübe

Nach der Entdeckung, dass Zucker aus Zuckerrohr und -rübe chemisch identisch ist, wurde im Jahr 1801 in Preußen die erste Rübenzuckerfabrik errichtet. Zucker war fortan keine »Kolonialware« mehr, die aus den Tropen importiert werden musste und zu immens hohen Preisen verkauft wurde.

Kandisfarin

Brauner Zucker, gewonnen aus dunklem Zuckersirup. Mit feinem Karamellaroma. Ideal zum Backen mit Nüssen, Schokolade, Trockenfrüchten, für Kompott, Obstsalate, Chutneys.

Würfelzucker

Leicht angefeuchtete Raffinade (siehe oben links) für weißen Würfelzucker bzw. Kandisfarin (siehe links) für braunen Würfelzucker, gepresst und getrocknet.

441

Zucker

Kandis

Kandis wird aus reiner Zuckerlösung durch langsames Auskristallisieren gewonnen. Für braunen Kandis wird der Zuckerlösung karamellisierter Zucker zugesetzt.
Verwendung: vor allem zum Süßen von Heißgetränken

Demerara

Der grobkörnige Zucker wird aus Zuckerrohr gewonnen. Charakteristisch sind die goldgelbe Farbe, sein karamellartiger Geschmack und die mild-würzige Süße. Es gibt ihn auch in Würfelform. Demerara-Zucker ist vielseitig verwendbar, beispielsweise zum Backen oder für Desserts, auch zum Süßen von Heißgetränken.

Fructose

Fructose oder Fruchtzucker wird aus dem Saft süßer Früchte oder aus Honig gewonnen. Diese Zuckerart kann von Diabetikern verzehrt werden, denn sie wird ohne Insulin verstoffwechselt; sie hat aber genauso viele Kalorien wie Zuckerrüben- oder Zuckerrohrzucker. Allerdings kann Fructose in geringeren Mengen verwendet werden, da sie eine stärker Süßkraft hat. Ist auch als Sirup im Handel.

Zucker

Ursüße

Wird auch Vollrohrzucker, Vollwertzucker und Succanat genannt. Ursüße ist ein nicht raffinierter Zucker aus getrocknetem Zuckerrohrsaft. Sie hat einen hohen Gehalt an Mineralstoffen und wird deshalb besonders gern in der Vollwertküche verwendet.

Palmzucker

Auch »Jaggery« genannter eingekochter zuckerhaltiger Nährsaft von asiatischen Palmen; nicht raffiniert.
Im Bild Javazucker: In Indien und Südostasien wird der Palmsirup häufig zum Erstarren in Formen gegossen und in dieser Form etwa zum Süßen von heißen Getränken verwendet.

Palmzucker, gekörnt

Gekörnter Palmzucker wird durch Vermahlen von erstarrtem Palmzucker (siehe oben) gewonnen. Er wird aufgrund seines hohen Anteils an Mineralien gerne in der Vollwertküche verwendet, ist in Naturkostläden und Reformhäusern erhältlich.

Z

Zungenwurst

Eine dicke Blutwurst (→ Kochwurst) mit großen Stücken von Rinds- oder Schweinezunge. Im Bild eine Sorte aus dem Elsass. Zungenwurst wird aber auch in Deutschland in vielen Regionen hergestellt.

Zweibinden-Brassen

Diese sehr häufig auch im Mittelmeer vorkommende Meerbrassenart ist von mittlerer Fleischqualität.
Zubereitung: eignet sich gut gewürzt zum Grillen und Braten

Zwergwels

Er stammt wie alle Mitglieder der Familie der Katzenwelse (Catfishes) aus Nord- und Mittelamerika. Doch bereits 1885 wurden die ersten Zwergwelse erfolgreich in Osteuropa angesiedelt.
Zubereitung: Der Fisch mit seinem rötlichen, festen und im Geschmack leicht süßlichen Fleisch eignet sich zum Braten im Ganzen oder filetiert.

Zwetsche

Zwischen → Pflaumen und Zwetschen (auch Zwetschgen) sind die Übergänge fließend. Ein Merkmal ist die Form: Pflaumen sind etwas runder, Zwetschen eher länglich. Zudem löst sich bei Letzteren das Fruchtfleisch leichter vom Stein.
Im Bild die 'Hauszwetsche', eine beliebte Spätsorte mit eiförmigen Früchten. Leicht herb, süßsäuerlich und aromatisch.

Das Fruchtfleisch der Zwetschen ist weißlich bis grünlich gelb, saftig und angenehm süßsäuerlich. Die meisten Zwetschensorten sind blau und stark beduftet wie die Sorte im Bild: 'Zwetsche Dro', eine mittelgroße bis große süße Zwetsche, benannt nach ihrem Anbaugebiet am Gardasee.

Verwendung: Zwetschen eigenen sich zum Frischverzehr, wegen ihres festen Fleisches aber vor allem aber auch zum Backen (behalten ihre Form, durchnässen den Teig nicht) sowie zur Bereitung von Mus (muss nicht so lange eingekocht werden wie Pflaumenmus).
Im Bild die Sorte 'Ortenauer', eine mittelgroße Spätzwetsche mit saftigem Fruchtfleisch. Süß, jedoch nur mäßig aromatisch.

Zwiebel

Speisezwiebeln

Die gewöhnlichen, braunschaligen Speisezwiebeln gibt es in verschiedenen Farbtönen und Schärfegraden. Am zartesten sind jene aus der ersten Ernte im Frühsommer.

Rote Zwiebeln

Rote Zwiebeln stammen vorwiegend aus Italien. Ihre dünne, rote bis dunkelviolette Schale sowie die milde Schärfe machen sie als Salatzwiebel besonders interessant.

Zwiebelformen

Die Formenvielfalt der Speisezwiebel – zugleich Gewürz und Gemüse – ist enorm, die Unterschiede liegen in der Größe, der Farbe, vor allem aber in der Schärfe. Generell gilt: Kleine, dunklere Zwiebeln sind schärfer als große, helle Exemplare.

Silberzwiebeln

Sie erreichen lediglich einen Durchmesser von 15–35 mm. Eignen sich nicht nur zum Einlegen, sondern auch geschmort als Gemüsebeilage zu Kurzgebratenem.

Gemüsezwiebeln

Die großen, bis zu 200 g schweren, milden Gemüsezwiebeln sind aufgrund ihres süßlich würzigen Geschmacks beliebt für Salate, zum Füllen und Schmoren oder Grillen. Werden vor allem in Spanien kultiviert.

Zwiebel

Flache Zwiebeln

Diese kleinen flachen Zwiebelchen werden vornehmlich in Italien angebaut – sie heißen dort Cipollini. Eignen sich wie Silberzwiebeln (links) gut zum Schmoren oder Einlegen.

Weiße Zwiebeln

Weiße Zwiebeln werden in Mitteleuropa wenig angebaut. In Italien und Spanien dagegen schätzt man sie aufgrund ihres leicht süßlichen Geschmacks und ihrer milden Schärfe.

Lagerung

Aufbewahren lassen sich alle Arten von Zwiebeln, sofern die Hälse gut abgetrocknet sind, am besten in luftdurchlässigen Säcken oder Behältnissen, bei Raumtemperatur etwa 2–3 Monate.

Längliche Zwiebeln

Die längliche, schmal geformte Rote Semianzwiebel ist eine in Italien kultivierte Form der roten Zwiebel. Sie kann bis zu 30 cm lang werden.

Schalotten

Schalotten gehören zu den mildesten unter den Speisezwiebeln. Aufgrund ihres feineren Aromas sind sie in der gehobenen Gastronomie unverzichtbar, etwa für Saucen. Im Bild eine längliche Sorte, es gibt auch rundliche Sorten.

447

Küchenbegriffe von A bis Z

A POINT »Auf den Punkt«, d. h. gerade richtig, gerade eben gar gekocht/gebraten. Auch: Garstufe des Fleisches – noch blutig in der Mitte bzw. bereits durchgehend rosa mit rosa bis hellem Fleischsaft.
siehe auch **ROSA**

A point auf Englisch »medium«, auf Deutsch »mittel/halb durch«. Kerntemperatur 60 °C, das Fleisch hat einen rosafarbenen Kern, der Fleischsaft ist rosa.

ABBACKEN (AUSBACKEN) Garen und Bräunen in der Pfanne oder im Topf in reichlich Fett oder im Fett schwimmend bei 160–180 °C.
siehe auch **FRITTIEREN**

ABBARTEN → **ENTBARTEN**

ABBRENNEN Teigmasse (etwa Brandteig) im Topf bei mäßiger Hitze so lange mit dem Holzlöffel rühren, bis sie einen homogenen Klumpen bildet und sich vom Topfboden löst.

ABBRÖSELN Kalte Butter und Mehl miteinander verreiben, ohne dass sich die Masse erwärmt, bis sich kleine Brösel bilden.

ABBRÜHEN → **BLANCHIEREN**

ABDÄMPFEN Nach dem Garen abgetropftes Gemüse, Kartoffeln, Reis oder Teigwaren im Kochgeschirr über der heißen Herdplatte schwenken, bis das Kochwasser verdampft ist.

ABDREHEN → **TOURNIEREN**

ABFETTEN → **EINFETTEN**, → **ENTFETTEN**

ABFLAMMEN → **FLAMBIEREN**

ABGIESSEN Um die Einweich- oder Kochflüssigkeit abfließen zu lassen und das Gargut zu trocknen, es durch ein Sieb, das eventuell mit einem Tuch ausgelegt ist, in ein anderes Gefäß schütten.

ABHÄNGEN Das Lagern im Kühlraum oder auf Eis von Fleisch, Wild oder Wildgeflügel nach dem Schlachten, damit es fester und mürbe wird.
siehe auch **ABLAGERN**

ABKLÄREN → **KLÄREN**

ABLAGERN Fleisch von Schlachttieren, Wildbret oder Wildgeflügel vor der Zubereitung eine Zeit lang kühl lagern, damit es zarter wird.
siehe auch **ABHÄNGEN**

ABLÖSCHEN (DEGLACIEREN) Angebratenes wie Fleisch, Knochen oder Gemüse mit einer heißen oder kalten Flüssigkeit (Brühe, Fond, Wasser, Wein, Milch u. a.) übergießen, eventuell Bratsatz schabend loskochen. Gibt ein kräftiges Aroma. Auch: Flüssigkeit zu Mehlschwitze oder Karamell unter Rühren zugießen.

ABRAHMEN (ABSAHNEN, ECREMER, ENTRAHMEN) Die dickflüssige und fette obere Schicht von der Milch abnehmen.

ABRÖSTEN → **RÖSTEN**

ABRÜHREN Einen Teig bis zur gewünschten Beschaffenheit rühren. Auch: Eine flüssige Mischung bis kurz vor dem Aufkochen rühren.

ABSAHNEN → **ABRAHMEN**

ABSCHÄUMEN (ABSCHÖPFEN) Von einer Flüssigkeit das durch das Aufkochen geronnene Eiweiß und Trübstoffe mit einem Schaumlöffel oder einer flachen Kelle von der Oberfläche entfernen. Auf diese Weise werden z. B. Fonds, Suppen, Saucen oder Marmeladen klarer, reiner und geschmeidiger.

ABSCHLAGEN Eine Creme oder Sauce unter ständigem Schlagen mit dem Schneebesen im Wasserbad langsam erwärmen, bis sie bindet. Auch: Aufgegangenen Hefeteig durchkneten, bis im Teig keine Luftblasen mehr vorhanden sind.

ABSCHMÄLZEN (ABSCHMELZEN) Gegarte – insbesondere fettarme – Nahrungsmittel, z. B. Gemüse, Salzkartoffeln, Spätzle, mit heißer, leicht gebräunter Butter übergießen.

ABSCHMECKEN Gegen Ende der Zubereitung ein Gericht auf Geschmack und Aroma prüfen und es gegebenenfalls mit Gewürzen/Würzzutaten verbessern.

ABSCHMELZEN → **ABSCHMÄLZEN**

ABSCHÖPFEN → **ABSCHÄUMEN**

ABSCHRECKEN Heiße Speisen mit kaltem Wasser übergießen oder darin eintauchen, um die Temperatur rasch zu senken, um ein Verkleben zu verhindern, um den Garprozess zu unterbrechen (grünes Gemüse behält seine Farbe) oder um bei Eiern das Schälen zu erleichtern.

ABSCHUPPEN → **SCHUPPEN**

Abschrecken *In vielen Rezepten wird empfohlen, Teigwaren abzuschrecken. Das ist aber nur nötig, wenn sie ohne Saucen als Beilage serviert werden.*

ABSENGEN Von gerupftem Geflügel vor dem Waschen die restlichen Flaumfedern über offener Flamme abbrennen.

ABSTECHEN Mit einem (oder zwei) Löffel(n) von einer Masse bzw. einem Teig kleine Klöße abnehmen, um sie in kochender Brühe oder heißem Fett zu garen.

Abstechen *Hier werden Klößchen von einer Hechtfarce abgestochen. Generell nimmt man mit einem kleinen Löffel etwas von der Farce ab und formt mit Hilfe eines zweiten Löffels daraus Klößchen. Dabei die Löffel immer wieder in kaltes Wasser tauchen. Die fertigen Klößchen in den Pochierfond gleiten und darin gar ziehen lassen.*

ABSTEIFEN (STEIF MACHEN) Das Verschließen von Kochgut – Fleisch, Geflügel, Innereien, Fisch – durch Anbraten, Bräunen oder durch Begießen mit siedendem Wasser. Auf diese Weise bleibt es bei der weiteren Zubereitung saftig. Bei Austern geschieht das Absteifen durch Erhitzen im eigenen Saft.

ABSTELLEN Einen Braten nach dem Garen eine Zeit lang warm gestellt ruhen lassen, damit er beim Aufschneiden nicht zu viel Saft verliert. siehe auch **DURCHZIEHEN LASSEN**

ABTROPFEN Auf einem Gitter, durch ein Sieb oder Tuch das Wasser oder Fett ablaufen lassen, das vom Waschen oder Garen stammt.

ABWÄLLEN/ABWELLEN → **BLANCHIEREN**

A

Zur Rose abziehen
Eine Creme nur bis kurz unter den Siedepunkt vorsichtig und unter Rühren erhitzen, so dass sie am Kochlöffel haftet und sich beim Daraufblasen ein schwaches Muster zeigt.

ABZIEHEN Synonym für → schälen. Auch: Eine Flüssigkeit, Suppe, Sauce leicht → binden.

ABZIEHEN, ZUR ROSE Bestimmte Konsistenz einer Eigelb-Creme: Die Creme unter Rühren bis kurz vor den Siedepunkt erhitzen, so dass sie am Kochlöffel leicht angedickt haften bleibt und sich beim Daraufblasen Kringel zeigen, die an die Form einer Rose erinnern.

AL DENTE Gargrad bei Teigwaren und Gemüse: gerade gar, aber noch bissfest.

ALTBACKEN Nicht mehr frische, sondern durch das Liegenlassen an der Luft trocken und hart gewordene Backwaren.

ANBRATEN (ANSAUTIEREN) Fleisch und Fisch bei starker Hitze in wenig Fett nur so lange braten und bräunen, bis sich die Poren schließen (Krustenbildung) und der Saft nicht mehr austreten kann. So bewahrt das Gargut am besten den Geschmack.

ANDÄMPFEN → ANDÜNSTEN

ANDÜNSTEN (ANDÄMPFEN) Gemüse, auch Fleisch oder Fisch in zerlassenem Fett bei mäßiger Hitze ohne Bräunung erhitzen, dann nur wenig Flüssigkeit zugeben. Bei Gemüse intensiviert sich dadurch die eigene Farbe und sie bleibt auch beim weiteren Garen gut erhalten.

ANGEHEN LASSEN (ANLAUFEN LASSEN, ANSCHWITZEN, ANZIEHEN LASSEN, BLONDIEREN) Ein Nahrungsmittel in heißem Fett anbraten, -dämpfen oder -dünsten, ohne dass es Farbe annimmt.
siehe auch **SCHWITZEN**

ANLAUFEN LASSEN → ANGEHEN LASSEN

ANRICHTEN Ein fertiges Gericht auf einem Teller, einer Platte, in einer Schüssel appetitlich herrichten und eventuell garnieren.

ANSÄUERN Eine Speise mit Essig oder Zitrussaft würzen, säuerlich machen.

ANSAUTIEREN → ANBRATEN

ANSCHLAGEN Bei der Zubereitung einer Masse verschiedene Zutaten cremig rühren.

ANSCHWITZEN → ANGEHEN LASSEN

ANWIRKEN Eine Rohmasse (z. B. Marzipan) mit Zucker oder aromatisierenden Zutaten vor dem Weiterverarbeiten verkneten.

ANZIEHEN LASSEN → ANGEHEN LASSEN

APRIKOTIEREN Dünnes Überziehen von fertig gebackenem Gebäck vor dem Glasieren

Aprikotieren *Zuckersirup und Aprikosenkonfitüre etwa um ein Drittel einkochen, durch ein feines Sieb streichen und bis zur Verwendung aufbewahren. Vor dem Bestreichen von Gebäck kurz erhitzen.*

ABZIEHEN – AUFZIEHEN

mit erwärmter glatter und nicht zu dicker Aprikosenkonfitüre, auch bei Obst auf Kuchen und bei Süßspeisen. Verhindert rasches Austrocknen und gibt Glanz, aufgestreute Mandelblättchen haften besser, Glasuren lassen sich leichter und sparsamer auftragen.

ARROSIEREN Begießen von Fleischstücken mit dem eigenen Bratenfett und –saft, eventuell durch ein Sieb.

ASSAISONIEREN → **WÜRZEN**

AUFBACKEN (AUFKROSSEN) Backwaren oder altbackenes Brot wieder erhitzen – idealerweise vorher mit Wasser befeuchten –, damit sie erneut frisch schmecken.

AUFGIESSEN Benötigte Flüssigkeitsmenge nach und nach kalt, heiß oder kochend, je nach Art der Speise, zugeben.

AUFKOCHEN Eine Flüssigkeit zum Kochen bringen.

AUFKROSSEN → **AUFBACKEN**

AUFLÖSEN, VON GELATINE Gelatineblätter in kaltem Wasser quellen lassen, gut ausdrücken und unter ständigem Rühren in Flüssigkeit erhitzen und auflösen. Gemahlene Gelatine vor dem Einrühren und Auflösen in der Speise lediglich in wenig Wasser quellen lassen.

AUFMIXEN Feines Pürieren einer Speise (Sauce, Suppe, Dip usw.), wodurch eine Emulsion und lockere Konsistenz entsteht. Auch: In eine Sauce oder Suppe kalte Butter einrühren, um eine Bindung herzustellen.
siehe auch **AUFMONTIEREN**, siehe auch **AUFSCHÄUMEN**

AUFMONTIEREN (MONTIEREN) Mit kalter Butter mixen, um eine Bindung bei Suppen und Saucen herzustellen.

Aufschlagen *Cremes werden meist im Wasserbad mit einem Schneebesen bei mittlerer Hitze gerührt beziehungsweise aufgeschlagen.*

AUFSCHÄUMEN Butter erhitzen, ohne dass sie bräunt. Auch: Eischnee, Saucen, Cremes mit dem Schneebesen, Handrührgerät oder Mixstab bearbeiten, bis sie locker luftig sind und ihr Volumen deutlich vergrößert ist.

AUFSCHLAGEN (Eier-)Cremes auf einem heißen Wasserbad mit dem Schneebesen schlagen, um ihnen Volumen und Bindung zu geben. Auch: Ein rohes Ei an eine harte Kante schlagen, um die Schale zu zerbrechen.

AUFSETZEN Zutaten in Flüssigkeit im Topf zum Garen auf den Herd stellen. Kaltes Aufsetzen (kalte Flüssigkeit) zieht Aroma heraus, heißes Aufsetzen (vor dem Zugeben der Zutaten bereits erhitzte Flüssigkeit) verhindert das Auslaugen der Zutaten.

AUFTAUEN Gefrorenes am besten rechtzeitig aus dem Tiefkühlgerät nehmen und im Kühlschrank auftauen, bei Zeitmangel im Mikrowellengerät bei niedrigster Leistung oder – wasserdicht verpackt – im heißem Wasserbad (Wasser öfter wechseln).

AUFZIEHEN Zum Verfeinern in einen Brei, eine Sauce oder Creme Butter und/oder Sahne einrühren. Auch: Quellen und Garen von meist stärkehaltigen Nahrungsmitteln in Flüssigkeit im Backofen.

453

AUSBACKEN → ABBACKEN, → FRITTIEREN

AUSBEINEN (AUSLÖSEN, ENTBEINEN)
Aus rohen Fleischstücken die Knochen ganz oder teilweise mit einem scharfen (Ausbein-)Messer entfernen, ohne dabei das Fleisch zu verletzen.

AUSBRATEN → AUSLASSEN

AUSBRÖSELN Eine gefettete Backform mit Semmelbröseln, Flocken, Kleie u. Ä. ausstreuen.

AUSDRÜCKEN → ENTSAFTEN

AUSFUTTERN (AUSFÜTTERN, AUSLEGEN) Auskleiden einer Form mit dünn ausgerolltem Teig oder mit dünnen Speckscheiben.

AUSGRÄTEN → ENTGRÄTEN

AUSKEHLEN Bei Obst/Gemüse mit einem speziellen Messer dekorativ (partiell) aushöhlen, Stücke herausschneiden. Auch: Bei Fisch nach einem Schnitt an der Kehle Kiemen, Herz und Eingeweide herausziehen.
siehe auch AUSNEHMEN

AUSKLEIDEN → CHEMISIEREN

AUSLASSEN (AUSBRATEN) Speck anbraten, bis er eine goldbraune Farbe hat und das Fett austritt. Das ausgelassene Fett kann zum Braten weiterverwendet werden.

Ausnehmen *Falls der Fisch nicht bereits küchenfertig gekauft wurde, muss man ihn an der Unterseite aufschneiden und alle Eingeweide entfernen. Dann die Bauchhöhle salzen und pfeffern.*

AUSLEGEN → AUSFUTTERN

AUSLÖSEN → AUSBEINEN

AUSNEHMEN Die Eingeweide eines Tieres herauslösen. Beim Geflügel z. B. mit der Schere die Haut neben der Darmöffnung aufschneiden, von Hand die Eingeweide und das Fett von der Bauchdecke lösen und alles zusammen herausziehen. Fische kann man zum Ausnehmen am Rücken, am Bauch oder an der Kehle öffnen.
siehe auch **AUSKEHLEN**

AUSPALEN (ENTSCHOTEN) Hülsenfrüchte aus den Schalen lösen. Wird umgangssprachlich auch Döppen genannt.

AUSPOLSTERN → CHEMISIEREN

AUSPRESSEN → ENTSAFTEN

AUSROLLEN (AUSWALKEN, AUSWELLEN) Einen Teig mit einem Rollholz auseinandertreiben, bis er die benötigte Form und gleichmäßig die gewünschten Stärke hat.

AUSSTECHEN Aus einer mehr oder weniger dünn ausgerollten Teigplatte mit einer Form Plätzchen ausstechen. Auch: Gemüse(-scheiben) eine bestimmte Form geben. Auch: Fleischstücke nach dem gemeinsamen Garen mit anderen Zutaten aus dem Gargefäß nehmen.

AUSSTREUEN Ein gefettetes Blech oder eine gefettete Form gleichmäßig mit (Panier-)Mehl, Semmelbröseln, Zucker, gemahlenen Nüssen, Mandelblättchen o. Ä. bestreuen.
siehe auch **BESTAUBEN**, siehe auch **EINMEHLEN**

AUSWALKEN → AUSROLLEN

AUSWEIDEN Die Eingeweide aus dem Wildkörper, auch aus Fischen entfernen.
siehe auch **AUSNEHMEN**

AUSBACKEN – BLAUKOCHEN

Ausrollen *Zum Ausrollen eines Nudelteiges die Arbeitsfläche mit wenig Mehl bestreuen und mit ebenfalls bemehlter Teigrolle den Teig in alle Richtungen bis zur gewünschten Dicke ausrollen.*

AUSWEINEN LASSEN Gemüse wie Auberginen, Gurken oder Rettiche einsalzen und damit den bitteren Saft herausziehen.
siehe auch **DEGORGIEREN**

AUSWELLEN → AUSROLLEN

BACKEN Garen von Speisen oder Nahrungsmitteln mit leichter oder stärkerer Bräunung offen und ohne Fettzugabe in heißer Luft. Auch: Garen in schwimmendem Fett.
siehe auch **FRITTIEREN**

BAIN-MARIE (WASSERBAD) Ein zum Teil mit Wasser gefüllter Behälter mit gelochtem Einsatz, auf den Gefäße mit Suppen, Saucen, Beilagen usw. gestellt und heiß gehalten werden können, ohne dass der Inhalt kocht, anbrennt oder gerinnt.

BARDIEREN (LARDIEREN) Belegen oder Umwickeln von magerem (Wild-)Geflügel, Fleisch und Fisch vor dem Braten mit dünnen Scheiben von fettem Speck, damit das Fleisch nicht austrocknet. Dient auch der Geschmacksgebung. Speck wird vor dem Servieren entfernt.

BEIZEN Einlegen von rohem Fleisch in eine gut abgeschmeckte säuerliche Flüssigkeit. Macht das Fleisch mürbe und gibt ihm einen typischen, würzigen Geschmack.
siehe auch **MARINIEREN**

BESTAUBEN (BESTÄUBEN) Auf Gebäck zur Verzierung Puderzucker sieben. Auch: Fleisch oder Fisch mit einer hauchdünnen Mehlschicht bestreuen, damit sich beim Anbraten eine dünne Kruste bildet.

BIEN CUIT → DURCHGEBRATEN

BINDEN (LEGIEREN, LIIEREN) Andicken von Flüssigkeiten wie Suppen, Saucen, Cremes durch Einrühren von Bindemitteln (z. B. Mehl, Stärkemehl, Mehlbutter, Sahne, Eigelb, Blut).

BLANCHIEREN (ABBRÜHEN, ABWÄLLEN/ABWELLEN, BRÜHEN, ÜBERBRÜHEN) Rohes Kochgut kurz in sprudelnd kochendes Wasser tauchen oder damit überbrühen. Intensiviert z. B. die Farbe, baut unverträgliche bzw. unangenehm schmeckende Stoffe ab, macht Gemüse weicher, besser schälbar.

Zuckerschoten blanchieren *Die geputzten Schoten in reichlich kochendes Salzwasser geben und kurz sprudelnd aufkochen. In einer Schüssel mit Eiswasser abschrecken. So behalten sie ihre Farbe.*

BLAU (BLEU, BLUE, RAW) Garstufe des Fleisches: nur gerade angebraten, Fleisch innen noch roh, Fleischsaft von dunkelroter Farbe.

BLÄUEN → BLAUKOCHEN

BLAUKOCHEN (BLÄUEN) Frische Süßwasserfische mit schleimiger Haut, z. B. Forelle, Hecht, Karpfen, Renke, Saibling, Schleie, Wels mit möglichst unverletzter Schleimschicht und ungeschuppt im Essigsud schonend gar ziehen lassen (die Haut verfärbt sich bläulich).

BLEU → **BLAU**

BLINDBACKEN (LEERBACKEN, VORBACKEN) Das Vorbacken von Teigböden (z. B. aus Mürbeteig, Pastetenteig) ohne die Füllung. Um ein Aufblähen des Teiges zu verhindern, füllt man kleine getrocknete Hülsenfrüchte (Erbsen, Linsen) ein, die nach dem Backen herausgenommen werden.

Blindbacken Die mit Teig ausgelegte Backform mit Pergamentpapier belegen, mit getrockneten Hülsenfrüchten füllen. Bei 180 °C 10 Minuten vorbacken, Papier und Hülsenfrüchte entfernen, den Teigboden füllen und fertig backen.

BLONDIEREN → **ANGEHEN LASSEN**

BLUE → **BLAU**

BLUTIG (RARE, SAIGNANT) Garstufe des Fleisches: Fleisch im Kern noch blutig, ansonsten rosa, Fleischsaft von rötlicher Farbe.

BRAISIEREN (BRÄSIEREN) Halb braten, halb schmoren in Bratensaft oder Brühe (Braise), dabei regelmäßig mit der Flüssigkeit übergießen. In einigen Ländern auch synonym für dünsten, dämpfen, kurzbraten.
siehe auch **SCHMOREN**

BRANDIG Teig, der die Bindung verloren hat.

BRÄSIEREN → **BRAISIEREN**

BRATEN Garmethode, bei der Gemüse, Eier, Fleisch, Fisch u. a. unter Zugabe von Fett in einem Bratgeschirr auf dem Herd oder im Backofen oder auf/unter dem Grill gegart werden und dabei bräunen.
siehe auch **KURZBRATEN**, siehe auch **SAUTIEREN**

BRÄUNEN Gargut durch Anbraten, Rösten, Überbacken, Grillieren braun werden lassen; verschließt die Oberfläche und verleiht ein charakteristisches Röstaroma.

BRIDIEREN Binden von Geflügel, damit es beim Braten in der gewünschten Form bleibt und gleichmäßig gart.
siehe auch **DRESSIEREN**

BRÜHEN → **BLANCHIEREN**

CANNELIEREN → **KANNELIEREN**

CHAUD-FROID; CHAUDFROID Warm zubereitetes Fleisch, Geflügel, Wild, Fisch u. a., das kalt serviert wird, etwa auf einem Buffet oder als Vorspeise.

CHEMISIEREN (AUSKLEIDEN, AUSPOLSTERN) Eine Form mit Teig auslegen, mit Farce ausstreichen oder mit Gelee ausgießen, bevor die Füllung hineingegeben wird. Auch: Eine Speise mit Überzug versehen.

CISELIEREN → **ZISELIEREN**

CLARIFIZIEREN → **KLÄREN**

COLORIEREN → **FÄRBEN**

CONFIT Im eigenen Fett eingemachtes Fleisch, Geflügel, auch Gemüse.

CONFIEREN → **KONFIEREN**

BLEU – DURCHDREHEN

Dekorieren *Garnituren aus Fruchtpüree machen Desserts oder Gebäck zum optischen Erlebnis. Weiße Linien auf Fruchtpürees lassen sich gut mit Milchprodukten wie Joghurt (mit hohem Fettgehalt), Crème fraîche oder Schmand zaubern.*

DAMPFDRUCKGAREN (DRUCKGAREN)
Garen über oder in wenig Wasser in einem speziellen Topf bei 100–120 °C unter Dampfüberdruck. Verkürzt die Garzeit, schont die Nährstoffe, erhält den Geschmack.

DÄMPFEN Garen von Nahrungsmitteln in Wasserdampf bei etwa 100 °C im geschlossenen Topf auf einem Siebeinsatz oder im Dampfkochtopf. Wertvolle Inhaltsstoffe und das Aroma bleiben besser erhalten als beim Kochen. Geeignet sind fast alle fettarmen Nahrungsmittel, z. B. Gemüse, Fisch, Geflügel, Getreideprodukte.
siehe auch **DÜNSTEN**

DARREN (DÖRREN) An der Luft oder mit Heißluft trocknen; wird vor allem bei pflanzlichen Produkten angewandt.

DARUNTERRÜHREN → UNTERRÜHREN

DEGLACIEREN → ABLÖSCHEN

DEGORGIEREN Wässern von Fleisch, Knochen, Hirn, Bries oder Nieren, um Unreinheiten, auch Blut bzw. unangenehmen Geschmack zu entfernen. Auch: Bestimmten Gemüsen wie Gurke, Kohl durch Bestreuen mit Salz das pflanzliche Wasser und Bitterstoffe entziehen und sie damit verdaulicher machen.
siehe auch **AUSWEINEN LASSEN**

DEGRAISSIEREN → ENTFETTEN

DEKORIEREN Eine Speise verzieren (zumeist mit Zutaten, die nicht mitverzehrt werden), damit sie für Auge und Geschmack anregend wirkt.

DÖRREN → DARREN

DRESSIEREN (FAÇONNIEREN) Bei Geflügel, Fleisch, Fisch: Vor dem Braten mit Hilfe von Küchengarn in die ursprüngliche oder in eine gewünschte besondere Form bringen, so dass die Stücke kompakt sind und gleichmäßig garen. Auch: Eine Masse mit Spritzbeutel und Tülle in eine bestimmte Form spritzen.
siehe auch **BRIDIEREN**

DRUCKGAREN → DAMPFDRUCKGAREN

DÜNSTEN Das Kochgut zunächst in zerlassenem Fett wenden, Fleisch nach Belieben leicht anbräunen, im eigenen Saft oder nach Zugabe von wenig kochender Flüssigkeit zugedeckt bei geringer bis mäßiger Hitze (etwa 100 °C) garen. Als schonendste und besonders leicht verdauliche Zubereitungsweise wird es in der Krankenkost bevorzugt und eignet sich für fast alle Nahrungsmittel.
siehe auch **DÄMPFEN**, siehe auch **POELIEREN**

DURCHDREHEN (FASCHIEREN, KUTTERN) Durch den Fleischwolf drehen.

Geflügel dressieren *Flügel einschlagen, Küchengarn um die Unterschenkel führen und überkreuzen. Den Faden seitlich entlang der Unterschenkel zu den Flügeln führen, straff ziehen.*

Eierprobe *Links ein frisches Ei, das in 10%iger Kochsalzlösung bis auf den Boden sinkt. Rechts ein Ei, das schon mehrere Monate alt sein kann – die Luftkammer im Inneren ist durch das Poröswerden von Schale und anliegenden Häuten stark vergrößert und hält das Ei schwimmend.*

DURCHGEBRATEN (WELL-DONE, BIEN CUIT) Garstufe des Fleisches: Fleischfarbe rosa bis grau, Fleischsaft fließt nicht mehr.

DURCHPASSIEREN → PASSIEREN

DURCHRÜHREN Mehrere Zutaten so lange verrühren, bis sie gut vermischt sind. Auch: Eine Masse nach dem Ruhen durchmischen, bis sie wieder eine homogene Konsistenz hat.

DURCHSCHWENKEN Gegarte Zutaten, insbesondere Gemüse und/oder Teigwaren, in heißer Butter kurz vermischen.

DURCHSEIHEN (DURCHSTREICHEN) Kochgut in ein Sieb geben, flüssige Bestandteile ablaufen lassen. Auch: Kochgut durch ein Sieb drücken, damit es sämig wird.
siehe auch **PASSIEREN**

DURCHSTREICHEN → DURCHSEIHEN, → PASSIEREN

DURCHZIEHEN LASSEN Ein (trockeneres) Nahrungsmittel, eine Speise, einen Teig, eine Mischung mit einer aromatischen Flüssigkeit durchdringen lassen. Insbesondere: Bratgut nach dem Garen (in Folie eingewickelt) etwas ruhen lassen, damit der ausgelaufene Saft zurückfließen kann und das Fleisch saftig bleibt.

ECREMER → ABRAHMEN

EGALISIEREN Stücke/Teile von Nahrungsmitteln, insbesondere von Gemüse, in die gleiche Form schälen oder zuschneiden.

EIER KOCHEN Am stumpfen Ende die Schale mit einer Nadel anstechen, Eier ins sprudelnde Wasser legen und je nach gewünschtem Gargrad 3–10 Min. kochen lassen.
siehe auch **ABSCHRECKEN**

EIERPROBE Rohe Eier ins Salzwasser legen: Gehen sie unter und bleiben waagerecht am Boden liegen, sind sie frisch.

EINBRENNEN Mehl in Fett lichtgelb oder kräftiger anrösten, mit Flüssigkeit aufgießen, glatt rühren, bei mäßiger Hitze garen. Auch: Gegartes mit dieser Einbrenne sämig machen.

EINDICKEN → REDUZIEREN

EINFETTEN (ABFETTEN, ENGRAISSIEREN, GRAISSIEREN) Gargefäß, Blech mit Fett, Öl bestreichen.

EINFRIEREN → TIEFKÜHLEN

EINKOCHEN → REDUZIEREN, → EINWECKEN

EINLEGEN Nahrungsmittel in Salz(lake), in essigsaure Flüssigkeit, Öl oder Marinade legen, um sie haltbar und würzig zu machen.
siehe auch **MARINIEREN**

EINMACHEN → EINWECKEN

EINMEHLEN (MEHLEN) Kuchenbrett, Kuchenrolle, Kochgeschirr mit Mehl bestauben,

DURCHGEBRATEN – FARBE GEBEN

damit der Teig nicht klebt. Bestauben von Fleisch, Fisch usw. vor dem Braten mit Mehl.
siehe auch **AUSSTREUEN**, siehe auch **BESTAUBEN**

EINWÄSSERN (WÄSSERN) Ein Nahrungsmittel längere Zeit in Wasser legen, um unerwünschten Geschmack zu beseitigen.
siehe auch **DEGORGIEREN**

EINWECKEN (EINKOCHEN, EINMACHEN) Nahrungsmittel bei 75–100 °C in Gläsern (Einweckgläser, Twist-off-Gläser) oder in speziellen Dosen im Wasserbad garen und verschlossen abkühlen lassen, so dass die Gefäße anschließend luftdicht verschlossen sind.

EINWEICHEN Nahrungsmittel eine Zeit lang in Wasser legen, damit sie weich werden für die Weiterverarbeitung (Brot, Trockenfrüchte) bzw. sich die Garzeit verkürzt (Hülsenfrüchte), damit sich Schmutz leichter löst oder auch überschüssiges Salz ausgelaugt wird (Stockfisch).

EMINCIEREN → SCHNETZELN

EMULGIEREN Eine Masse durch Schlagen im Mixer, mit dem Schneebesen oder mit den Rührbesen der Küchenmaschine gut vermischen.

Entbarten *Von den vorher gründlich gewaschenen (Mies-)Muscheln den Bart – die Haftfäden, mit denen sich die Tiere an Pfähle, Taue oder Felsen heften – mit Daumen und Zeigefinger abziehen.*

ENGRAISSIEREN → EINFETTEN

ENGLISCH → ROSA

ENTBEINEN → AUSBEINEN

ENTBARTEN (ABBARTEN) Haftfäden von Muscheln vor dem Garen entfernen.

ENTFETTEN (ABFETTEN, DEGRAISSIEREN) Nach dem Braten das überschüssige Fett abgießen. Auch: Von heißen Flüssigkeiten das Fett abschöpfen oder mit Küchenpapier absaugen, von kalten Flüssigkeiten das erstarrte Fett von der Oberfläche abheben.

ENTGRÄTEN (AUSGRÄTEN) Fische von den Gräten befreien.

ENTRAHMEN → ABRAHMEN

ENTSAFTEN (AUSDRÜCKEN, AUSPRESSEN) Durch Schleudern, Pressen, Ausdrücken, per Hand oder maschinell, den Saft aus Obst und Gemüse herausziehen.

ENTSCHOTEN → AUSPALEN

FAÇONNIEREN → DRESSIEREN

Einwecken *Kompott noch heiß in saubere Gläser füllen und diese sofort verschließen.*

FARBE GEBEN Anbraten/Rösten bei nicht zu starker Hitze, bis das Gargut bräunlich ist.

FÄRBEN (COLORIEREN, KOLORIEREN)
Fleisch an der Oberfläche goldgelb karamellisieren. Auch: Einem Gericht mit Gemüse(püree), z. B. Spinat, Tomaten, oder Gewürzen, etwa Paprikapulver, Safran, Farbe geben.

FARCIEREN Füllen oder Ausstreichen des Inneren von Fleischstücken, Fischen, ausgehöhltem Gemüse, Bestreichen von Crêpes u. a. meist vor dem Garen, aber auch kalt, mit einer Masse.

FASCHIEREN → DURCHDREHEN

FILETIEREN Ablösen der Fischfilets von den Gräten, meist nach vorherigem Häuten. Ablösen des Muskelstrangs von Schlachttieren oder Wild beiderseits des Rückgrats.

FILIEREN Bei Zitrusfrüchten das Fruchtfleisch aus den Trennhäuten herausschneiden. Die Schale vorher großzügig abschneiden.

Filieren *Die Zitrusfrucht mit einem scharfen Messer großzügig bis ins Fruchtfleisch schälen, die Segmente zwischen den Trennhäuten auslösen.*

FILTERN (FILTRIEREN) Abseihen einer Flüssigkeit durch einen Filter, ein Leinentuch oder Filterpapier, wobei feste Bestandteile zurückgehalten werden.

FLAMBIEREN (ABFLAMMEN) Gegarte Speisen wie Fleisch, Omeletts oder Desserts mit hochprozentigem Alkohol übergießen und diesen abbrennen; zurück bleibt das feine Aroma der Spirituose.

Gefüllte Eier frittieren *Eihälften bemehlen und in Eigelb wenden. Vorsichtig mit Hilfe einer Schaumkelle in 180 °C heißes Öl gleiten lassen und in etwa 3 Minuten goldbraun ausbacken.*

FRAPPIEREN Eine Speise oder ein Getränk mit Hilfe von Eisstücken oder auch im Kühlschrank, Gefriergerät stark abkühlen.

FRITTIEREN (AUSBACKEN) Fleisch-, Geflügel-, Gemüse- oder Obststücke, eventuell paniert oder von Backteig umhüllt, schwimmend in heißem Fett bei 140–190 °C (ggf. im Siebeinsatz eines Frittiergeschirrs) goldbraun backen.

GAREN Das Zubereiten von Nahrungsmitteln durch Erhitzung, um sie gar, genießbar, leichter verdaulich und schmackhaft zu machen.

GARNIEREN Ein Gericht mit (essbaren) Zutaten, z. B. Eiern, Kräutern, Pilzen, Obst belegen, umlegen oder verzieren.

GAR SCHWENKEN → SAUTIEREN

GAR ZIEHEN (LASSEN) → POCHIEREN

GELIEREN Festigen von Flüssigkeiten und leichten Speisen durch Gelatine oder Agar-Agar. Auch: das Festwerden von Geleespeisen, Aspik, Fleischglace u. Ä. beim Erkalten.

GEFRIEREN → TIEFKÜHLEN

GIVRIEREN Das Vorkühlen eines Glases oder anderen Gefäßes mit Eiswürfeln. Auch: Eine

FÄRBEN – KLARKOCHEN

Speise mit geraspeltem, eventuell auch gezuckertem Eis bedecken, füllen.

GLACIEREN (ÜBERGLÄNZEN) Fleisch und Geflügel während des Bratens mit dem eigenen Fond oder Fleischextrakt (durch ein Sieb) übergießen und leicht ablöschen, um ihm Glanz zu verleihen. Auch: Zuckerhaltige Gemüse mit Fond vom Dünsten oder mit Wasser überziehen. Bei kalten Speisen: Mit Gelee überziehen. Wird oft für Glasieren (siehe unten) verwendet.

GLASIEREN (ÜBERGLÄNZEN) Überziehen von Torten, Kuchen und Gebäck mit Zuckerguss oder Schokolade für Geschmack und Dekor. Auch: Das Einlegen von Früchten in Zuckersirup. Wird oft für Glacieren (siehe oben) verwendet.

GLASUR Glänzender Überzug.

GRAISSIEREN → **EINFETTEN**

GRATINIEREN (ÜBERKRUSTEN, ÜBERBACKEN) Bräunen der Oberfläche von Speisen, die z. B. mit Butter, Ei(masse), Sahne oder Käse(masse) bedeckt sind, durch Überbacken bei guter Oberhitze im Backofen bzw. unter dem Grill, bis eine Kruste entstanden ist. Auch: Einer Baiser- oder Makronenmasse durch kurzes Überbacken bei starker Oberhitze unter dem Grill Farbe geben.

GRILLEN (GRILLIEREN) Das Garen von fettarmen, aber ungepökelten und ungeräucherten Fleischteilen und Würsten, von Geflügel, Fisch, Gemüse und Obst durch Strahlungshitze bei etwa 350 °C.

HACKEN Zerkleinern von Nahrungsmitteln durch kurze Schläge mit einem scharfen Messer oder durch Hin- und Herbewegen eines Wiegemessers. (siehe Bild)
siehe auch **WIEGEN**

HOBELN → **SCHNEIDEN**

KANDIEREN Früchte oder Zitrusfruchtschalen mit konzentrierter Zuckerlösung überziehen oder sie darin einlegen, durch und durch tränken und trocknen lassen.

KANNELIEREN (CANNELIEREN) Bei Gemüse, z. B. Zucchini, Möhren, Champignons, oder Früchten für dekorative Zwecke mit einem geeigneten Messer (Ziselierer) Riefen, Rillen, Zacken einschneiden.

KARAMELLISIEREN Zucker – meist ohne Fettzugabe – in einer Pfanne schmelzen, bis er zu schäumen beginnt, und bräunen. Auch: Überziehen von Mandeln, Nüssen, Möhren, Zwiebeln und anderen Nahrungsmitteln mit geschmolzenem Zucker durch das Wenden darin.

KLÄREN (ABKLÄREN, CLARIFIZIEREN, KLARIFIZIEREN) Bei Brühen, Suppen, Säften und Gelees alle trübenden Bestandteile entfernen. Mit Hilfe von rohem Eiweiß, fein gehacktem Fleisch oder Fisch werden diese Stoffe gebunden.

KLARIFIZIEREN → **KLÄREN**

KLARKOCHEN Flüssigkeiten so lange kochen, bis der Schaum mit Fett und Unreinheiten abgeschöpft werden kann.

Hacken *Kräuter aller Art lassen sich mit einem Wiegemesser besonders gut und fein hacken beziehungsweise »wiegen«.*

461

Kneten *Hefeteig gründlich kneten: ihn mit dem Handballen auseinander drücken, zusammenschlagen, drehen, wieder auseinander drücken ...*

KNETEN Teig mit den Händen unter Drücken, Wenden oder mit den Knethaken der Küchenmaschine bearbeiten. Dient dem homogenen Vermischen der Zutaten, der Verbindung der Zutaten und der Ausbildung eines Teiggerüsts.

KÖCHELN Eine Flüssigkeit bei schwacher Hitze gerade am Wallen halten.

KOCHEN In bis zum Siedepunkt erhitztem Wasser garen. Auch: Synonym für garen.
siehe auch **SIEDEN**, siehe auch **GAREN**

KOLORIEREN → **FÄRBEN**

KONFIEREN (CONFIEREN) Haltbarmachen bestimmter Nahrungsmittel durch spezielle Methoden: Fleisch und Geflügel durch Einmachen im eigenen Fett, Gemüse durch Einlegen in Essig, Früchte durch Einlegen in Branntwein oder durch Anreichern mit Zuckerlösung.

KONSERVIEREN Durch Kühlen, Tiefgefrieren, Erhitzen, Trocknen, Pökeln, Räuchern, Salzen, Säuern, Zuckern, Alkoholisieren haltbar machen. So können mikrobiologische und biochemische Reaktionen verhindert oder verlangsamt und der Verderb stark verzögert werden.

KURZBRATEN Schnelles Garen und Bräunen in wenig heißem Fett in der offenen Pfanne.
siehe auch **SAUTIEREN**

KUTTERN → **DURCHDREHEN**

LARDIEREN → **BARDIEREN**

LEGIEREN → **BINDEN**

LEISE SIEDEN → **SIMMERN**

LIIEREN → **BINDEN**

MACERIEREN → **MAZERIEREN**

MAHLEN Nahrungsmittel wie Getreide, Nüsse, Samen, trockenes Brot usw. mit einer geeigneten Mühle mehr oder weniger fein zerkleinern.

MARINIEREN Fleisch, Fisch, Gemüse, Obst in eine würzige Mischung, etwa von Öl, Essig, Zitronensaft, Wein (auch anderen würzigen Flüssigkeiten) und Würzzutaten legen oder damit einreiben. Verleiht Geschmack, macht sie mürbe oder haltbar. Es gibt auch reine Ölmarinaden (die lediglich gewürzt sind) sowie trockene Marinaden, die nur aus Gewürzen bestehen, mit denen das Nahrungsmittel eingerieben wird.

MASKIEREN → **NAPPIEREN**

MAZERIEREN (Süß-)Speise mit aromatischer Spirituose tränken und ziehen lassen. Auch: Kurzes Beizen von Fleisch durch Einlegen in Wein, Essig, Öl oder Zitronensaft und Gewürzen.

MEDIUM Garstufe des Fleisches: Fleisch durchgehend rosa, heller, fast klarer Fleischsaft.

MEHLEN → **EINMEHLEN**

MELANGIEREN Mehrere Zutaten vermischen, vermengen, unterziehen.

MELIEREN Unterziehen, ohne zu vermischen.

MIXEN Zutaten rasch, aber gründlich im Mixer, in der Küchenmaschine oder im Schüttelbecher,

KNETEN – PIKIEREN

auch mit dem Pürierstab, vermischen.
siehe auch **QUIRLEN**

MODELLIEREN Formen einer Masse.

MONTIEREN → AUFMONTIEREN

MÜLLERIN-ART Ganze Fische oder Fischfilets, auch Garnelen, Muschelfleisch in Mehl wenden und sofort in schäumender Butter in der Pfanne rundum knusprig braten.

NAPPIEREN (MASKIEREN, ÜBERZIEHEN) Überziehen, Überstreichen von Fleisch, Fisch oder Gemüse mit Sauce, Fond oder Butter, von süßen Speisen auch mit einer Creme-, Gelee- oder Marmeladenschicht.

PANIEREN Meist bereits portionierte Nahrungsmittel zunächst in wenig Mehl, dann in verschlagenem Ei (auch in flüssiger Butter oder Milch) und anschließend in Paniermehl bzw. Semmelbröseln (oder auch in gemahlenen Nüssen) wenden, dann sofort in heißem Fett backen. Begünstigt eine rasche und starke Krustenbildung, das Backgut bleibt saftiger. Auch: Nahrungsmittel mit Ausbackteig umhüllen.

PAPRIZIEREN Kräftiges Würzen einer Speise mit Paprikapulver.

Schnitzel panieren *Das Fleisch in Mehl wenden, überschüssiges Mehl abklopfen. Die Schnitzel anschließend so durch verquirlte Eier ziehen, dass sie vollständig von Ei umhüllt sind. Zuletzt in Semmelbröseln wenden und diese leicht andrücken.*

PARFÜMIEREN Ein Gericht durch den Zusatz eines wohlschmeckenden Aromas (in Form von Essenzen, Gewürzen, Wein, Spirituosen usw.) verfeinern.

Parieren *Auf diesem Bild wird Roastbeef sorgfältig von Fettauflage und Sehnen befreit.*

PARIEREN Fett, Haut, Sehnen, Schalen, zarte Trennhäute usw. bei Fleisch, Geflügel, Fisch, Meeresfrüchten, auch Gemüse entfernen bzw. abschneiden und das Nahrungsmittel dabei gleichzeitig für den küchenfertigen Zustand in Form schneiden.

PASSIEREN (DURCHPASSIEREN, DURCHSCHLAGEN) Weiche Nahrungsmittel oder Speisen durch ein Sieb streichen, um sie sämig zu machen und feste Bestandteile zurückzuhalten. Auch: Flüssigkeiten durch ein Haarsieb oder Tuch gießen und damit auch kleinste feste Bestandteile entfernen.

PFANNENRÜHREN Garmethode, bei der in feinste Streifen geschnittene Nahrungsmittel (z. B. von Fleisch, Fisch oder Gemüse) sekundenschnell in sehr heißem Fett – bevorzugt im Wok – unter ständigem Rühren gerade eben gar gebraten werden. (Foto siehe Seite 464)

PIKIEREN Fleisch, Gemüse, Früchte (vor dem Bestecken mit Speck oder Gewürzen) oder auch einen Teigboden (damit er sich beim Backen nicht aufbläht) anstechen.

PILIEREN Nahrungsmittel, Gewürze, Kräuter usw. im Mörser zerreiben, zerstoßen, zerquetschen und miteinander verbinden.

PLATTIEREN Eine Fleisch- oder Fischscheibe (Filet) vor dem Braten mit dem Handballen, dem Plattiereisen (am besten zwischen Folie) oder auch mit der stumpfen Seite des Küchenbeils flach klopfen, so dass sich zum einen das Gewebe lockert und das Stück zum anderen überall gleich dick ist. Das begünstigt ein rasches und gleichmäßiges Garen.

POCHIEREN (GAR ZIEHEN LASSEN) Ein Nahrungsmittel in reichlich Flüssigkeit unter dem Siedepunkt langsam garen, ziehen lassen. Die für Nährstoffe und Geschmack schonendste Garmethode, besonders geeignet für Eier, Klöße, Fisch, Füllungen, Saucen, Cremes und Biskuitmassen.

POELIEREN Eine Garmethode, bei der Fleisch in Fett, eventuell zusätzlich auf einem Gemüsebett im geschlossenen Kochgeschirr im Ofen oder auf dem Herd schonend gegart wird; mit leichter Farbgebung. Besonders gut geeignet für

Pürieren *Hier werden weich gekochte Möhren zunächst durch ein Sieb passiert, dann mit Eigelb verrührt und püriert. So entsteht mit Salz und Pfeffer gewürzt ein schmackhaftes Püree, das in derselben Weise auch mit anderen stärkereichen Gemüsesorten (Wurzelgemüse, Kürbis) zubereitet werden kann.*

zarte Fleischstücke, für helles Geflügelfleisch, Fisch und Federwild.

PÖKELN Haltbarmachen von rohem Fleisch mit Hilfe von Kochsalz und Nitrit, oft verbunden mit Lufttrocknen und/oder Räuchern. Intensiviert gleichzeitig den Geschmack, die natürliche rote Farbe des Fleisches bleibt (durch das Nitrit) erhalten.

PÜRIEREN Weiche Nahrungsmittel – roh oder gekocht –, gegebenenfalls auch in einer Flüssigkeit oder unter Zugabe von Flüssigkeit, zu einem Brei zerdrücken, mixen oder stampfen.

QUELLEN Aufnahme von Wasser und dadurch bedingte Volumenvergrößerung bei Hülsenfrüchten, Getreide, Mehl, Teigwaren, Gelatine; kann durch kaltes Einweichen wie auch durch Garen in Wasser geschehen. Durch das Quellen werden Stoffe im Nahrungsmittel aufgeschlossen und sind damit leichter/schneller zu garen/zu verarbeiten und/oder besser verdaulich.

Pfannenrühren im Wok *Das Fleisch rundum anbraten, dann unter ständigem Rühren (Frühlings-)Zwiebeln und Knoblauch zugeben. Weiteres Gemüse, Geschmackszutaten wie Chili- und Ingwerstreifen sowie Garnelen zufügen, unter Rühren weiterbraten.*

QUIRLEN (VERQUIRLEN) Flüssigkeiten, flüssige Massen, Eier durch kräftiges Rühren mit dem Quirl, Mixer oder auch mit einer Gabel gut vermischen.
siehe auch **MIXEN**

PILIEREN – SCHABEN

RAFFELN → REIBEN

RARE → BLUTIG

RASPELN → REIBEN

RÄUCHERN Konservierungsverfahren, bei dem Fleisch, Wurst, Schinken, Geflügel, Fisch, Käse dem Rauch von glimmenden Holzspänen ausgesetzt werden. Der Rauch wirkt keimtötend, austrocknend (= konservierend) und verleiht dem Nahrungsmittel einen charakteristischen Geruch und Geschmack.

RAW → BLAU

REDUZIEREN (EINDICKEN, EINKOCHEN) Durch offenes Kochen bei großer Hitze den Wasseranteil von aromatischen Flüssigkeiten, in Sahne, Saucen, Suppen mehr oder weniger weit verdampfen lassen; intensiviert den Geschmack, macht die Flüssigkeit sämiger.

REFRAICHIEREN Abkühlen von gekochtem Fleisch oder Gemüse mit kaltem Wasser.
siehe auch ABSCHRECKEN

REIBEN (RAFFELN, RASPELN) Ein Nahrungsmittel wie Gemüse, Obst, Nüsse, Käse, Muskatnuss auf einer Reibe oder mit einem Schnitzelwerk sehr fein zerkleinern.

ROSA (ENGLISCH, A POINT) Garstufe des Fleisches: Fleisch in der Mitte noch blutig, rosa Fleischsaft.

ROSE, ABZIEHEN ZUR → ABZIEHEN, ZUR ROSE

RÖSTEN Starkes Erhitzen und Bräunen von Brot, Gemüse, Fleisch, Getreide, Nüssen, Gewürzen u. a. ohne Flüssigkeit und Fett auf dem Rost im Backofen oder unter dem Grill bzw. in der Pfanne auf dem Herd. Dient vor allem der Aromabildung.

Reiben *Zum Verfeinern und Binden von Rotkohlgemüse wird hier eine rohe Kartoffel auf der Rohkostreibe direkt in den Topf gerieben.*

RÜHREN (VERRÜHREN) Vermengen von Zutaten mit den Rührbesen der Küchenmaschine, mit Koch-, Rührlöffel u. Ä. zur Bereitung eines Teiges, oder – beim Kochen – das Gericht im Kochgeschirr durchmischen, damit die einzelnen Bestandteile nicht verklumpen bzw. nichts am Boden ansetzt.

SAIGNANT → BLUTIG

SAISIEREN Fleisch, Fisch oder Eier usw. vor dem eigentlichen Garen kurz scharf anbraten oder in kochende Flüssigkeit tauchen und damit die Oberfläche »versiegeln«.

SALZEN Würzen mit Salz.
siehe auch PÖKELN

SÄMIG KOCHEN Einkochen von Flüssigkeit, bis sie dickflüssige, cremige Konsistenz hat.
siehe auch REDUZIEREN

SAUTIEREN (GARSCHWENKEN) Klein geschnittenes Fleisch, Geflügel oder Gemüse im offenen Kochgeschirr in wenig Fett oder Öl unter ständigem Bewegen garen.

SCHABEN Fleisch von Knochen, Sehnen, Häuten mit dem flachen Messer ablösen.

S

Schälen *Kaktusfeigen müssen wegen der Stacheln sehr vorsichtig geschält werden: Enden zwischen Daumen und Zeigefinger nehmen, Schale oben und unten rundum einritzen sowie einmal längs. Die Schale mit dem Messer rundum abziehen.*

SCHÄLEN (ABZIEHEN) Gemüse, Früchte, Nüsse von ihrer Haut bzw. von der anliegenden Schale befreien, eventuell nachdem man sie kurz blanchiert hat.

SCHMÄLZEN Nahrungsmittel, v. a. Teigwaren, mit brauner Butter oder auch mit Schmalz und eventuell mit gebräunten Zwiebeln verfeinern.

SCHMELZEN Verflüssigen von Fett.

SCHMOREN Garen mit Fett und (wenig) Flüssigkeit im geschlossenen Kochgeschirr nach vorherigem kräftigem Anbraten. Besonders geeignet für durchwachsene, weniger zarte Fleischstücke wie Schulter vom Rind, für Geflügel, Wild, auch für deftige oder herb schmeckende Gemüse (Kohlgemüse, Gurke, Chicorée).
siehe auch **BRAISIEREN**

SCHNEIDEN (HOBELN) Zerteilen von Nahrungsmitteln mit Messer, Schere, Hobel oder mit dem Schneidwerk der Küchenmaschine in Scheiben, Stifte, Streifen oder Würfel.

SCHNETZELN (EMINCIEREN) Fleisch, Fisch, Gemüse in feine Scheiben schneiden.

SCHUPPEN (ABSCHUPPEN) Fische mit dem Messerrücken oder dem Fischschupper von den Schuppen befreien, ohne dass die Haut verletzt wird.

SCHUSS Eine kleine Menge Flüssigkeit, so viel, wie aus einer Flasche auf einmal kurz und schwunghaft zugegeben werden kann.

SCHWENKEN Fertig Gebratenes in Sauce oder gegartes Gemüse in heißer Butter kurz durchmischen.

SCHWITZEN Insbesondere Gemüse im geschlossenen Kochgeschirr bei schwacher Hitze in wenig Fett garen, bis es Saft abgibt. Oft Vorstufe des Schmorens.
siehe auch **ANGEHEN LASSEN**

SIEDEN (WALLEN) Z. B. Fleisch, Eier, insbesondere Nahrungsmittel, die quellen müssen (Getreide, Hülsenfrüchte, Teigwaren), in reichlich auf 90–100 °C erhitzter Flüssigkeit kochen.

SIMMERN (LEISE SIEDEN) Garen von Nahrungsmitteln in Flüssigkeit (vollständig

Schuppen *Fisch wird zwar meist küchenfertig, d. h. geschuppt und ausgenommen, angeboten, man kann ihn aber auch mit einem Fischschupper selbst von den Schuppen befreien. Dabei in Kopfrichtung mit Druck arbeitend die Fischschuppen abstreifen.*

SCHÄLEN – TIEFKÜHLEN

bedeckt) kurz unter dem Siedepunkt (es steigen gerade noch keine Blasen auf).

SOUFFLIEREN Eine mit einer Soufflé-Masse gefüllte Speise dünsten oder überbacken.

SPICKEN Einbringen von kalten oder tiefgefrorenen Speckstreifen ggf. mit Hilfe einer Spicknadel in mageres Fleisch (oft Wildbret), damit es beim Garen nicht zu trocken wird. Zweckmäßiger ist allerdings das Belegen oder Umwickeln mit Speckscheiben: Es erspart Arbeit, verhindert, dass Saft ausläuft und beeinträchtigt das typische Fleischaroma weniger.

SPIEGEL GIESSEN, EINEN Wenig Sauce auf die Mitte eines Tellers geben und durch Kippen oder durch Klopfen mit der Hand von unten über die ganze Fläche verteilen.

STÄBCHENPROBE Zum Prüfen der richtigen Temperatur von Frittierfett ein Holzstäbchen in das Fett tauchen, wobei keine Blasen aufsteigen dürfen. Auch: Holzstäbchen in gebackenen Teig stechen; er ist durchgebacken, wenn nichts daran haften bleibt.

STAUBEN Wenig Mehl über das (fast) gare Gemüse/Fleisch streuen und alles gut durchrühren, bevor Flüssigkeit angegossen und das Gericht noch kurz fertig gegart wird, wodurch die Flüssigkeit leicht gebunden wird.
siehe auch **BINDEN**

STEIF MACHEN → ABSTEIFEN

STICH Menge von einer stichfesten Zutat, die mit der Messerspitze oder einem Teelöffel abgenommen werden kann.

STIFTELN → SCHNEIDEN

STOCKEN Festwerden einer Speise durch das Gerinnen von enthaltenem Eiweiß beim Garen oder auch beim Säuern (z. B. von Milch).

Spicken *Mit einem Wetzstahl in Faserrichtung durch das Bratenstück stechen. Tiefgefrorene Speckstreifen von etwas kleinerem Durchmesser sofort durch die entstandene Öffnung schieben. Das Fleisch auf diese Weise gleichmäßig spicken.*

STÜRZEN Eine Speise aus der Form, in der sie gelierte, gegart, gebacken oder gefroren wurde, umgekehrt auf einen Teller geben.

TELLERPROBE Von gekochten Cremes, Gelees, Pudding usw. einen Löffel voll abnehmen und auf einem Teller gleichmäßig verteilen, womit festgestellt werden kann, ob die gewünschte Konsistenz erreicht ist.

TEMPERIEREN (TEMPIEREN) Maßvolles Erwärmen von Schokoladenkuvertüre im Wasserbad, gerade so weit, dass sie sich verflüssigt (etwa 40 °C). Bei dieser Temperatur ist die Schokolade bereits dünnflüssig genug zum gleichmäßigen Überziehen, hat aber noch nichts von ihrem feinen Geschmack eingebüßt.

TIEFGEFRIEREN → TIEFKÜHLEN

TIEFKÜHLEN (EINFRIEREN, GEFRIEREN, TIEFGEFRIEREN) Konservierungsmethode, bei der durch rasches Abkühlen auf mindestens -18 °C (beim Schockgefrieren auf -40 °C) das Nahrungsmittel bzw. die Speise weitest gehend ohne Beeinträchtigung von Geschmack, Konsistenz und Wertstoffen eingefroren wird und über Monate bei höchstens -12 °C gelagert werden kann. Eignet sich für fast alle Nahrungsmittel; nicht für mit Ei und Stärke gebundene Speisen, Emulsionen wie Mayonnaise; die meisten Gemüse- und Obstarten sollten vor dem Tiefkühlen blanchiert werden.

TOASTEN Weiß- oder Schwarzbrotscheiben trocken ohne Fett beidseitig lichtgelb rösten, so dass die Oberfläche knusprig wird, das Innere aber weich bleibt; sofort verwenden.

TOMATIEREN (TOMATISIEREN) In eine Speise Tomatenmark oder Tomatenpüree einrühren; dient der Aroma- und Farbgebung.

TOUREN (TOURIEREN) Einen Teig zum Blätterteig vorbereiten, indem man ihn wiederholt dünn ausrollt, Fett auflegt/aufstreicht, den Teig zusammenfaltet und wieder ausrollt. So geht er anschließend beim Backen blättrig auf.

TOURNIEREN (ABDREHEN) Insbesondere Gemüse in einheitliche Größe bringen und/oder durch dekoratives Zuschneiden formen.

TRANCHIEREN (ZERLEGEN) Form- und sachgerechtes Zerlegen und Portionieren von gegartem Fleisch aller Art, einschließlich Wild und Geflügel, sowie von Fisch mit einem scharfen, spitzen, elastischen (Tranchier-)Messer.

Gans tranchieren *Die Gans auf den Rücken legen, mit der Fleischgabel Flügel und Keulen jeweils leicht vom Körper wegziehen, am Gelenk vom Rumpf abschneiden. Anschließend das Brustfleisch parallel zum Brustbein in Scheiben schneiden.*

TRÄNKEN Gebäck aus trockenen, oft fettarmen Teigen, Pudding o. Ä. mit Zuckersirup, Fruchtsaft oder einer Spirituose anfeuchten, um es/ihn weich und aromatisch zu machen.

ÜBERBACKEN → GRATINIEREN

ÜBERBRÜHEN → BLANCHIEREN

ÜBERGLÄNZEN → GLACIEREN, → GLASIEREN

ÜBERKRUSTEN → GRATINIEREN

ÜBERZIEHEN → MASKIEREN, → NAPPIEREN

UNTERHEBEN (UNTERZIEHEN) Steif geschlagenes Eiweiß oder geschlagene Sahne behutsam in eine Masse rühren bzw. heben, ohne dass die eingeschlagene Luft wieder entweicht, und die Masse damit lockern.

UNTERRÜHREN (DARUNTERRÜHREN) In das Kochgut eine Zutat einrühren.

UNTERZIEHEN → UNTERHEBEN

VERQUIRLEN → QUIRLEN

VERRÜHREN → RÜHREN

VERSIEGELN Kochgeschirr zwischen Topfrand und Deckel mit einer Paste, etwa aus mit Wasser verknetetem Mehl, luftdicht verschließen, um das Aroma der Speise während des Garens optimal zu bewahren.

VORBACKEN Einen Teig ohne die eigentliche Füllung backen, entweder, damit er dann durch die Füllung nicht so stark durchweicht, oder weil die Füllung nicht mehr gebacken werden muss. siehe auch **BLINDBACKEN**

WALLEN → SIEDEN

WARM STELLEN (WARM HALTEN) Ein gegartes Nahrungsmittel oder ein Gericht abgedeckt über einem Wasserbad oder im Ofen heiß (vor der Weiterverarbeitung) oder auf Serviertemperatur halten.

Wasserbad Für ein luftiges Schokoladendessert Kuvertüre auf einem warmen Wasserbad schmelzen, steif geschlagenes Eiweiß vorsichtig unterheben.

WASSERBAD Gefäß mit eiskaltem, warmem, heißem oder siedendem Wasser, in das ein Kochgeschirr oder eine Schüssel mit einer Speise darin eingesetzt werden kann. Zum Abkühlen, Erwärmen, Warmhalten, Schmelzen von Speisen, zum Aufschlagen von Eiercremes, zum Garen von Puddings etc.
siehe auch **BAIN-MARIE**

WÄSSERN → EINWÄSSERN

WELL-DONE → DURCHGEBRATEN

WIEGEN Feines Zerkleinern insbesondere von Kräutern mit dem Wiegemesser.
siehe auch **HACKEN**

WÜRZEN (ASSAISONIEREN) Schmackhaftmachen einer Speise mit Salz und Pfeffer, Aromazutaten, Gewürzen, Öl, Essig usw.

ZESTEN Dünn abgeschälte Schale von Zitrusfrüchten. Die Schale kann mit einem scharfen Messer in Stücken abgeschnitten werden, z. B. für die Zugabe zu Suden. Um dekorative Schalenstreifen zu erhalten, schneidet man die Stücke entweder mit dem Messer in Streifen, oder man zieht sie mit einem speziellen Werkzeug, dem Zesteur bzw. Zestenreißer, von der Frucht ab.

ZERLASSEN Butter bei schwacher Hitze schmelzen; um geklärte Butter zu erhalten, das zerlassene Fett abschäumen und ohne den Bodensatz umfüllen.

ZERLEGEN Teile von Schlachttieren sowie ganzes Geflügel vor dem Verarbeiten mit einem großen scharfen Messer, mit dem Fleischbeil oder der Geflügelschere zerteilen.
siehe auch **TRANCHIEREN**, siehe auch **ZERWIRKEN**

ZERWIRKEN Das → Zerlegen beim Wild.

ZIEHEN (LASSEN) → POCHIEREN

ZISELIEREN (CISELIEREN) Gemüse oder Zitrusfrüchte mit einem (Ziselier-)Messer einkerben. Auch: Größere Fleischteile (Braten) einschneiden, damit die Hitze besser eindringen kann, ganze Fische einschneiden, damit die Haut beim Garen nicht zerreißt und ebenfalls die Hitze besser eindringen kann.

Zesten reißen Für das Abziehen von feinen Schalenstreifen nur Zitrusfrüchte mit unbehandelter Schale verwenden. Zum Abschälen, »Reißen« der Zesten eignet sich ein so genannter Zestenreißer, mit dem man die Schale ganz leicht in langen schmalen Streifen abschälen kann.

Register

Register

Register der Produktinformationsseiten

Algen 12
Blauschimmelkäse 40
Brühwurst 52
Chili 62
Eier 78
Essig 88
Fisch 94
Frischkäse 100
Geflügel 108
Getreide 112

Hartkäse 132
Hirschwild 140
Hülsenfrüchte 146
Kalb 154
Käse 168
Kochwurst 180
Krabben 188
Kräuter 192
Lamm 198
Muscheln 240

Nudeln 246
Nüsse 252
Pasta-Filata-Käse 270
Pflanzenöle 280
Reis 298
Rind 308
Rohwurst 320
Salz 332
Sauermilchkäse 338
Schinken 342

Schnittkäse 352
Schwein 356
Sojaprodukte 376
Sprossen 384
Weichkäse 414
Wild 422
Wurst 428
Zitrusfrüchte 436

Sachregister

Halbfette Seitenzahl: Haupteintrag und/oder ausführlichere Informationen
Kursiv: Sortennamen, Produktnamen, Handelsbezeichnungen

Aal **8**
Aalrutte 408
Abalonen 366
Abate (Abbé, Abbate) Fetel 38
Aceto Balsamico di Modena 89
Ackersalat 91
Adlerfisch 9
Adretta 165
Agar-Agar 9
Ahland 11
Ahornsirup 9
Ährenfisch 10
Aisy 10
Aisy cendré 10
Ajowan 10
Aka-Miso 233
Aka-Shiso 373
Akazienhonig 145
Alaska-Königskrabbe 185
Albacore 408
Alexander Lucas 37
Alfalfa 11
Alfoncino 11
Algen **12**, 226, 245, 412
Alkmene 16
Allgäuer Bergkäse 36
Almeria 418
Alphonse Lavallée 217
Alse 216
Amaranth 14, 113
Amberjack 184
Amerikanische Felsenauster 23, 24

Amerikanischer Hummer 148
Ammei 10
Amsoi 371
Ananas 14
Anatto 14
Anchovis 386
Andechser 415
Anis **15**, 194
Annone 15
Ao-Shiso 373
Apfel **16 ff.**
Apfelessig 89
Apfelquitte 293
Apfelsinen 439
Aplati 303
Appenzeller 19
Aprikose **19**
Arame 13
Arborio 301
Artischocke **20**
Arve 435
Asant 21
Äsche 21
Asiago 21, 135
Asiago d'Allevo 21
Atlantische Makrele 219
Atlantischer Hering 138
Atlantischer Lachs 197
Aubergine **22**
Austern **22 f.**
Austernpilz 25
Austernseitling 25
Australkrebs 25
Avgotaracho 172
Avocado **26**

Babaco 27
Bachforelle 98
Backpulver 27
Backsteinkäse 287

Backtriebmittel 137, 243, 288, 340
Bahia 301
Baked beans 46
Balsamico-Essig 89
Bamberger Hörnle 165
Bambussprossen 27
Banane **28**
Bandnudeln **29 f.**, 247
Barbarie-Ente 83
Barbe 31
Bärenkrebse 31
Bärlauch 32
Baronesse 166
Barramundi 32
Bartumber 32
Basilienkraut 408
Basilikum **33**, 408
Basmatireis 299, 300
Bastardkirschen 175
Bastardmakrele 390
Bastardzunge 34
Batate 395
Batavia-Salat **34**, 191
Bauchfleisch 381
Bauchspeck 381
Bauerhandkäse 338, 339
Baumfrucht 76
Baumstachelbeere 161
Baumtomate 396
Bavaria blu 34
Bayerische Ente 83
Bayerischer Leberkäse 96
Bayerischer Senf 370
Beaufort 35
Beerenessig 89
Beifuß 35
Beinschinken, gekochter 346
Bel Paese 35
Belon 23
Beluga 171

Bergamotte 439
Bergkäse 36
Berglinsen 210
Bernhards-Einsiedler 80
Bernsteinmakrele 36
Bienenhonig 145
Bierkäse 419
Bierschinken 36, 150
Big Max 195
Bigorneau 392
Bindenfleisch 50
Bintje 166
Bird green 66
Birne **37 f.**
Birnenmelone 274
Birnenquitte 293
Bischofsmütze 196
Bitterorange 287
Black Emperor 417
Black Pudding 42
Black Satin 51
Blanche transparente 295
Blättermagen 315
Blattkohl 69
Blattsalat 81,131, 245
Blattsenf 371
Blattspinat 382
Blattzichorie 432
Blaubeere 137
Blaue Königskrabbe 185
Blaufelchen 39
Blaufisch 39
Blauhai 129
Blaukrabbe **39**, 188
Blaukraut 326
Blauschimmelkäse 34, **40 f.**, 56, 74, 77, 99, 118, 169, 323, 389
Blaustreifen-Straßenkehrer 392
Blei 48

472

AAL – ENDIVIE

Bleichsellerie 368
Blue Point 24
Blumenkohl 42
Blutorange 260, 439
Blutpfirsich 279
Blutrhabarber 306
Blutwurst **42, 43**, 181, 444
Bockshornklee(samen) 43
Bockwurst 43
Bohnen **44 f.**, 147
Bohnenkerne **46 f.**
Bohnenkraut 48
Bonito 273
Bonne de Longueval 37
Borlotti-Bohnen 46
Borretsch 48
Bosc's Flaschenbirne 37
Boskoop 17
Boudin noir 42
Bourgeois 375
Boutargue 172
Brachsen 48
Brachsenmakrele **49**, 262, 374
Braeburn 17
Brandhorn 49
Branntweinessig 89
Bratwurst, grobe 49
Bratwurst, Nürnberger 50
Braunalgen 13
Brauner Champignon 59
Brauner Drachenkopf 75
Brauner Sesam 372
Brauner Zackenbarsch 431
Braunkappe 307
Braunkäse 339
Braunkohl 122
Braunschweiger
   Schinken 346
Breite Bohnen 44
Breitkopf-Bärenkrebse 31
Bresaola 309
Brezelsalz 335
Brie 50, 414
Brie de Meaux 50
Brie de Melun 50
Brokkoli 51
Brombeere 51, 399
Brot-Edamer 77
Brotfrucht 51, 149
Brotwurzel 430
Brühkäse 31, 135, 271
Brühwurst 36, 43, **52 f.**, 56,
   74, 96, 99, 110, 150, 179, 190,
   215, 238, 297, 363, 419, 421
Brunnenkresse 54
Brunswick ham 346
Bucatini 318
Buchweizen 54, 113
Buckel-Zahnbrassen 431
Büffelmilchkäse 239
Bulgur 54, 113
Bundmöhren 235
Bündnerfleisch 55
Bundzwiebeln 205
Buntbarsch 55
Burbank 283

Bürgermeisterstück 313
Buschbasilikum 33
Buschbohnen 44, 45
Buscherbsen 85
Butter 55
Butterbirnen 38
Butterbohnen 45
Butterkrebse 39, 189, 391
Butternusskürbis 196
Butterreinfett 349
Butterschmalz 349
Büttners Rote Knorpel 175

Cabanossi 56
Cabrales **56**, 415
Cabraliego 56
Cacetti 56
Caciocavallo **57**, 271
Camembert 57
Camus de Bretagne 20
Cannellini-Bohnen 46
Cannelloni 319
Cantal 57
Cantaloup-Melone 229
Capellini 378
Capitaine blanc 392
Capitaine du port 122
Capitaine rouge 392
Cardinal 417
Cardy 58
Carliston 266
Carnaroli 301
Carnival 131
Carpaccio 309
Caşcaval **58**, 101
Caserecce 383
Cashewnuss **58**, 253
Cassia 434
Catalogna 432
Catfishes 444
Cavaillon-Melone 229
Cavolo nero 122
Cayennepfeffer 65
Cervelatwurst 59
Ceylonzimt 434
Chabichou 59
Chabichou du Poitou 59
Champignon 59
Chao gwoo 394
Chaource 60
Charentais 229
Charleston 266
Charleston Gray 228
Chasoba 249
Chatka Crab 185
Chaumes 415
Chayote, Grüne 60
Cheddar **60**, 61
Cheddar-Käse 57, 115, 135,
   197, 202, 237
Cherimoya 15
Chester 61
Chèvre long 329
Chicorée 61, 432
chile 65
Chile ancho 68

Chile cascabel 68
Chile chipotle 68
Chile jalapeño 66
Chile pico de pájaro 68
Chile poblano 68
Chile serrano 66
Chile-Langostino 61
Chili **64 ff.**, 336, 397
Chilipulver 65
China-Karpfen 163
Chinakohl **69**, 371
Chinesischer Lauch 204, 352
Chinesische Dattel-
   pflaume 153
Chinesische Morchel **238**, 239
Chinesische Zwiebel 352
Chinesischer Lauch 204, 352
Chinesischer Senfkohl 262
Chinesischer Zimt 434
Choisum 69
Chops 200
Chorizo 69
Chowder Clam 292
Cieche 8
Cilantro 186
Cima di rapa 70
Cipollini 447
Citronelle 435
Clementine 220
Cocktail-Avocado 26
Coco-Bohnen 44
Coho 71
Colchester 23
Comté 70
Conch 307
Conchiglie 250
Coppa 70, 52
Coppata 70
Corail 150
Cornichons 125
Coulommiers 71
Couscous 71
Cox Orange 16
Crabmeat 189, 388
Cranberry 71
Cream cheese 72
Creamed cottage cheese 102
Crème double 328
Crème fraîche **72**, 340
Cremechampignon 59
Crimson Sweet 228
Crottin de Chavignol 72
Culatello 348
Culentro 73
Curryblatt 73
Currypaste 73
Currypulver 224

Daikon-Rettich 305
Damwild 141
Danablu 74
Dan-Ben-Hannah 417
Dark Opal 33
Dashi-Brühe 13
Dattel 74
Dattelpflaume,
   Chinesische 153

Dauerwurst 321
Debre(c)ziner 74
Delikatessgurken 125
Delikatess-Paprika 267
Demerara 442
Deutscher Kaviar 171
Dicke Bohnen 44
DickschaligeTrog-
   muscheln 406
Dijon-Senf 370
Dill 75
Dinkel 75, 121, 247
Dischi volanti 250
Distelkohl 58
Distelöl 280
Ditali 318
Dolma 265
Dorade rosé 120
Dorade royale 116
Dornhai-Filets 130
Dorsche 152, 207, 341
Double Gloucester 115
Dr. Jules Guyot 38
Drachenkopf **75**, 92, 324, 427
Dreiecksmuschel 76
Drückerfisch 184
Drum 409
Duftreis 300
Dulse 76
Dungeness crab 398
Dunkler Felsenfisch 92
Dunst 113
Durian 76
Durumweizen 420

Echte Krabben 189
Echter Dost 261
Echter Kaviar 391
Echter Ritterling 122
Echter Zimt 434
Edamer 77, 352
Edelkrebs **77**, 374
Edelminze 232
Edelpilzkäse, Deutscher 77
Edelsüßes Paprikapulver 267
Egerling 59
Eichblattsalat 80
Eier **78 f.**
Eierschwamm 278
Eiertomaten 402
Einmachgurken 125
Einsiedlerkrebs 80
Eisbein 359
Eisblume 80
Eiskraut 80
Eissalat **81**
Eiszapfen 295
Elchwild 141
Elegance 403
Eliche 383
Elite 440
Elstar 16
Emmentaler 82
Emperor snapper 375
Emu 109
Endivie, Glatte 82

473

E

Endivie, Krause 102
Engelhai 226
Ente **83 f.,** 109
Entenbrust, geräuchert 84
Entenleber 84, 391
Entenmuschel 84
Entenvögel 105
Epazote 85
Epoisses 10, 85
Erbse(n) 44, 85 f., 147
Erbswurst 147
Erdartischocken 404
Erdbeere 86
Erdbirnen 404
Erdnuss 87, 252
Escariol 82
Esrom 87
Essbare Herzmuschel 139
Essig **88 f.**
Esskastanie 90, 252
Estragon 90
Estragonsenf 370
Eureka 435
Europäische Auster 23
Europäische Languste 203
Europäischer Hummer 148
Evora 90

Farfalle 250
Fasan 91, 423
Favorita 403
Feige 91
Felchen 304
Feldsalat 91
Felsenauster 23, 24
Felsen-Entenmuschel 84
Felsenfische **92,** 410
Fenchel **93,** 397
Fenchelsamen 93, 103
Ferrovia 175
Feta **93,** 131
Fettuccine 29
Fines de Claires 24
Fior di latte 271
Fisch **94 f.**
Flaschentomaten 402
Flavortop 244
Fleckenrochen 317
Fleischkäse 96
Fleischtomaten 402
Fleischwurst 96, 215
Fleur de Sel 334
Fliegender Fisch 96
 – Rogen 172
Fliegenpilz 153
Flönz 181
Flügelbohnen 44
Flügelbutt 97
Flugente 83
Flunder 97
Flussaal 8
Flussbarsch **97**
Flusskrebse 25, 77, 214,
 374, 395
Flusswels 98
Fontina /Fontal 98

Forelle 98
Forellen-Kaviar 172
Fougeru 71
Fourmé d'Ambert 99
Frankfurter Würstchen 99
Franzosendorsch 99
Frikandeau 155
Frischkäse 72, **100 ff.,** 102,
 169, 222, 224, 292, 306,
 316, 434
Frisée 102
Frittierfett 102
Fruchtzucker 442
Fructose 442
Frühlingsspinat 382
Frühlingszwiebeln 205
Frühstücksspeck 381
Fuerte 26
Fuet 103, 321
Fünf-Gewürze-Pulver
 103, 389
Fusilli 383

Gabeldorsch 104
Galathée rouge 401
Galgant 104, 190
Galizierkrebs 395
Galway 23
Gamalost **105,** 339
Gans 105, 109
Gänsebrust, geräuchert 105
Gänsekraut 35
Gänseleber 391
Gänseschmalz 350
Garam Masala 224
Garnele **106 f.**
Gartenkürbis 59
Gartenmelde 227
Gartenthymian 400
Gefleckter Flügelbutt 97
Gefleckter Seebarsch 364
Gefleckter Seewolf 367
Gefleckter Ziegenfisch 433
Geflügel **108 f.**
Geflügelwurst 110
Gelatine 110, 181
Gelbbandfelsenfisch 92
Gelbe Krabbe 398
Gelbe Passionsfrucht 269
Gelbe Rübe 235
Gelber Boskoop 17
Gelber Senf 369
Gelbflossen-Tun 408
Gelbkäse 338, 339
Gelbschwanzmakrele 36
Gelbschwanz-Schnapper 375
Gelbwurst 110
Gelbwurz 196
Gelée royale 145
Gellerts Butterbirne 38
Gemeine Krake 190
Gemeine Napfschnecke 243
Gemeine Netzreusen-
 schnecke 244
Gemeiner Heuschrecken-
 krebs 139

Gemeiner Kalmar 159
Gemeiner Oregano 261
Gemeiner Tintenfisch 371
Gemelli 383
Gemüsebanane 28
Gemüsefenchel 93
Gemüsemais 217
Gemüsepapaya 264
Gemüsepaprika 265
Gemüsezwiebeln 446
Gerade Mittelmeer-Schwert-
 muschel 364
Gerste **111,** 113
Gesprenkelte Weinberg-
 schnecke 416
Gestreifter Seewolf 367
Getreide 75, **112 f.,** 121, 145
Gewöhnliche Mandarine 439
Gewöhnliche Orange
 259, 439
Gewürznelke 114
Gewürzpaprika 64
Ghee 349
Giant Perch 32
Giebel 97
Gingkonuss 114
Gjetost 235
Glasaal 8
Glasbutt 97
Glasnudeln 248
Glasschmalz 114
Glattbutt 115
Glatte Endivie 82
Glatte Petersilie 275
Glatte Venusmuschel 410
Glattes Seeohr 366
Glatthai 129
Glockenapfel 18
Gloster 16
Gloucester 115
Glutamat 116
Gnocchi 251
Goabohnen 44
Goccia d'oro 283
Goldbarsch 324
Goldbrassen 116
Golden Delicious 16
Golden Japan 283
Goldforelle 98
Goldgelbe Koralle 116
Gold-Königskrabbe 185
Goldmakrele, Große 117
Goldparmäne 18
Goldrush 17
Goldstriemen 117
Goliath 263
Gomasio 117
Gorgonzola 40, **118**
Gouda **118,** 134, 352
Grana Padano 119
Grana padano 134
Granadilla, süße 269
Granat 106
Granatapfel 119
Grand Rapids 284
Grapefruit **119,** 220, 439

Grass Rockfish 92
Grata 165
Graubarsch 120
Graukäse 121, 339
Graupen 111, 113
Gravensteiner 17
Grenadierfisch 120
Greyerzer 121
Griechischer Oregano 261
Grillflügel 290
Grönland-Shrimp 106
Großblättriger Schnitt-
 lauch 204
Große Bodenrenke 304
Große Goldmakrele 117
Große Grüne Reneklode 304
Große Maräne 304
Große Schwebrenke 39
Große Seespinne 366
Großer Australkrebs 25
Großer Knurrhahn 179
Großer Riesenschirmling 268
Großer Roter Drachen-
 kopf 75
Großes Petermännchen 274
Großgeflecker Katzen-
 hai 129
Großköpfige Meeräsche 225
Grünalgen 12, 245
Grüne Chayote 60
Grüne Minze 232
Grüne Tomate 404
Grünes Tulsi 408
Grüner Pfeffer 276
Grünes Buschbasilikum 33
Grünkern 121
Grünkohl 122
Grünling 122, 207
Grünreizker 122
Grunzer 122
Grütze 113
Grützwurst 123
Gruyère 121
Gruyère de Comté 70
Guave 123
Gurke **124 f.**
Gute Luise 37
Gutsleberwurst 181
Guyot 38

Haar-Nudeln 378
Haas 26
Habichtspilz 126
Hafer 113, **126,** 127
Hagebutte 127
Haggis 127
Hähnchen 109, **128**
Hai **129 f.,** 226
Haifischflosse, 130
Halbfeste Schnittkäse 87, 90,
 93, 287, 297, 316, 322, 329,
 352, 400, 404, 405, 409, 426
Hale 279
Hallimasch 131
Halloumi 131, 271
Hammelfleisch 199

ENDIVIE – LACHSFORELLE

Handkäse 339
Harlekin 131
Hartkäse 35, 36, 70, 82, 118, 119, 121, **134 f.,** 149, 169, 170, 173, 197, 219, 268, 272, 340, 353
Hartmais 218
Hartweizen 71, 420
Hartwurst 321
Harzer Käse/Roller 338, 339
Hase 136
Haselnuss **136,** 197, 252
Hasenkeulen 136
Hasenrücken 136
Hauptmannsgarnele 107
Hausente 83
Hauskaninchen 160
Hauszwetsche 445
Hecht 137
Hechtdorsch 364
Hefe 137
Heidelbeere 137
Heilbutt, Schwarzer 138
Heilbutt, Weißer 138
Herbsttrompete 405
Herbstzichorie 432
Heringe **138,** 216, 336, 386
Heringshai 130
Heringskönig 275
Herman 282
Herrenpilz 388
Herzkirschen 175
Herzmuschel 139
Heuschreckenkrebs 139
Hijiki 13
Himbeere 139, 399
Himbeerrhabarber 306
Hinterschinken 347
Hirschsalami 144
Hirschschinken 144
Hirschwild **140 ff.,** 422
–, Teilstücke **142 f.**
Hirse 71, 113, 145
Hojiblanca-Oliven 258
Honey Rock 229
Honig 145, 442
Honiggurken 125
Honigmelone 228, 229
Hornhecht 145
Hornmais 218
Hornmelone 176
Hot red Chili 66
Hueva seca 172
Hüftschinken, West-fälischer 347
Hühnervögel 109
Hülsenfrüchte 87, **146 f.,** 252, 384, 396
Hummer **148**
Hummerkrabben-Schwanz 107
Hüttenkäse 102

Idiazábal 149
Imperiale 23
Indischer Senf 369, 370
Indischer Sesam 372
Indonesischer Lorbeer 213
Ingwer **149,** 397
Inkaweizen 14
Iris rosso 279
Italienischer Knoblauch 316
Italienischer Taschen-krebs 398

Jackfrucht 149
Jacks 386
Jagdwurst 150
Jaggery 443
Jakobsmuschel 150, 241
Jambon persillé 345
James Grieve 17
Jamón ibérico 348
Jamón serrano 348
Japanische Petersilie 234
Japanische Pflaumen 283
Japanische Teppich-muschel 399
Japanische Zierquitte 293
Jasminreis 300
Javazucker 443
Joghurt 150
Johannisbeere **151,** 386
Jonagold 16
Jostabeere 151
Judasohr 239
Juwelenbarsch 151

Kabeljau 152, 177, 286
– Rogen 172
Kaffirlimetten 209
Kaffirlimettenblätter 152
Kaisergranat 152
Kaiserling 153
Kaisermütze 196
Kaiser-Schnapper 375
Kaki 153, 373
Kaktusfeige 153
Kala namak 335
Kalamata-Oliven 258
Kalb **154 ff.**
–, Innereien **156**
–, Teilstücke **157 ff.**
Kalbsleberwurst 181, 206
Kalifornischer Taschen-krebs 398
Kalmar 159
Kamchatka-Crabmeat 185
Kammmuschel 150, 284
Kamut 113, 199
Kanalwels 159
Kanariengelber Felsen-fisch 427
Kandis 442
Kandisfarin 441
Kaninchen 160
Kapaun 109
Kapern 160
Kapernapfel 160
Kapernfrucht 160, 256
Kap-Stachelbeere 161, 404
Kapuzinerkresse 161

Karambole 161
Karasumi 172
Kardamom **162,** 224
Kardamomblätter 162
Karde 58
Karibische Languste 203
Karina 86
Karotte 235
Karpfen **163**
Kartoffel **164 ff.**
Kartoffelstärke 387
Kascha 54
Käse **168 f.**
Kaškaval 58
Kasseri 170
Kasseler 170, 359
Kassiarinde 434
Katfisch 367
Katzenhai 129
Katzenwelse 159, 444
Kaulbarsch 170
Kaviar **171 f.**
Kefalotiri 173
Kefir 173
Kemirinuss 173
Keniabohnen 45
Kerbel 174
Kerbelrübe 174
Kerzennuss 173
Keta-Kaviar 172
Key-Limetten 209
Kichererbsen 147,174
Kidneybohnen 47
Kieler Sprotten 386
King Crab Meat 185, 189
Kingfish 184
King-Mandarine 439
Kirschen **175 f.**
Kirschpflaume 282
Kirschtomaten 403
Kiwano 176
Kiwi 176
Klaffmuschel 177
Klarapfel, weißer 18
Klebreis 299, 302, 303
Kleehonig 145
Kleine Pilgermuschel 284
Kleine Sprutte 372
Kleiner Australkrebs 25
Kleiner Bärenkrebs 31
Kliesche 177
Kliesche, Pazifische 341
Klippfisch 152, **177,** 215, 286, 341
Knetkäse 271
Knoblauch **178,** 397
–, Italienischer 316
Knollenkerbel 174
Knollensellerie 367
Knorpelfische 226
Knorpelkirschen 175
Knurrhahn, Großer 179
Knurrhahn, Roter 179
Knurrhähne 365
Kochbanane 28
Kochkäse 351

Kochmettwurst 181, 230, 321
Kochsalami 179
Kochsalz 333
Kochschinken 345
Kochwurst 123, 127, **180,** 205, 206, 444
Kohlenfisch 182
Köhler 365
Kohlrabi 182
Kokosfett, 182 f.
Kokosmilch 183
Kokosnuss **183,** 253
Kombu 13
Kona karashi 369
Königin-Drückerfisch 184
Königsbrassen 184
Königs-Gelbschwanz 184
Königskrabbe **185,** 189, 400
Königslachs 197
Kopfsalat 186, 191
Koralle, Goldgelbe 116
Korallenpilze 116
Korbkäse 338, 339
Kordia 175
Koriandergrün 186
Koriandersamen 187
Korinthe 187, 323
Kornelkirsche 187
Körnermais 218
Krabben **188 f.,** 398, 400, 427
Krachai 190
Krachmandel 221
Krakauer 190
Krake, Gemeine 190
Krause Endivie 102
Krause Petersilie 275
Kraussalat 191
Kräuter **192 f.**
Krebse 388
Kresse 191, 385
Kreuzkümmel 194
Kreuzmuster-Teppich-muschel 399
Krickente 83
Kristallkraut 80
Kristallzucker 441
Kroatzbeere 187
Kugelfische 184
Kuhmilch 231
Kulturheidelbeere 137
Kultur-Löwenzahn 214
Kulturpilz 307, 373
Kulturpreiselbeere, amerikanische 71
Kumin 194
Kümmel **194,** 339
Kumquat **194,** 438, 439
Kürbis **195 f.**
Kürbiskernöl 195, 280
Kurkuma 196, 397
Kurzschwanzkrebse 188
Kutteln 315

La Ratte 167
Lachs **197**
Lachsforelle 98

475

L

Laguiole 197
Lambertsnuss 197
Lamm **198 ff.**
  –, Teilstücke **200 ff.**
Lancashire 202
Landjäger 202, 321
Langkornreis 299, 300, 303
Langres 202, 415
Languste **203**
Lasagne(tte) 29
Lasagneblätter 204
Lauch 204
  –, chinesischer 204, 352
Lauchzwiebel 205
Lavendel 205
Leberkäse 96
Leberpastete 205
Leberwurst 181, 206, 428
Leidener 206
Leinsamen 207, 385
Leng 177, **207**
Lengdorsch 207
Liebstöckel 208
Likaria 164
Limburger **208**, 415
Limequat 208
Limette **209**, 438
Limfjord 23
Limonera 38
Linda 165
Lindenhonig 145
Linguine 30
Linsen 147, **210**
Litchi **210**, 212, 296
Livarot 210
Lobster tails 203
Locarno 403
Löffelkraut 211
Loganbeere 399
Lollo bianco 212
Lollo rosso 212
Longan(e) 212
Longaniza 213
Longaniza de Aragón 213
Loquat 213
Lorbeer 213
Lotte 366
Lotus 214
Louisiana-Sumpf-
  Flusskrebs 214
Loup (atlantique) 367
Loup de mer 427
Löwenzahn 214
Luffa 125
Luganega 215
Lumb 177, **215**
Lyoner 215

M

Maccheroni 247
Macis 242
Maggikraut 208
Mahón 216
Maifisch 216
Maigre 9
Maine lobster 148
Mainzer Käse 339

Maipilz 216
Mairüben 326
Mais 113, **217 f.**
Maischolle 353
Maismehl 218
Maisstärke 387
Majoran 218
Makadamianuss 219, 253
Makrele **219**, 184
Malzessig 89
Manchego 135, 219
Mandarine **220**, 438, 439
Mandel **221**, 252, 253
Mango 221, 235
Mangostane 221
Mangrovenkrabbe 222
Maniok 222, 387
Manouri 222
Manzanilla-Oliven
Maple Sirup 9
Maracuja 269
Maränen 304
Margarine 223, 377
Marille 19
Markerbsen 85, 86
Marmorbrassen 223
Marmorkarpfen 163
Maroilles 223
Marokkanische Minze 232
Maronenröhrling 224
Marron 25
Marsh 119
Marsh Rosé 120
Masala 224
Mascarpone 101, 224
Matjes 138
Mauretanische Languste203
Mecklenburger Grütz-
  wurst 123
Mee (Mie) 248
Meeraal 8
Meeräsche 225
  –, Rogen 172
Meerbarbe 225, 394, 433
Meerbarsche 32
Meerbrassen 116, 120, 184,
  223, 256, 325, 431, 444
Meerdattel 225
Meerengel 226
Meeressalze 226
Meerkohl 226
Meerohren 366
Meerrettich 227
Meersalz 333, 334
Mehl 113
Melasse 441
Melde 227
Melisse 227
Melone **228 f.**
Meterwurst 42
Mettwurst **230 ,** 321
Mexikanische Limetten 209
Mexikanischer Oregano 261
Mie goreng 248
Miemuschel 225, **231**, 241
Milch 231

Mimolette 135, 231
Minestrone 46
Mini-Avocado 26
Mini-Gurke 124
Mini-Mais 217
Mini-Patissons 196
Mini-Salami, italienische 330
Minneola 220
Minze **232**
Mirabelle 233, 282
Miraclaude 233
Miso **233**, 377
Mispel 234
Mitcham 232
Mitsuba 234
Mittelkornreis 299, 300, 303
Mittelmeer-Dreiecks-
  muschel 76
Mittelmeer-Miesmuschel 231
Mittelmeer-Schwertmuschel,
  Gerade 364
Mittelmeer-Strand-
  krabbe 391
Mochi-Reis 302
Mohn 234
Mohrrübe (Möhre) 235
Molke 169
Molkenkäse 235, 339
Mombinpflaume 235
Monarde 236
Mondseer 236
Montanaro 320
Montasio 135, 236
Monterey Jack 237
Moosbeere 237
Morbier 237
Morchel, Chinesische 238
Morcilla jabugo 43
Moro 260
Mortadella 238
Moscardini 191
Moschuskrake 191
Moschuskürbis 195,196
Mostbirnen 37
Moutarde de meaux 370
Mozzarella 239, 271
Mozzarella di bufala 239, 271
Mu-err 239
Mugi-Miso 233
Mungbohnen 385
Munster 239, 415
Muscheln 225, **240 f.**, 399, 406
Muskat **242**
Muskatblüte 242
Muskatnuss 242

N

Nagka 149
Namekotake 394
Naneminze 232
Nantes-(Nantaiser) Ente 83
Napfschnecke, Gemeine 243
Napoleon 175
Nashi 243
natives Öl 281
Natron 243
Naturreis 300

Navelina 259
Navel-Orange 259, 439
Neapolitanisches
  Basilikum 33
Nektarine 244
Nelkenpfeffer 285
Nerfling 11
Netzannone 15
Netzmelone 229
Netzreusenschnecke,
  Gemeine 244
Neufchâtel 244
Neuseelandspinat 245
Nicola 164
Nizza-Oliven 258
Nordseekrabben 106
Nordsee-Miesmuschel 231
Nori 13, **245**
Novita 245
Nudeln 29, **246 ff.**, 318, 378,
  383, 395
  –, asiatische **248 f.**
  –, aus Vollkorn 410
  –, geformte **250 f.**
Nürnberger Bratwurst 50
Nüsse **252 f.**
Nüsslisalat 91
Nussschinken 360

O

Oblada 256
Obstbanane 28
Ochsenschwanz 315
Ohanes 418
Okra 256
Oliven 256, **257 f.**
Olivenöl 281
Olivenpaste, französische 258
Olmützer Quargel 339
Ölrauke 327
Orange **259 f.,** 439
Orangeat 287
Orangenblütenhonig 145
Orangenmarmelade 439
Orecchiette 251
Oregano 218, **261**
Orfe 11
Orleansstrauch 14
Ortenauer 445
Osietra 171, 391
Ossobuco 157
Österreichische Minze 232
Ostseegarnele 106

P

Paella 400
Paglietta 415
Pak-Choi **262**, 371
Palacios 321
Palieri 417
Palmenherz 262
Palmzucker 443
Palourde croisée 399
Pampel, Silberner 262
Pampelmuse 263, 439
Pancetta 381
Pandanblatt 263
Pansen 315

S

LAGUIOLE – SAMBAL OELEK

Pantherfisch 263
Papaya **264**
Pappardelle 29
Paprikapulver **267**
Paprikaschoten **265 f.**
Paranuss 268
Parasolpilz 268
Parboiled Reis 299
Parmaschinken 348
Parmesankäse 268
Parmigiano 134, 268
Passionsfrucht **269**
Pasta-Filata-Käse 57, 58, 135,
  239, **270 f.**, 289, 341
Pasterna 272
Pastinake 272
Patisson 196
Pavé d'affinois 272
Pavé d'Auge 287
Pazifische Brachsen-
  makrele 49
Pazifische Felsenauster 23, 24
Pazifische Kliesche 341
Pazifische Rotzunge 326
Pazifische Scharbe 341
Pecorino 135, 272
Pekannuss 273
Pelamide 273
Pélardon des Cévennes 273
Pellkartoffeln 165, 166
Penne 319
peperoncini 65
Peperoni 65, 67
Pepino 274
Perigord-Trüffel 407
Perlbohnen 46
Perlgraupen 111
Perlhuhn 274, 423
Persische Limetten 209
Pesto 285
Petermännchen 274
Petersfisch 275
Petersilie 275
  –, japanische 234
Petersilienwurzel 275
Pfälzer Leberwurst 181
Pfälzer Saumagen 181
Pfeffer 224, **276 f.**
Pfefferblatt 278
Pfefferminze 232
Pfifferling **278**, 405
Pfirsich 244, **279**
Pflanzenöle **280 f.**
Pflaume 244, **282 f.**, 304, 445
Pflaumentomaten 402
Pflücksalat 212, 284
Physalis 161
Picodon de l'Ardèche 284
Picodon de la Drôme 284
Piemont-Trüffel 407
Pilchards 337
Pilgermuschel 150, 284
Piment 285
piment 65
pimiento 65
Pimpinelle 285

Pinienkerne 285
Pinkel 123
Pioppini 390
Pistazie 286
Pitahaya 286
Plattenfett 183
Plattfische 34, 97, 138, 177,
  326, 341, 353, 367
Plockwurst 321
Plötze 324
Pollack 286
Polnische 287
Pomelo 263
Pomeranze 287, 439
Pont-l'Evêque 287
Porree 204
Port-(du)-Salut 405
Portugiesische (Felsen-)
  auster 23
Portulak 288
Pottasche 288
Poularde 109
Pouligny-Saint-Pierre 288
Preiselbeere 71, 237, **289**
Presskopf 53
Priesterwürger 383
Provolone 271, **289**
Pruneau de Provence 282
Purpurfarbene Monarde 236
Purpurgranadilla 269
Purpurschnecke 289
Pute 109, **290 f.**
Putenleber 291
Putenleberwurst 291
Putenrollbraten 291
Putenschinken 291

Quahog-Muschel 292
Quappe 408
Quark 292
Quarta 164
Quejo del Evora 90
Queller 114
Quinoa 113, **292**
Quitte **293**

Raclette 294
Raclette suisse 294
Radiatori 251
Radicchio 432
Radicchio di Chioggia 294
Radicchio di Treviso 294
Radieschen 295
Raffinade 441
Ragusano 57, 271
Rahm 328
Rambutan 296
Rapsöl 280
Rapunzel 91
Rascasse rouge 75
Rau om 296
Räucherkäse 351
Räucherschinken 345
Raue Venusmuschel 410
Rebhuhn 296, 423
Reblochon 297

Red Emperor 375
Red Snapper 375
Regenbogenforelle 98
Regenbogenmakrele 297, 386
Regensburger 297
Reginette 30
Rehwild 141
  –, Teilstücke **141 ff.**
Rehpilz 126
Rehschinken 144
Reis 113, **298 ff.**
Reisemantel 284
Reiserbsen 85
Reisessig 89
Reisnudeln 248
Reisstrohpilz 394
Reneklode 233, 282, **304**
Renke 304
Rentierschinken 144
Rettich **305**
Reverend 414
Rhabarber 306
Ricotta 101, 235, **306**
Riesenflügelschnecke 307
Riesengrundel 307
Riesenträuschling,
  Rotbrauner 307
Rigatoni 318
Rind **308 ff.**
  –, Innereien **314 f.**
  –, Teilstücke **310 ff.**
Rindersaftschinken 345, 346
Risottoreis 301
Roastbeef 312
Robiola 316
Rocamadour 316
Rocambole 316
Rochen 226, 317
Rock eel 129
Rock salmon 129
Rogen 113, 171
Roggen 317
Röhrennudeln **318 f.**
Rohschinken 345, 144
Rohwurst 56, 69, 103, 144,
  202, 213, 215, 230, 287,
  320 f., 330, 331, 337
Rollschinken 348
Roma 402
Romadur 322, 415
Romana-Salat 322
Romana-Salatherzen 322
Romanesco 20, 42
Römerbraten 363
Rondino 322
Roquefort 323
Rosa Champignon 59
Rosa Grapefruit 120
Rosa Pfeffer 277
Rosenberggarnele 107
Rosenkohl 323
Rosenpaprika 267
Roseval 167
Rosine **323**, 418
Rosmarin 324
Rotalgen 12, 76, 245

Rotauge 324
Rotbarsch 324
Rotbrassen 325
Rotbrauner Riesen-
  träuschling 307
Rote Bete 325
Rote Meerbarbe 225
Rote Mombinpflaume 235
Rötel 329
Roter Boskoop 17
Roter Reis 302
Roter Schwartenmagen 42
Roter Tunfisch 408
Roter Umberfisch 409
Rotes Basilikum 33
Rotflora-Käse (siehe bei
  Rotschmierekäse)
Rotkappe 325
Rotkohl 326
Rotschmierekäse 10, 57, 85,
  169, 202, 208, 211, 223, 236,
  239, 287, 297, 322, 396, 415
Rotweinessig 89
Rotwild 141
Rotwurst 181
Rotzunge 326
Royal Black 283
Royal Gala 16
Rübe 326, 371
Rübenkraut 327, 441
Rübensaft/-sirup 327
Rübenzucker 441
Rucola 327
Runde Römer 136
Runder Mocken 55
Rundkornreis 301, 302, 303
Rutte 408

Saatgerste 111
Saatweizen 420
Sablefish 182
Safloröl 280
Safran 327
Sägebarsch 328
Sägegarnele 106
Sago 387
Sahne 328
Saibling 329
Saint-Albray 415
Sainte-Maure de Touraine 329
Saint-Nectaire 329
Saint-Paulin 405
Salame mignon de Maiale 330
Salame toscano 330
Salami 144, 321, 330, 337,
  394, 429
Salatgurke 124
Salatzichorie 432
Salbei 331
Salsiccia 331
Salsiz 331
Salustiana 260
Salz **332 ff.**
Salzheringe 138
Salzkraut 114
Sambal oelek 336

477

S

San Daniele 348
Sanddorn 336
Sandfelchen 304
Sandgarnele 106
Sansho 277
Sardelle 336
Sardine 337
Sareptasenf 369
Satsuma 220, 439
Saucisson sec 321, 337
Sauerampfer 337
Sauerkirsche 176
Sauermilchkäse 105, 121, 169, **338 f.**
Sauermilchprodukte 173
Sauerrahm 340
Sauerteig 340
Saumagen, Pfälzer 181
Saumonette 129
Saure Sahne 340
Sbrinz 134, **340**
Scamorza 239, **341**
Scamorza affumicata 341
Scampo 139, 152
Schabzieger 134, 135, 235, 434
Schachtelkäse 236
Schaffleisch 199
Schalerbsen 85
Schalotten 447
Scharbe 177
Scharbe, Pazifische 341
Schattenmorellen 176
Scheinkrabben 189
Schellfisch 177, 341
Schiffskielgarnele 107
Schillerlocken 130
Schinken **344 ff.**, 357
  –, vom Hirschwild 144
  –, vom Wildschwein 425
  –, von der Pute 291
Schinkenspeck 360, 381
Schinus 277
Schlangenknoblauch 316
Schlehe 282, 349
Schleie 349
Schmalz 349, 350
Schmand 340
Schmelzkäse **350 f.**
Schmelzkäsetorte 351
Schmetterlingsnudeln 250
Schnabelfelsenfisch 92
Schnabelsalat 131
Schnapper 117, 375
Schnittkäse 19, 21, 35, 57, 60, 61, 77, 87, 90, 93, 118, 169, 206, 216, 231, 236, 237, 287, 294, 316, 322, 329, **352 f.**, 389, 400, 401, 404, 405, 409, 426
Schnittknoblauch 352
Schnittkohl 352
Schnittlauch 352
Schnittlauch, groß-blättriger 204
Schnittsalat 284
Scholle 353

Schopfige Trauben-hyazinthe 406
Schuppenannone 15
Schuppenkarpfen 163
Schwammgurke 125
Schwarzbeere 137
Schwarze Bohnen 47
Schwarze Stachelmakrele 386
Schwarze Trüffel 407
Schwarzer Heilbutt 138
Schwarzer Mohn 234
Schwarzer Pfeffer 276
Schwarzer Presssack 42
Schwarzer Senf 369, 370
Schwarzer Sesam 372
Schwarzer Zackenbarsch 431
Schwarzkohl 122
Schwarznessel 373
Schwarzwälder Schinken 347
Schwarzwurzel 353
Schwein **356 ff.**
  –, Innereien 361
  –, Teilstücke **358 ff.**
Schweinebauch, gefüllter 363
Schweineschmalz 350
Schweinsbratwurst 49
Schweinsfuß, gefüllter 363
Schweizer Emmentaler 82
Schweizer Tilsiter 401
Schwertfisch 363
Schwertmuschel 364
Seeaal 130
Seebarsch, Gefleckter 364
Seehasen-Kaviar 171
Seehecht 364
  – Rogen 172
Seeigel 365
Seekarpfen 120
Seekohl 13
Seekuckuck 179, 365
Seelachs 177, 365
Seeohr 366
Seesaibling 329
Seespinnen 189, 366
Seetang 116
Seeteufel 366
Seewolf 367
Seezunge 367
Seidentofu 376
Sellerie 367, 368
Selles-sur-Cher 368
Semianzwiebel, rote 447
Semmelpilz 368
Semmelstoppelpilz 368
Senf **369 f.**, 385
Senfgurken 125
Senfkohl 371
Senfkohl, Chinesischer 262
Senfpulver 369
Senfrauke 327
Senfspinat 371
Sepia 371
Sepiole 372
Sesam 372
Sevruga 171
Shanghai crab 427

Sharonfrucht 153, 373
Sherryessig 89
Shiitake 373
Shiro 283
Shiso 373
Sichel-Brachsenmakrele 374
Sickle pomfret 374
Siedesalz 333
Sieglinde 164
Signalkrebs 374
Sikawild 141
Silber-Grunzer 122
Silberkarausche 374
Silberlachs 197
Silberner Pampel 262
Silberohr 238
Silberzwiebeln 446
Silver fishes 10
Silver pomfret 262
Smelt 390
Snapper 117, 375
Soba 249
Sobras(s)ada 375
Sobrassada de Mallorca 375
Softshell clam 177
Softshell crabs 39, 189
Sojabohnen 45, 47, 233, **376**
Sojabohnensprossen 147
Sojaprodukte **376 f.**
Solesalz 333, 335
Solo 264
Somen 249
Sommerendivie 322
Sommerkürbis 196
Sommerspinat 382
Sommertrüffel 407
Sonnenblumenöl 280
Soumaintrain 10
Spaghetti 247, **378**
Spaghetti-Kürbis 195
Spaghettini/ Spaghettoni 378
Spanische Artischocke 58
Spareribs 358
Spargel **379 f.**
Spargelbohnen 45
Spätzle 247, **380**
Spearmint 232
Speck **381**
Speisekürbis 195
Speisemais 217
Speiserüben 326
Speisestärke 387
Speisezwiebeln 205, 446
Spelz 75
Spiegelkarpfen 163
Spinat **382**
Spiralnudeln **383**
Spitzkäse 339
Spitzkohl 419
Spitzmorchel 238
Springkrebse 61, 401
Sprossen **384 f.**
Sprossenkohl 323
Sprotte 386
Spunta 166
Stachelannone 15

Stachelbeere 151, **386**
Stachelmakrelen 297, 386, 406
Stängelkohl 70
Stangenbohnen 44, 45
Stangenkäse 339
Stangensellerie 368
Stärkemehle **387**
Staudensellerie 368
Steamer Clam 292
Steinbutt 388
Steinköhler 286
Steinkrabbe 388
Steinmais 218
Steinmandel 221
Steinpilz 388
Steinsalz 333, 335
Steinseeigel 365
Steirischer Graukäse 121
Steppenkäse 389
Sternanis 103, 389
Sternfrucht 161
Stilton 389
Stinkasant 21
Stinkfrucht 76
Stint 390
Stockente 83
Stöcker 390
Stockfisch 152, **177,** 215
Stockschwamm 390
Stopfleber 109, 391
Stör **391**
Strahlige Venusmuschel 410
Strandauster 177
Strandkrabbe 189, 391
Strandschnecke 392
Straßenkehrer 392
Strauchtomaten 403
Strauß 109, **393**
Streifenbarbe 394
Strohpilz 394
Strozzapreti 383
Stubenküken 109
Succanat 443
Sucuk 394
Südtiroler Speck 381
Sultana-Trauben 323, 418
Sultanina 418
Sultaninen 323, 418
Sumpfkrebs 395
Sumpfmoosbeere 237
Sunny Gold 403
Suppenhuhn 109
Suppennudeln 247, 395
Surimi 189
Sushi-Reis 303
Susine 283
Süße Granadilla 269
Süßkartoffel 395
Süßkirsche 175
Süßmais 217
Sylt Spezial 24
Szechuan-Pfeffer 103, 277

T

Tabbouleh 54
Tafelsalz 334, 335

SAN DANIELE – ZWIEBEL

Tafelsenf 369, 370
Tafeltrauben 417, 418
Tagliatelle 30
Tahiti-Limetten 209
Taleggio 396
Tamarillo 396
Tamarinde 396
Tandooripaste 397
Tangelo 220
Tangerine 220, 439
Tangor 220
Tapenade 258
Tapioka 222, **387**
Taro 397
Tarocco 260
Taschenkrebs 189, **398**
Taschenkrebs,
  Italienischer 398
Taschenkrebs,
  Kalifornischer 398
Tatar 311
Taube **398**, 423
Taybeere 398
Teewurst 230
Teltower Rübchen 327
Tempeh 377, 399
Temple 220
Temple Orange 220
Tendral 228
Teppichmuschel 399
Tête de Moine 400
Teufelsdreck 21
Thai-Basilikum 33
Thompson Navel 259
Thompson seedless 418
Thompson-Trauben 323
Thüringer Rotwurst 181
Thymian 400
Tiefseegarnele 106
Tiefseekrabbe 400
Tiefwasser-Springkrebs 401
Tiger Prawn 107
Tilsiter 401, 426
Tilsiter, Schweizer 401
Tintenfisch, Gemeiner 371
Tiroler Alpkäse/Almkäse 36
Tobi-ko 172
Tofu 376, 377
Toma 352, 404
Tomate **402 f.**
Tomate, Grüne 404
Tomatenpaprika 265
Tomatillo 404
Tomino 415
Tomme 352, 404
Tomme de Savoie 404
Tongu 373
Topinambur 404
Torfmoosbeere 237
Tortiglioni 246
Totentrompete 405
Trappistenkäse 405
Trauben 417, 418
Traubenhyazinthe 406
Trevally 386, 406
Trockenbackhefe 137

Trockenerbsen 86
Trockenpflaumen 282
Trogmuschel 406
Trompetenpfifferling 278
Trüffel **407**
Trüffelkartoffel 167
Trulli 250
Trüsche 408
Truthühner 108
Tudela 20
Tulsi 408
Tunfisch 130, 273, **408**
  – Rogen 172
Türkische Minze 232
Tyrinthos 19

Udon 249
Ulve 226
Umberfisch 32, 409
Ursüße 443

Vacherin 409
Vacherin Fribougeois 409
Valencia 259
Vanille 409
Vemilion 410
Venusmuscheln 241, 292,
  399, **410**
Vermicelli 378
Vesurio 320
Vialone 301
Vialone nano 301
Vialone semifino 301
Vienenburger Schimmel-
  käse 338
Violette noir 167
Violetto di Toscana 20
Vogelschnabel-Chilis 68
Vogerlsalat 91
Vollkornnudeln 247, 410
Vollrohrzucker 443
Vongola 410

Wacholder 411
Wachsbohnen 45
Wachtel 411, 423
Wahoo 411
Wakame 412
Walderdbeere 87
Waldheidelbeere 137
Waldhonig 145
Waldmeister 412
Waller 98
Walnuss 252, 253, 412
Walnussöl 280
Wammerl 381
Wan-tan-(Won-tan-)
  Blätter 248
Warzenmelone 229
Wasabi 413
Waserkastanie 413
Wasserbrotwurzel 397
Wasserkresse 54
Wassermelone 228
Wasserspinat 413
Waxdick 391

Weichkäse 10, 34, 50, 60, 71,
  85, 169, 202, 208, 211, 223,
  239, 244, 288, 316, 409,
  414 f., 419, 433
Weichseln 176
Weichweizen 420
Weinbeeren 187, 323
Weinbergpfirsich 279
Weinbergschnecke 416
Weinbergschnecke,
  Gesprenkelte 416
Weinstein 416
Weintrauben **417 f.**
Weiße Melisse 227
Weiße Trüffel 407
Weiße Zuchtchampignons 59
Weißer Heilbutt 138
Weißer Holzohrenpilz 238
Weißer Klarapfel 18
Weißer Mohn 234
Weißer Pfeffer 276
Weißer Senf 369, 370
Weißer Spargel 379
Weißer Straßenkehrer 392
Weißer Tunfisch 408
Weißkohl 419
Weißkraut 419
Weißlacker 419
Weißpunktradieschen 295
Weißschimmelkäse 57, 169,
  272, 415
Weißwedelwild 141
Weißweinessig 89
Weißwurst 419
Weizen 113, **420**
Wellhornschnecke 421
Wermut 421
Westfälischer Hüft-
  schinken 347
White fungus 238
Wiener (Würstchen) 53, **421**
Wiener Schnitzel 157
Wild **422 f.**
Wildente 83, 423
Wilder Löwenzahn 214
Wilder Majoran 261
Wilder Wermut 35
Wildgeflügel 91, 274, 296,
  411, 423
Wildhase 422
Wildkaninchen 160, 422
Wildreis 299, 304
Wildsalami 144
Wildschwein 356, 422, **424 f.**
Wildspargel 379, **380**
Williams Christ 37
Wilstermarsch 426
Winter bamboo 27
Winterendivie 82
Wintermelone 229
Winterradicchio 294
Winterrettich 305
Winterspinat 382
Wirsing 352, 426
Wittling 426
Witwenfisch 427

Wolfsbarsch 364, 427
Wollhandkrabbe 427
Wollmispel 213
Würfelzucker 441
Wurst **428 f.**
*Würstchen nach Frankfurter
  Art* 99
Wurzelpetersilie 275
Wurzelsellerie 367
Wurzelzichorie 432

Yabbie 25
Yam 430
Yellowtail kingfish 184
Ysop 430
Yufka 430

Zackenbarsche 151, 263,
  328, 431
Zahnbrassen 431
Zampone 363
Zander 431
Zi(e)ger 135, 434
Zichorie **432**
Zichoriengewächse 82
Ziege /Zicklein 433
Ziegenfisch, Gefleckter 433
Ziegenkäse 59, 72, 101, 118,
  273, 284, 316, 329, 368, 433
Ziegenrolle 433
Zieger 222
Zierquitte, Japanische 293
Zimt 224, 434
Zimtblatt 434
Zimtrinde 103
Zimtstrauch-Blätter 213
Zirbelkiefer 435
Zirbelnuss 435
Zite 319
Zitrone **435**, 439
Zitronellgras 435
Zitronenbabaco 27
Zitronengras 435
Zitronenmelisse 227
Zitrusfrüchte 194, 208, 259,
  287, 435, **438 f.**
Zucchini 322, **440**
Zucker **441 ff.**
Zuckerhut 432
Zuckerkraut 441
Zuckermais 217
Zuckermelone 229
Zuckerorangen 439
Zuckerrohressig 89
Zuckersirup 441
Zungenwurst 181, 444
Zweibinden-Brassen 444
Zwerg-Sepia 372
Zwergwels 159, 444
Zwetsche **445**
Zwetsche Dro 445
Zwiebel **446 f.**
  –, chinesische 352

479

Impressum

VERLAG	© 2004 Teubner
	Grillparzerstr. 12
	D-81675 München
	Teubner ist ein Unternehmen des Verlagshauses Gräfe und Unzer,
	Ganske Verlagsgruppe
	Teubner-Leserservice@graefe-und-unzer.de
PROJEKTLEITUNG	Claudia Bruckmann
REDAKTION	Claudia Schmidt
KORREKTORAT	Waltraud Schmidt, Gesa Gunturu
FOTOGRAFIE	Teubner Foodfoto, Füssen
	Dorothee Gödert, Offenbach (Haupttitel/Aufmacherfotos,
	siehe Bildnachweis unten)
TITELFOTO	Christian Teubner
LAYOUT/DTP	Jan-Dirk Hansen, München
HERSTELLUNG	Susanne Mühldorfer
REPRODUKTION	Repro Mayer, Reutlingen
DRUCK	Appl, Wemding
BINDUNG	Oldenbourg Buchmanufaktur, Monheim

AUFLAGE	5.	4.	3.	2.	1.
JAHR	2008	2007	2006	2005	2004

GRÄFE
UND
UNZER

Ein Unternehmen der
GANSKE VERLAGSGRUPPE

BILDNACHWEIS

Fotos von Dorothee Gödert: Seite 2/3, 6/7, 62/63, 132/133, 252/253, 342/343, 436/437, 448/449, 470/471 alle anderen Fotos: Teubner Foodfoto, Füssen

Das Werk einschließ ch aller seiner Teile ist urheberrechtlich geschützt. Jede Verwertung außerhalb der engen Grenzen des Urheberrechtsgesetzes ist ohne Zustimmung des Verlages Gräfe und Unzer GmbH unzulässig und strafbar. Das gilt insbesondere für Vervielfältigungen, Übersetzungen, Mikroverfilmungen und die Eir speicherung und Verarbeitung in elektronischen Systemen.

ISBN 3-7742-6374-4

Was immer *Sie zubereiten,* es bereitet *Vergnügen.*

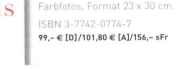

DIE GROSSE TEUBNER KÜCHENPRAXIS
640 Seiten mit etwa 4.500 Farbfotos, Format 23 x 30 cm.

ISBN 3-7742-0774-7

99,– € [D]/101,80 € [A]/156,– sFr

FOOD
336 Seiten mit etwa 3.000 Farbfotos, Format 27,2 x 36 cm.

ISBN 3-7742-2403-X

99,– € [D]/101,80 € [A]/156,– sFr

Das Kunststück guten Kochens: Scheinbar einfache Zutaten in Gaumenfreuden zu verwandeln. Für Köche, die es wissen wollen.

DAS GROSSE TEUBNER KOCHBUCH
640 Seiten mit etwa 1.200 Farbfotos, Format 23 x 30 cm.

ISBN 3-7742-5804-X

99,– € [D]/101,80 € [A]/156,– sFr

TEUBNER